37⁹⁵c

La
France
Contemporaine

LA
FRANCE
CONTEMPORAINE

William F. Edmiston
University of South Carolina

Annie Duménil
University of South Carolina

HOLT, RINEHART AND WINSTON
HARCOURT BRACE JOVANOVICH COLLEGE PUBLISHERS
Fort Worth Philadelphia San Diego New York Orlando Austin San Antonio
Toronto Montreal London Sydney Tokyo

Editor-in-Chief	Ted Buchholz
Senior Acquisitions Editor	Jim Harmon
Developmental Editor	Nancy Beth Geilen
Project Editors	Steven-Michael Patterson
	Erica Lazerow
Production Manager	J. Montgomery Shaw
Book Designer	Priscilla Mingus
Photo Editor	Greg Meadors
Compositor	Impressions, a division of Edwards Brothers, Inc.

Cover Photo: Alan Becker/The Image Bank
Credits appear on p. xx.

Address Editorial Correspondence To: Harcourt Brace Jovanovich, Inc., 301 Commerce Street, Suite 3700, Fort Worth, TX 76102

Address Orders To: Harcourt Brace Jovanovich, Inc., 6277 Sea Harbor Drive, Orlando, FL 32887, 1-800-782-4479, or 1-800-433-0001 (in Florida)

ISBN 0-03-076903-5
Library of Congress Catalogue Number 92-72348
Printed in the United States of America

2 3 4 5 6 7 8 9 0 1   039   9 8 7 6 5 4 3 2 1

PREFACE

College and university professors of French almost always agree that the French curriculum should include a component called "culture and civilization." We may divide this component into four aspects, of which the first two are seldom taught as separate courses. The first aspect is "small c" culture—i.e., the various ways of greeting people, of ordering a drink in a café or a meal in a restaurant, of shopping for produce at the market, and so on. These elements of everyday life in France are now well integrated into first- and second-year college courses. The second aspect is "big C" culture—i.e., the arts, music, theater, cinema, and so on. The third and fourth aspects of culture and civilization are likely to be the subjects of separate courses at the third-year level. One deals with the history of France, from the Gauls to the Fifth Republic, and it often includes elements of "big C" culture, such as Gothic architecture and Impressionist painting. The final aspect involves the institutions and values of contemporary France. It is for this last aspect that the present textbook is designed.

La France contemporaine is intended to provide a basic text for the third-year civilization course. It could also be used as a supplementary text in an advanced course in business French. Its objectives are to acquaint students with the geography of France and the major political, social, cultural, and economic forces at work in France today, and to provide them with information that is familiar to the average educated French citizen. At a time when almost all first- and second-year textbooks are devoting space to Francophone cultures in Africa, North America, and the West Indies, this text concentrates almost entirely on France. We feel that this is justified because students who have spent two or more years studying the French language should now learn something about the nation from which this language emanates. France is home to about half of the native speakers of

v

the French language in the world today, and it is the dominant cultural source of all Francophone peoples.

Unlike many of its competitors, this text was written with American students in mind. It corresponds to a course that has been taught regularly for the past fourteen years at the University of South Carolina. It makes frequent references to the institutions and customs of the United States and occasionally to those of Canada. We feel that the best way to teach civilization is to draw parallels and contrasts with the culture of our own students, in order to help them understand the similarities and differences in a significant way.

The emphasis in this book is not on language acquisition and skill development but rather on content and language use. We are assuming that students continuing into the third year of the French curriculum should be able to put their linguistic skills to use: to read about the various aspects of contemporary France, to discuss them in class, and to write about them on examinations. To assist students in performing these tasks, we have used a level of language that they are able to assimilate and to put into practice, rather than the more sophisticated and abstract prose often found in cultural readers. Simplicity of language will enable them to focus on content. This text's primary contribution toward language acquisition will be that of vocabulary building. A short "Lexique" and a "Liste des Sigles" at the end of the text will be helpful for certain lexical items and acronyms, when a French-English dictionary would be of little use. Students finishing the course will have a greater grasp of the lexical items that are part of daily life in France today. It is also hoped that this book will provide good orientation material for students who are planning a trip to France.

The book is divided into five sections: "La Géographie," "La Vie politique," "La Vie sociale," "La Vie culturelle," and "La France de demain." These divisions are based first on those that have been taught in a one-semester course at the University of South Carolina and second on what we feel are the areas of information needed to understand articles in current French periodicals. Other categories could certainly have been included, and still others omitted, but a choice must finally be made. It is our expectation that professors who teach contemporary civilization courses will have their own supplementary materials (slides, realia, texts, anecdotes, etc.) and that this text will provide only a basis of introduction. The fourteen chapters of Parts I–IV are probably sufficient for a typical semester of fourteen to fifteen weeks, allowing time for examinations and quizzes. The six "annexes" of Part V provide information about France—particularly its technological achievements and its participation in the European Community—that many instructors will want to include, however briefly. The "annexe" format is not meant to minimize the importance of these subjects but stems instead from practical considerations: none of them is long enough to constitute an entire chapter, nor do they really fit together as a coherent whole. We do believe that they should be treated, if time permits.

Although our approach is not primarily historical but rather thematic, we recognize that modern France does not exist in a void and that it cannot be separated from its history. Rather than treating history in a separate chapter, we have chosen to include relevant events in each chapter, in order to show their relation to contemporary concerns. When reading the historical sections of each chapter, students should be advised to refer back to the "Repères chronologiques." Each chapter concludes with a set of exercises ("Contrôle continu"), which can be used as an in-class check on comprehension or as a hand-in assignment.

Each chapter of the accompanying Instructor's Manual is divided into four sections. The first section, entitled "Cultural notes," provides supplementary information and clarifications that the instructor might choose to present in class. The second section, "Cross-cultural expansion," draws comparisons between France and the United States, which the instructor might wish to use in order to stimulate in-class discussion and to highlight differences between the two cultures. The third section provides the answers to the "Contrôle continu" found in the text. The fourth section, "Sample quiz," proposes a means of testing the information contained in the corresponding chapter. The Instructor's Manual also offers suggestions for using the "annexes" at the end of the text, as well as suggestions for further reading.

For their various and greatly appreciated contributions to this book, we owe special thanks to several of our colleagues at the University of South Carolina—John Duffy, Romy Heylen, Elizabeth Joiner, Buford Norman, and Jerald Wallulis—and also to some of our friends and students—Cathy Belet, Elizabeth Carroll, Françoise Defassiaux, Germaine Defassiaux, Rémi Fournier, Jean-Robert Gérard, Scott Harris, Lisa Hodnett, and Cécile Saintigny. We wish to thank the editorial staff at HBJ College Publishers, particularly the acquisitions editor, Jim Harmon, our developmental editor, Nancy Geilen, and our project editor, Erica Lazerow, for their expert assistance in the execution of this project. Thanks are also due to our reviewers, who provided us with many helpful comments and suggestions: Armand Chartier, University of Rhode Island; Pierrette Christianne, Whitworth College; Eva Corredor, United States Naval Academy; Jean Fourny, The Ohio State University; John Gesell, University of Arizona; Kenneth Gordon, Central Missouri State University; Marie-Christine Koop, University of North Texas; Lenita Locey, Bowling Green State University; Joyce Loland, Gonzaga University;

Christian L. Van Den Berghe, Santa Clara University; William S. Willis, Professor Emeritus, George Mason University.

Finally, we wish to dedicate this book to our parents, Bernice and Fredrick Edmiston of Williamsburg, PA and Jeanne and Albert Duménil of Sucy-en-Brie (Val-de-Marne).

William F. Edmiston, University of South Carolina
Annie Duménil, University of South Carolina

TABLE DES MATIERES

REPERES CHRONOLOGIQUES

Histoire Ancienne

L'époque gauloise (jusqu'au Ier siècle avant J.-C.)

- O Le territoire qui sera la France est habité par des tribus celtiques, que les Romains vont appeler « les Gaulois ».

- O « Massilia » (Marseille) est une colonie fondée par les Grecs (VIe siècle avant J.-C.).

- O « Provincia » (la Provence) d'abord, puis toute la Gaule est annexée par les Romains (Ier siècle avant J.-C.). A la bataille d'Alésia, Vercingétorix, chef des Gaulois, est vaincu par Jules César et ses armées romaines (52 avant J.-C.).

L'époque gallo-romaine (du Ier siècle avant J.-C. jusqu'au Ve siècle)

- O La Gaule est une province de l'Empire romain. La construction romaine des amphithéâtres, des aqueducs et des arènes à Nîmes, Arles, Orange, Lyon et à Lutèce (Paris) date de cette époque.

- O St. Denis convertit la ville de Paris au christianisme à la fin du Ier siècle. St. Martin, évêque de Tours, prêche le christianisme, devenu la religion dominante de la Gaule (IVe siècle).

- O Ste. Geneviève organise la résistance des Parisiens contre Attila (Ve siècle).

L'époque franque (du Ve jusqu'au Xe siècle)

- O La Gaule romaine est envahie par les Francs (tribus germaniques), qui établissent une monarchie. Les rois francs de cette époque s'appellent les Mérovingiens (Ve siècle).

- O Clovis, premier roi chrétien de France, est baptisé à Reims (496). Il établit sa capitale à Paris (508). « Clovis » est la source linguistique de « Louis, » qui sera le nom de beaucoup de rois de France.

○ Charlemagne, roi des Francs, est sacré empereur du Saint-Empire romain par le pape (800). Institution du principe de la monarchie de droit divin. Les successeurs de Charlemagne s'appellent les Carolingiens.

○ L'empire carolingien est partagé par les petits-fils de Charlemagne. Charles le Chauve règne sur le territoire qui sera la France (IXe siècle).

○ Les *Serments de Strasbourg* sont écrits en roman en 842 (le premier texte «français» conservé).

○ Le roi de France signe un traité avec les Vikings, dont le chef Rollon devient duc de Normandie (911).

L'époque féodale (du Xe jusqu'au XIVe siècle)

○ Hugues Capet fonde une dynastie qui va unifier la France (987). Les Capétiens vont augmenter le prestige et le pouvoir de la monarchie au cours du Moyen Age.

○ Guillaume, duc de Normandie, fait la conquête de l'Angleterre (1066).

○ Philippe Auguste fonde l'Université de Paris (1200). Le domaine royal est énormément élargi sous son règne, et la construction des grandes cathédrales gothiques commence.

○ Le Languedoc (pays de la «langue d'oc») est rattaché à la France après la Croisade contre les Albigeois (XIIIe siècle).

○ Philippe le Bel établit la papauté française à Avignon (XIVe siècle).

La dynastie des Valois (XIVe, XVe et XVIe siècles)

○ Philippe de Valois devient roi grâce à la loi salique, qui interdit aux femmes tous droits à la couronne. Cette loi écarte du trône une princesse française mariée au roi d'Angleterre. Ceci aboutit à un conflit avec les Anglais : la Guerre de Cent Ans (1337–1453).

○ Charles VII est sacré à Reims grâce à Jeanne d'Arc, qui chasse les Anglais du nord de la France (1429).

O François Ier contribue à l'expansion de l'esprit de la Renaissance italienne en France (XVIe siècle).

O L'Ordonnance de Villers-Cotterêts (1539) établit le français comme langue officielle.

O Le début de la Réforme protestante entraîne une série de guerres de religion entre catholiques et huguenots (XVIe siècle).

La dynastie des Bourbon (XVIIe et XVIIIe siècles)

O Henri IV abjure la religion protestante pour devenir roi de France : « Paris vaut bien une messe » (1593). Il promulgue l'Edit de Nantes (1598).

O Ministère du cardinal de Richelieu sous Louis XIII (1624-1642). Richelieu détruit le pouvoir de la noblesse et unifie la France sous l'autorité de la monarchie.

O Louis XIV établit le principe de la monarchie absolue : « L'Etat, c'est moi » (1661). Il fait construire le château de Versailles, qui sera la résidence royale jusqu'à la Révolution. Louis XIV révoque l'Edit de Nantes (1685).

O Pendant cette première époque colonialiste, des explorateurs français fondent des colonies au Canada, en Louisiane, en Haïti et en Guyane. A la fin de la Guerre de Sept Ans (1756-1763), la France perd le Canada, qui devient une colonie anglaise.

O Les colons américains se révoltent contre les Anglais et déclarent l'indépendance des Etats-Unis d'Amérique (1776). Grâce aux efforts de Benjamin Franklin qui plaide leur cause à Versailles, le gouvernement royal de Louis XVI décide d'aider les Américains avec des ressources financières et militaires (1778).

O Début de la Révolution : Louis XVI convoque les Etats-Généraux à Versailles. Les représentants du Tiers Etat se constituent en Assemblée nationale et refusent de quitter Versailles. La foule parisienne attaque la Bastille. L'Assemblée nationale vote l'abolition des privilèges et proclame la Déclaration des Droits de l'Homme (1789).

○ Les vieilles provinces sont remplacées par les départements (1790).

○ Fin de l'Ancien Régime : Louis XVI et Marie-Antoinette sont arrêtés, jugés et condamnés à mort (1792). Ils seront guillotinés en 1793.

Histoire moderne

Première République (1792–99)

○ La Convention abolit la monarchie et proclame la République (1792, An I du nouveau calendrier républicain). La Convention adopte le tricolore et le calendrier républicain, ainsi que le système métrique des poids et des mesures. L'influence de Robespierre et des Jacobins mène à la Terreur, et il y a de nombreuses exécutions. La Convention tente de déchristianiser la France et d'introduire le culte de l'Etre suprême. La réaction du 9 Thermidor (27 juillet) : Robespierre est renversé et guillotiné (An II, 1793–94).

○ Le Directoire, régime plus bourgeois que républicain, est un gouvernement de cinq hommes pour empêcher la dictature. A cette époque, Napoléon Bonaparte remporte de nombreuses victoires à la tête des armées françaises (1795–99).

Consulat et Empire (1799–1814)

○ Le 18 Brumaire (9 novembre), les partisans de Napoléon font un coup d'état et le proclament premier consul (An VIII, 1799). Il signe un Concordat avec le Pape et restaure le culte catholique en France (1801). Napoléon vend la Louisiane aux Etats-Unis (1803). Napoléon se proclame empereur et se sacre lui-même à Notre-Dame (1804). Le calendrier républicain est abandonné (fin 1805). Napoléon organise l'administration préfectorale, codifie toutes les lois et établit un système d'éducation nationale. Il étend son empire sur une bonne partie de l'Europe. Sa Grande Armée remporte de brillantes victoires mais elle souffre aussi des défaites désastreuses. Après la retraite de Russie, Napoléon est obligé d'abdiquer et de s'exiler (1814).

Restauration de la monarchie (1814–1848)

○ La France devient une monarchie constitutionnelle sous Louis XVIII, frère de Louis XVI (1814–24). Les Cent Jours : Napoléon revient en France et organise une armée pour reprendre le pouvoir, mais il est vaincu définitivement à Waterloo (Belgique) et s'exile de nouveau (1815).

○ Règne de Charles X (1824–30), qui cherche à rétablir la monarchie absolue. Sa politique réactionnaire provoque une insurrection à Paris. Charles X est obligé d'abdiquer en faveur de son cousin (1830).

○ Louis-Philippe, soutenu par les bourgeois, devient le « roi des Français » (1830–48).

○ La loi Guizot crée une école primaire pour garçons dans chaque commune (1833).

○ Le gouvernement d'Adolphe Thiers fait entourer Paris de nouvelles fortifications (1840–44).

○ La conquête de l'Algérie marque le début de la deuxième époque colonialiste (1830).

○ Le développement d'un prolétariat s'accompagne de graves problèmes sociaux et de tensions avec la bourgeoisie, culminant dans la première révolution vraiment sociale, en 1848. Louis-Philippe abdique et la République est proclamée.

Deuxième République (1848–1852)

○ Mise en application des doctrines socialistes : liberté de la presse, suffrage universel (masculin), droit au travail, droit à l'éducation, etc. Opposition bourgeoise à ces réformes.

○ Louis-Napoléon, neveu de Bonaparte, est élu le premier Président de la République (1848). En 1851 il organise un coup d'état, prononce la dissolution de l'Assemblée et gouverne tout seul. En 1852 il se fait proclamer empereur Napoléon III.

Second Empire (1852–1870)

○ Le baron Haussmann fait agrandir et embellir Paris.

○ Des conflits entre Napoléon III et Bismarck entraînent la guerre franco-prussienne, la défaite de la France et l'occupation de Paris. Napoléon III est fait prisonnier à Sedan. Il abdique et s'exile. La République est proclamée à Paris. A la suite de cette guerre, la Prusse a annexé l'Alsace et une partie de la Lorraine, régions où habitaient un million et demi de Français (1870).

Troisième République (1870–1940)

○ La Commune de Paris se révolte contre le gouvernement provisoire d'Adolphe Thiers, ce qui entraîne une guerre civile (1871).

○ Pendant cette époque la France devient profondément républicaine et démocrate. Révolution industrielle et exode rural: l'importance de la classe ouvrière et du mouvement syndical provoque une série de mesures sociales.

○ L'expansion coloniale continue en Afrique et en Indochine, dotant la France d'un immense empire.

○ Les lois scolaires de Jules Ferry (1881–82).

○ Création de la Confédération Générale du Travail (1894).

○ L'affaire Dreyfus et la campagne contre les «mauvais Français» (1898).

○ Séparation de l'Eglise et de l'Etat, fin du Concordat (1905).

○ La Première Guerre mondiale est désastreuse pour la France. Après la défaite de l'Allemagne, l'Alsace et la Lorraine sont restituées à la France (1914–1918).

○ Le Front Populaire: gouvernement socialiste de Léon Blum (1936–37).

○ Deuxième Guerre mondiale: la France est envahie par les Allemands en 1940.

Occupation / Régime de Vichy (1940–1945)

○ La moitié nord de la France est occupée par les Nazis. Les parlementaires français en exil à Vichy accordent le pouvoir à Philippe Pétain, qui devient le chef de l'Etat français. Politique de collaboration et de soumission totale à la politique allemande.

○ Le général Charles de Gaulle, à Londres, lance l'appel du 18 juin pour encourager les Français à continuer la lutte (1940).

○ La Résistance est organisée par Jean Moulin, aidé par le Parti Communiste Français (1943).

○ Après la Libération, un gouvernement provisoire est présidé par le général de Gaulle. Un référendum populaire adopte la Constitution de la IVe République, et les femmes votent pour la première fois (1946).

Quatrième République (1946–1958)

○ S'opposant au régime parlementaire de la nouvelle Constitution, Charles de Gaulle donne sa démission (1946).

○ Grâce au Plan Marshall, la France se reconstruit et progresse sur le plan social.

○ Sur le plan économique, la France et l'Allemagne posent les premiers fondements d'une organisation qui deviendra le Marché Commun, et plus tard la Communauté Européenne (1950). Le traité de Rome crée « l'Europe des Six » (1957).

○ La France s'engage dans des guerres coloniales : en Indochine (1945–54) et en Algérie (1954–61). Cette dernière provoque des crises ministérielles à Paris. En 1958 les officiers de l'armée française en Algérie se révoltent contre le gouvernement et réclament le retour au pouvoir du général de Gaulle. Le Parlement accorde les pleins pouvoirs à celui-ci pour six mois pour préparer une nouvelle constitution, qui sera approuvée par référendum populaire (1958).

Cinquième République (1958 jusqu'à présent)

○ De Gaulle est élu Président de la République pour sept ans par un collège électoral (1958). Il demande aux Français de se prononcer par référendum sur le problème algérien, et ceux-ci votent pour l'indépendance (1961). Par les accords d'Evian, l'Algérie devient indépendante. Les «pieds noirs» (Français d'Algérie) sont rapatriés (1962). De Gaulle continue une politique de décolonisation en Afrique, créant la Communauté Française avec seize anciennes colonies nouvellement indépendantes.

○ Sur le plan militaire, le président de Gaulle fraie un chemin entre les politiques des grandes «super-puissances»: la France se retire de l'Organisation du Traité de l'Atlantique Nord (l'OTAN) et poursuit le développement de sa propre force de frappe nucléaire.

○ De Gaulle demande au peuple français de changer la Constitution pour renforcer le pouvoir exécutif. Un référendum populaire autorise l'élection directe du Président de la République au suffrage universel (1962). De Gaulle a été réélu Président en 1965, mais au suffrage universel pour la première fois.

○ Les événements de mai: une manifestation estudiantine se transforme en une grève générale et nationale, avec dix millions de grévistes réclamant des réformes sociales. De Gaulle nomme un nouveau Gouvernement mais lui-même survit à cette crise (1968).

○ Dans un référendum sur la création de parlements régionaux, le vote négatif des Français est interprété par le président de Gaulle comme un manque de confiance en sa politique, et il donne sa démission. Georges Pompidou est élu à la Présidence (1969).

○ Les départements sont regroupés en Régions (1973).

○ Le traité de Bruxelles crée «l'Europe des Neuf» (1973).

○ Le président Pompidou meurt d'un cancer. Valéry Giscard d'Estaing est élu à la Présidence (1974).

○ A la fin de son premier mandat, le président Giscard d'Estaing se représente aux élections présidentielles, mais il est battu par François

Mitterrand. Avec Mitterrand la gauche arrive au pouvoir pour la première fois depuis 1956 (1981).

○ Gouvernement de Pierre Mauroy (1981–84).

○ Gouvernement de Laurent Fabius (1984–86).

○ Gouvernement de Jacques Chirac, la « cohabitation » (1986–88).

○ Gouvernement de Michel Rocard (1988–91).

○ Gouvernement d'Edith Cresson (1991–92).

○ Gouvernement de Pierre Bérégovoy (1992–   ).

○ La Communauté européenne, « l'Europe des Douze », devient « l'Europe sans frontières » (1993).

PHOTO CREDITS

REALIA CREDITS

Première
Partie

LA
GEOGRAPHIE

Chapitre

LA FRANCE PHYSIQUE

L'Hexagone

Quand les Français apprennent la géographie de leur pays à l'école, on leur dit que la France a la forme d'un hexagone, parce qu'elle a six « côtés ». Cette forme régulière est vue comme un avantage. Cinq côtés sur six sont des frontières naturelles : (1) la Manche, qui sépare la France de la Grande-Bretagne, (2) la côte atlantique, (3) les Pyrénées, qui séparent la France de l'Espagne, (4) la Méditerranée et (5) les Alpes, le Jura et le Rhin, qui séparent la France de l'Italie, de la Suisse et de l'Allemagne. Seule la sixième frontière, celle du nord-est, et qui sépare le pays de la Belgique, du Luxembourg et de l'Allemagne, est artificielle dans la mesure où il n'y a pas de barrières naturelles. Ces cinq frontières sont également vues comme un avantage pour la France parce que, historiquement, elles l'ont protégée contre d'éventuelles invasions ennemies. Ainsi, quand les Allemands ont envahi la France en 1940, ils sont passés par la Belgique, la frontière la plus facile à franchir. Un autre avantage géographique est l'équilibre, presque égal, entre les frontières terrestres (2.800 kilomètres) et les frontières maritimes (2.700 km). C'est-à-dire que la France, à la différence de la Suisse, a largement accès à la mer, et à la différence des îles britanniques, elle est rattachée au continent européen. Le diamètre de l'Hexagone est à peu près de 1.000 km (ou 600 miles, la distance entre Atlanta et St. Louis), et aucun point en France n'est situé à plus de 500 km de la mer. Par sa superficie, la France est le plus grand pays d'Europe. Elle a à peu près la même superficie que l'état du Texas. Par sa latitude elle est située entre le 42e et le 51e parallèle nord. En comparaison, la ville de New York se trouve au 41e parallèle, ce qui fait que toute la France se trouve plus proche du Pôle Nord que New York. Paris, au 49e parallèle, est encore plus au nord que Québec.

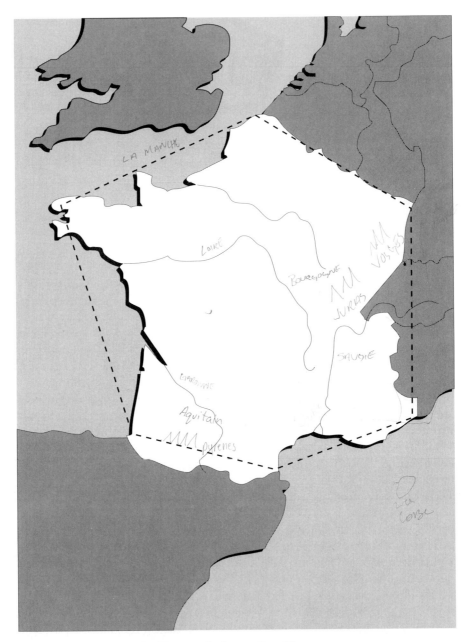

La France a la forme d'un Hexagone

Relief

La France a une grande variété topographique. Les écoliers français apprennent que la topographie de leur pays ressemble à un amphithéâtre, dans la mesure où il y a une partie plate, la « scène », et puis des « rangs » de plus en plus élevés. Le Bassin parisien (autour de Paris) et le Bassin aquitain (dans le sud-ouest) constituent la « scène ». Formant un demi-cercle autour de ces pays plats, il y a le premier « rang » des montagnes, c'est-à-dire le massif Central, les Cévennes, le Jura, le Morvan, les Vosges et les Ardennes. Enfin, il y a les « galeries » de l'amphithéâtre, les chaînes de montagnes les plus élevées, les Pyrénées au sud-ouest et les Alpes au sud-est.

Fleuves

La France est arrosée par cinq grands fleuves, dont l'utilité n'est pas la même. Chaque fleuve a des affluents qui s'appellent des rivières. Une rivière se jette dans un fleuve, tandis que les fleuves se jettent dans la mer.

(1) La Seine est la voie fluviale la plus importante, parce qu'elle est la plus régulière. Elle prend sa source dans le plateau de Langres, en Bourgogne, et après être passée par Paris et Rouen, elle se jette dans la Manche, près du Havre. La Seine est très navigable, et son estuaire permet aux grands bateaux de remonter jusqu'à Rouen. Grâce à la Seine, Paris est une ville portuaire importante. C'est la Seine qui divise Paris entre la rive gauche et la rive droite. Les affluents principaux sont l'Oise, la Marne et l'Yonne.

(2) La Loire est le fleuve le plus long de France (1.000 km), mais c'est aussi le moins régulier. C'est-à-dire qu'en été les eaux sont basses mais en hiver les crues deviennent menaçantes. Pas assez profonde pour la navigation, la Loire est navigable seulement à partir de Nantes, dans l'estuaire. Mais elle est belle et elle arrose la Touraine, le pays des châteaux. La Loire prend sa source dans le massif Central et se jette dans l'Atlantique. Ses affluents principaux sont le Cher, l'Indre, la Vienne et l'Allier.

(3) La Garonne est un fleuve très violent jusqu'à Bordeaux, où elle se jette dans l'estuaire qui s'appelle la Gironde, faisant de Bordeaux une ville portuaire. Prenant sa source dans les Pyrénées, la Garonne a des crues

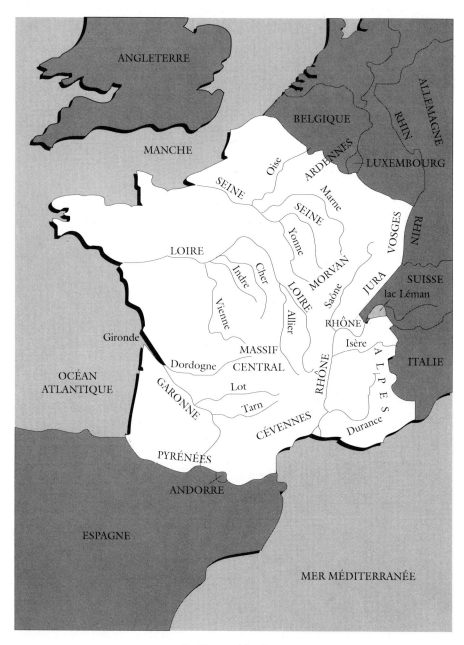

La France physique

violentes qui produisent beaucoup d'électricité. Elle sert aussi à l'irrigation agricole. Les affluents principaux de la Garonne sont le Tarn, le Lot et la Dordogne.

(4) Le Rhône prend sa source en Suisse et se jette dans le lac Léman, puis en ressort pour continuer les deux tiers de son cours en France. Après avoir traversé Lyon, il descend la vallée du Rhône pour se jeter dans la Méditerranée, près de Marseille. De nombreux barrages et centrales hydro-électriques transforment le Rhône en une source importante d'énergie. Il est navigable par endroits et il sert aussi à l'irrigation. Ses affluents principaux sont la Saône, l'Isère et la Durance.

Rhône from Switz. to Med.

(5) Le Rhin prend sa source dans les Alpes suisses, forme une partie de la frontière avec l'Allemagne et puis se jette dans la mer du Nord. Il est navigable pour les péniches, et il est relié au Rhône par le canal Rhône-Rhin. Comme la Garonne et le Rhône, le Rhin est une source importante d'énergie électrique.

Rhin - natural boarder between Ger. & Fr.

Climat

Ainsi que la topographie, le climat en France est très varié. En fait, il y a quatre sortes de climat dans le pays :

coastal

(1) Le climat atlantique se trouve dans l'ouest de la France et sur les côtes de la Manche. Là, on trouve un hiver doux et un été frais et pluvieux avec des pluies abondantes en toutes saisons. La ville-type est Brest :

température moyenne en janvier	6 (43 F.)
température moyenne en juillet	15 (60 F.)
jours de pluie par an	240
jours de gel par an	15

inland.

(2) Le climat continental se trouve dans les régions les plus proches du continent de l'Europe (le centre et l'est). Ce climat est caractérisé par un hiver froid et un été assez chaud. La ville-type est Strasbourg :

température moyenne en janvier	0 (32 F.)
température moyenne en juillet	20 (68 F.)
jours de pluie par an	190
jours de gel par an	95

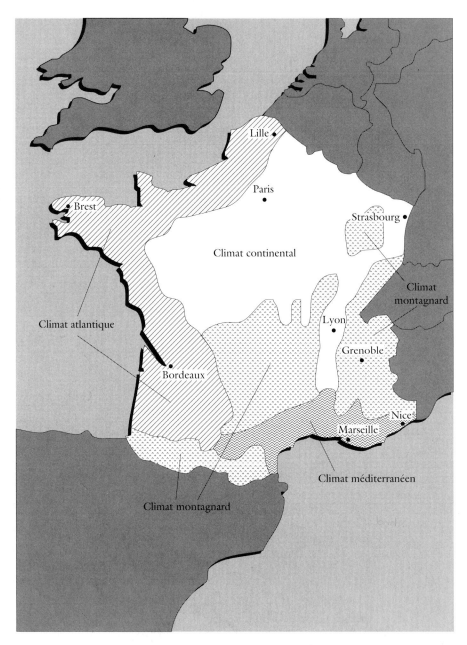

Les Climats de la France

Paris se trouve en zone de transition entre le climat continental et le climat atlantique.

mediteranean sea

(3) Le climat méditerranéen se trouve dans le sud-est de la France, le long de la côte de la Méditerranée et en Corse. Ici, l'hiver est doux et court, et l'été est chaud et sec, ce qui explique pourquoi la Côte d'Azur est le lieu de prédilection des estivants français et européens. La ville-type est Nice :

température moyenne en janvier	8	(47 F.)
température moyenne en juillet	23	(73 F.)
jours de pluie par an	60	
jours de gel par an	13	

Mais le ciel bleu de la Côte d'Azur n'est pas toujours synonyme de beau temps : le Mistral est un vent violent qui descend la vallée du Rhône et souffle sur la côte en hiver et au printemps. Froid, sec et très violent, le Mistral est parfois destructeur (« mistral » signifie « maître » en occitan, la langue de cette région).

Albertville, site des Jeux olympiques de 1992, où l'hiver est long et neigeux.

mountains.

(4) Enfin, il y a le climat montagnard des hautes élévations (les Pyrénées, les Alpes et le massif Central). Ces régions sont caractérisées par un été court avec beaucoup de pluie et par un hiver long et neigeux. La ville-type est Grenoble, qui a servi de site aux Jeux olympiques d'hiver en 1968 :

température moyenne en janvier	2 (35 F.)
température moyenne en juillet	12 (54 F.)
jours de pluie par an	140
jours de gel par an	80

Dans l'ensemble, la France est le pays d'Europe qui a le climat le plus tempéré.

CONTROLE CONTINU

I. Répondez:
1. Quel est le fleuve le plus long de France?
2. Quelle est la voie fluviale la plus importante?
3. Quels fleuves sont très importants pour l'énergie hydro-électrique?
4. Quelles sont les chaînes de montagnes les plus hautes?
5. Dans quel climat trouve-t-on des pluies abondantes en toutes saisons?
6. Comment s'appelle le vent très violent qui descend la vallée du Rhône?
7. Comment s'appelle l'estuaire de la Garonne?
8. Où se jette la Seine?
9. Quelle chaîne de montagnes se trouve au centre de la France?
10. Citez quelques aspects géographiques de la France qui sont considérés comme des avantages par les Français.

II. Etes-vous d'accord? Sinon, expliquez pourquoi:
1. En hiver, il fait généralement plus froid dans l'Est de la France que dans l'Ouest.
2. En général, il pleut plus souvent à Nice qu'à Strasbourg.
3. On voit souvent de grands bateaux sur la Loire.
4. De tous les pays européens, la France a la plus grande superficie.
5. Les frontières naturelles de la France sont des montagnes, des fleuves et des mers.
6. Dans l'ensemble, la France bénéficie d'un climat tempéré.

III. Choisissez la meilleure réponse:
1. Les fleuves qui ne prennent pas leur source en France sont
   a) la Seine et le Rhône
   b) le Rhin et le Rhône
   c) la Garonne et le Rhône
   d) la Loire et le Rhône
2. Le climat le plus extrême en France est
   a) le climat continental
   b) le climat atlantique
   c) le climat méditerranéen
   d) le climat montagnard
3. La France a la forme d'un
   a) octogone
   b) pentagone
   c) hexagone
   d) hectagone
4. La superficie de la France peut se comparer à celle
   a) du Kansas
   b) du Texas
   c) de la Californie
   d) de l'Indiana

IV. Discussion
1. Comment la géographie des Etats-Unis est-elle présentée aux enfants américains à l'école?
2. Dit-on que les Etats-Unis ont des «avantages» grâce à leur géographie?
3. Quelles sont les grandes chaînes de montagnes aux Etats-Unis? les grands fleuves? les principaux climats?
4. Y a-t-il des régions en France dont le climat se rapproche de celui qu'on trouve dans certains états américains?

Chapitre

PARIS

Paris, ville tentaculaire

Avec plus de 10 millions d'habitants dans son agglomération—plus d'habitants que dans toute la Belgique ou toute la Suisse—Paris est la deuxième ville d'Europe, après Londres. Un Français sur cinq habite la région parisienne. Pour trouver un équivalent aux Etats-Unis, il faudrait réunir les villes de Boston, New York, Philadelphie, Baltimore et Washington, afin de pouvoir dire qu'un Américain sur cinq habite dans cette région. Aucune ville américaine n'a la même importance dans la vie américaine que Paris dans la vie française. Paris est non seulement la capitale politique et de loin la plus grande ville de France, mais c'est aussi la capitale culturelle du pays : à Paris se trouvent les musées les plus riches en acquisitions, les grandes maisons d'édition, les studios de cinéma et de télévision, et le centre de la vie artistique, théâtrale et musicale. Paris est le plus grand centre industriel et commercial (75% des entreprises y ont leur siège), et le plus grand centre universitaire de France (un tiers des étudiants français font leurs études à Paris). Paris est aussi le centre du réseau de transports : les chemins de fer, les autoroutes et les routes aériennes rayonnent en structure d'étoile dans toute la France à partir de Paris. La vie est chère à Paris, mais les salaires sont plus élevés qu'en province. Pour toutes ces raisons, Paris est une ville « tentaculaire », c'est-à-dire une ville qui touche à tous les domaines et qui attire les gens de tous les coins de France. En effet, 60% des « Parisiens » sont nés en province mais ils sont venus s'installer à Paris pour trouver du travail ou pour se lancer dans une carrière. Tous ces gens « montés » à Paris aggravent les problèmes du logement et de la circulation dans la capitale. On voit donc que la France, par rapport aux Etats-Unis, est un pays extrêmement centralisé dans la mesure où la ville de Paris représente le « centre » du pays. Pour comprendre cette centralisation, il faut remonter dans son histoire.

Un peu d'histoire

Paris n'a pas toujours été la capitale de la France, mais la ville a eu trois occasions historiques pour le devenir. Au premier siècle avant Jésus-Christ, quand les Romains ont pris possession de l'Ile de la Cité, située au milieu de la Seine, ils ont trouvé cette petite île habitée par une tribu celtique qui s'appelait les Parisii. Jules César a baptisé cette petite ville « Lutèce » et elle est devenue la capitale de la Gaule : première occasion historique. Nous ne savons pas exactement quand le nom de « Lutèce » a disparu, mais à la fin de l'époque gallo-romaine la ville était déjà connue sous le nom de « Paris », d'après les Parisii, disparus depuis longtemps.

Au Ve siècle la Gaule a été envahie par de nombreuses tribus germaniques. En 450 une tribu asiatique, les Huns, sous la direction d'Attila, avançait sur Paris, et les habitants de la ville étaient terrifiés. Une jeune fille, qui s'appelait Geneviève, a organisé la résistance contre les Huns, en encourageant les Parisiens à défendre leur ville. Attila a changé de route et n'est pas venu à Paris. Les Parisiens ont alors crié au miracle et ont attribué la délivrance de la ville à leur héroïne, Geneviève. Par la suite, Geneviève a été canonisée par l'Eglise, et aujourd'hui Sainte-Geneviève est la sainte patronne de la ville de Paris.

Les Huns ne sont pas restés en Gaule, mais les Francs, une autre tribu, s'y sont installés et y ont établi un royaume qu'ils ont appelé la France. En 508 Clovis, roi des Francs, a fait de Paris la capitale de son royaume : deuxième occasion historique. Mais Paris a été délaissé au VIIIe siècle par Charlemagne. Celui-ci, dont l'empire s'étendait sur une bonne partie de l'Europe occidentale, a fixé sa capitale à Aix-la-Chapelle (actuellement Aachen, en Allemagne). Paris est redevenue la capitale de la France en 987, sous Hugues Capet, et voilà mille ans que le centre du pouvoir politique se trouve dans cette ville : la troisième occasion historique était la bonne. L'histoire de Paris se confondra désormais avec celle de la France.

C'est au Moyen Age, sous les Capétiens, que Paris va devenir une ville vraiment importante. Quand Philippe-Auguste a fait construire une enceinte autour de la ville en 1200, elle consistait de trois parties : (1) au nord de la Seine, sur la rive droite, se trouvait la ville marchande ; (2) au sud de la Seine, la rive gauche était le quartier de l'université (où les étudiants parlaient latin, d'où le nom du Quartier latin) ; et (3) l'Ile de la Cité, le centre politique, où se trouvaient les sièges des deux grandes puissances du royaume : à l'extrémité orientale de l'île, la cathédrale Notre-Dame (représentant l'Eglise), et à l'extrémité occidentale, le Palais royal (représentant la monarchie). Le Louvre était à l'origine une forteresse faisant partie de l'enceinte construite par Philippe-Auguste pour protéger la ville. Au siècle suivant, comme la ville

● Tableau : Histoire de Paris ●

300 avant J.-C.	Les Parisii s'installent dans les îles de la Seine.
52 avant J.-C.	Jules César prend possession de Lutèce (25.000 habitants).
IVe siècle	Lutèce s'appelle Paris (d'après les Parisii).
450	Geneviève organise la résistance contre Attila.
508	Clovis, roi des Francs, fait de Paris la capitale du royaume.
987	Délaissée par Charlemagne, Paris redevient la capitale sous Hugues Capet. Paris est la capitale de la France depuis plus de mille ans.
1200	Philippe Auguste entoure Paris d'une enceinte : rive gauche (université), rive droite (ville marchande), cité (centre politique). Le Louvre, une forteresse, fait partie de cette enceinte.
1360	Enceinte élargie sur la rive droite par Charles V. La Bastille en fait partie. Charles V quitte le Palais royal pour s'installer dans le Marais.
XVe-XVIe siècles	Les rois résident à Fontainebleau et sur les bords de la Loire en été.
XVIIe siècle	Louis XIV fait construire le château de Versailles.
1789	A l'époque de la Révolution, Paris compte 700.000 habitants.
1840	Fortifications d'Adolphe Thiers (limites actuelles de Paris, démolies en 1919).
1870	Embelli par les aménagements du baron Haussmann, Paris compte 1.700.000 habitants.
1900	Début de la construction du métro.
1910	Même population qu'aujourd'hui : 2.600.000 *intra muros*.
1964	Région parisienne découpée, création de la petite couronne et de la grande couronne.
1977	Nouveau statut : Paris est à la fois une commune et un département. Le Préfet de Paris est nommé par le Gouvernement, le Maire de Paris est élu pour six ans.

L'Ile de la Cité est le centre de Paris.

grandissait, le roi Charles V a fait construire une nouvelle enceinte sur la rive droite, dont la forteresse était la Bastille. Mais Charles V a quitté le Palais royal pour s'installer dans le Marais, le plus ancien quartier de la rive droite. Plus tard, les rois Valois et Bourbon ont complètement délaissé la capitale, préférant résider au château de Fontainebleau (au sud de Paris) et, encore plus loin de Paris, sur les bords de la Loire. Au XVIIe siècle Louis XIV a fait construire le château de Versailles, au sud-ouest de Paris, et celui-ci restera la résidence royale jusqu'à la Révolution.

   A l'époque de la Révolution (1789), Paris comptait 700.000 habitants et était de loin la plus grande et la plus importante ville d'Europe. En 1840 Adolphe Thiers a fait entourer Paris d'une enceinte fortifiée, dite les fortifications de Thiers, qui marque les limites actuelles de la ville. Cette enceinte avait des portes, pour laisser entrer et sortir les gens, et celles-ci ont donné leurs noms aux stations de métro : Porte d'Orléans, Porte de Clignancourt, Porte de Clichy, etc. Mais c'est sous le Second Empire que Paris va changer radicalement d'aspect : Napoléon III a chargé le Préfet de Paris, le baron Haussmann, d'embellir la capitale. Haussmann, cet «architecte de Paris», a facilité la circulation en dégageant les carrefours et en créant de grands boulevards bordés d'arbres. Il a amélioré le réseau d'égouts souterrains. Il a fait éclairer les rues au gaz, remplacer les pavés par l'asphalte, démolir les vieux quartiers et aménager des espaces verts comme le Bois de Boulogne. En un mot, il a créé la plus belle ville du monde, et une des plus modernes. Malheureusement il a fait disparaître beaucoup de vieux quartiers historiques, surtout dans l'Ile de la Cité. A la fin du Second Empire, Paris comptait 1.700.000 habitants.

Le tournant du XXe siècle, 1900, a vu l'ouverture de la première ligne du réseau ferroviaire métropolitain («le métro»). Voilà le phénomène qui a le plus contribué à l'explosion de la population parisienne. Grâce au métro, il sera désormais possible de traverser Paris rapidement et de se rendre au travail plus facilement. En 1910 Paris avait la même population qu'aujourd'hui : 2.600.000 habitants *intra muros* (cela veut dire «à l'intérieur des murs» en latin). Les «murs» n'existent plus : les fortifications de Thiers ont été démolies en 1919, après la Première Guerre mondiale. Mais l'expression *intra muros* subsiste pour désigner les limites de la ville. Ce qui a énormément augmenté depuis, c'est Paris «extra-muros», c'est-à-dire la banlieue parisienne. Grâce en partie au prolongement du métro au-delà des «portes» de la ville, et surtout au Réseau Express Régional (RER) qui relie Paris avec une bonne partie de l'Ile-de-France, la vaste agglomération parisienne continue à grandir.

L'explosion de la population en région parisienne (Ile-de-France) a entraîné la création de nouveaux départements. Avant 1964 Paris était entouré par un grand département, la Seine-et-Oise, qui comprenait, avec la Seine-et-Marne, toute la population de la banlieue. En 1964 ce département a été découpé pour former la «petite couronne» et la «grande couronne» : la petite couronne, ce sont trois nouveaux départements qui entourent Paris (Seine-Saint-Denis, Val-de-Marne, Hauts-de-Seine), ou bien la proche banlieue; la grande couronne, ce sont les quatre départements, plus grands, qui entourent la petite couronne (Val d'Oise, Yvelines, Essonne, Seine-et-Marne), ou bien la grande banlieue. Avec le département de la Seine (Paris), huit départements constituent la région parisienne.

Paris est un département (Seine) depuis la Révolution, mais c'est aussi une commune (une municipalité). Cependant, à la différence des autres communes, Paris n'a pas eu de maire pendant la Troisième République, la Quatrième, ni les premières années de la Cinquième. Les hommes politiques croyaient qu'un maire de la capitale, élu directement par les habitants, aurait trop de pouvoir et représenterait une menace pour le gouvernement national. Mais depuis 1977, Paris a un statut municipal comme toutes les villes de France, grandes et petites. En tant que département, Paris est dirigé par un préfet, nommé par le Gouvernement. En tant que commune, la ville a main-

VAL D'OISE
- Cergy–Pontoise

SEINE–
ST.–DENIS

YVELINES

HAUTS–
DE–SEINE

PARIS

- Marne–la–Vallée

VAL–
DE–MARNE

SEINE–ET–MARNE

- St.–Quentin–
en–Yvelines

Evry -

- Melun–Sénart

ESSONNE

~~~ limite de département

- ville nouvelle

0   5   10   15   km

Les Huit Départements de la Région Ile-de-France

tenant un maire, élu par les habitants pour six ans. Jacques Chirac a été élu maire de Paris en 1977, réélu en 1983 et de nouveau en 1989.

Les quartiers et les monuments

Aujourd'hui Paris se compose de 20 arrondissements (quartiers), disposés en spirale à partir du centre-ville. Chaque arrondissement a un numéro, et chacun un caractère particulier (les premiers numéros correspondent aux quartiers les plus anciens). En parcourant les arrondissements, nous pourrons mentionner les monuments les plus célèbres qui confèrent un aspect distinct à la capitale.

a) Les quatre premiers arrondissements correspondent au vieux Paris et recouvrent les îles de la Seine et la partie la plus ancienne de la rive droite. Sur le côté ouest de l'Ile de la Cité (premier arrondissement) se trouvent deux institutions administratives, la Préfecture de Paris et le Palais de Justice. Le Palais de Justice (appelé le Palais royal jusqu'à la Révolution) était la résidence des premiers rois capétiens. Une partie du Palais, la Conciergerie, servait de prison (Marie-Antoinette et Robespierre y ont été internés à l'époque de la Révolution). On peut aussi y visiter la Sainte-Chapelle, construite au XIIIe siècle par Saint Louis et célèbre pour ses beaux vitraux. Le Pont-Neuf, achevé par Henri IV, traverse la Seine et relie l'Ile de la Cité au quartier du Louvre, sur la rive droite. Originellement une forteresse, le Louvre est devenu progressivement un palais au cours de l'Ancien Régime, à mesure que les rois successifs le faisaient agrandir et rénover. Depuis la Révolution le Louvre est un musée. Avec des galeries qui couvrent dix-sept kilomètres, le Louvre est actuellement le plus grand musée du monde, et peut-être le plus célèbre. Les rénovations du Louvre continuent jusqu'à nos jours : le président François Mitterrand a fait construire la fameuse Pyramide en verre, qui sert de nouvelle entrée au musée et qui a provoqué de nombreuses controverses. Dans le premier arrondissement on trouve aussi le Forum des Halles, un immense centre commercial construit dans les années 1970 sur l'emplacement des anciennes Halles de Paris.

Le 2e et le 3e arrondissements recouvrent la vieille ville marchande de la rive droite. La Bourse, centre des affaires commerciales et bancaires, se trouve dans le 2e. Dans le 3e on peut visiter l'ultra-moderne Centre Georges Pompidou, dit aussi Centre Beaubourg : c'est une énorme construction en acier et en verre, qui date des années 1970 et

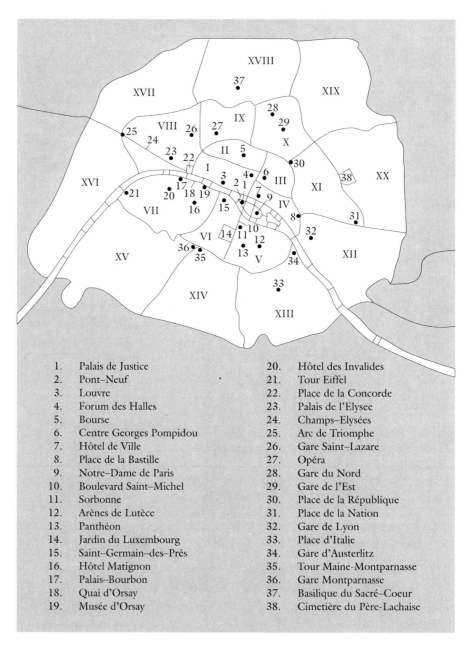

1.	Palais de Justice	20.	Hôtel des Invalides
2.	Pont–Neuf	21.	Tour Eiffel
3.	Louvre	22.	Place de la Concorde
4.	Forum des Halles	23.	Palais de l'Elysee
5.	Bourse	24.	Champs–Elysées
6.	Centre Georges Pompidou	25.	Arc de Triomphe
7.	Hôtel de Ville	26.	Gare Saint–Lazare
8.	Place de la Bastille	27.	Opéra
9.	Notre–Dame de Paris	28.	Gare du Nord
10.	Boulevard Saint–Michel	29.	Gare de l'Est
11.	Sorbonne	30.	Place de la République
12.	Arènes de Lutèce	31.	Place de la Nation
13.	Panthéon	32.	Gare de Lyon
14.	Jardin du Luxembourg	33.	Place d'Italie
15.	Saint–Germain–des–Prés	34.	Gare d'Austerlitz
16.	Hôtel Matignon	35.	Tour Maine-Montparnasse
17.	Palais–Bourbon	36.	Gare Montparnasse
18.	Quai d'Orsay	37.	Basilique du Sacré–Coeur
19.	Musée d'Orsay	38.	Cimetière du Père-Lachaise

Les Monuments de Paris

qui contraste avec l'aspect ancien du quartier. Il abrite, entre autres, une bibliothèque publique et un musée d'art moderne.

Le 4e arrondissement recouvre le Marais, sur la rive droite, ainsi que l'Ile Saint-Louis et le côté est de l'Ile de la Cité. En pleine rénovation aujourd'hui, le Marais contient le quartier juif de Paris. On y trouve des hôtels particuliers qui appartenaient à l'aristocratie du XVIIe et du XVIIIe siècles. Le magnifique Hôtel de Ville, mairie de la ville de Paris, s'y trouve aussi. La limite orientale du 4e est marquée par la Place de la Bastille, site de la prison royale démolie à l'époque de la Révolution. Aujourd'hui cette place est dominée par la Colonne de la Bastille au centre et par le nouvel Opéra-Bastille, construit pendant les années 1980. La petite île Saint-Louis, dépourvue de grands boulevards et de stations de métro, est un des quartiers les plus calmes de la capitale. Sur l'extrémité orientale de l'Ile de la Cité se dresse la grandiose Notre-Dame de Paris, première des grandes cathédrales gothiques et un des monuments les plus célèbres de la ville. Elle date du XIIe et du XIIIe siècles, et elle marque le centre de Paris.

b) Les 5e, 6e et 7e arrondissements recouvrent les quartiers les plus anciens de la rive gauche. Le 5e, qui s'appelle aussi le Quartier latin, se caractérise par la présence d'universités, de nombreuses librairies et de signes de la vie estudiantine. Le Quartier latin est traversé par le boulevard Saint-Michel. On y trouve la vieille Sorbonne, symbole de l'Université de Paris malgré la décentralisation de celle-ci. Dans le 5e on trouve également les Arènes de Lutèce, vestige de l'époque gallo-romaine, et qui servent de nos jours à des concerts. En haut de la montagne Sainte-Geneviève se dresse le Panthéon : ancienne église construite au XVIIIe siècle, le Panthéon est devenu sous la Révolution un mausolée des grands hommes de la patrie, et il contient les tombes de Voltaire, de Rousseau, de Hugo, de Zola, parmi d'autres.

Dans le 6e il y a le Palais du Luxembourg, avec ses magnifiques jardins qui constituent un des grands espaces verts de Paris. Autrefois une résidence royale, le Palais du Luxembourg abrite maintenant le Sénat. Dans le 6e on trouve aussi l'église romanesque de Saint-Germain-des-Prés, qui date du XIe siècle et qui est donc plus ancienne que Notre-Dame.

Le 7e est un arrondissement voué aux affaires d'Etat. D'abord, c'est le quartier des ambassades et des ministères. Ensuite, il y a l'Hôtel Matignon, résidence du Premier Ministre. Enfin, on y trouve aussi le Palais-Bourbon, siège de l'Assemblée nationale. Sur le Quai d'Orsay qui longe la Seine il y a le Ministère des Affaires étrangères, ce qui explique pourquoi le Quai d'Orsay est synonyme de la politique des relations extérieures de la France. Dans les années 1980 la vieille Gare d'Orsay a été transformée en un beau musée : le nouveau Musée d'Orsay abrite des trésors de l'art du XIXe siècle. Mais le 7e contient deux autres monuments qui sont encore plus connus des touristes. L'Hôtel des Invalides a été construit par Louis XIV comme un hôpital militaire, mais il est devenu célèbre parce qu'il renferme le tombeau de Napoléon Bonaparte, très visité de nos jours. A l'extrémité occidentale du 7e, près de la Seine, se dresse la tour Eiffel, haute de 300 mètres. Construite en 1889 par Gustave Eiffel pour l'Exposition universelle, détestée par beaucoup de Parisiens de l'époque, cette tour est devenue le symbole de Paris et même de la France. Elle attire des millions de visiteurs chaque année.

c) Les 8e, 9e, 10e et 11e arrondissements forment un arc autour du vieux Paris sur la rive droite, et ils contiennent les quartiers de l'industrie et du commerce. En face de la Seine, dans le 8e, il y a l'immense Place de la Concorde, la plus grande de Paris et la plus encombrée aux heures d'affluence. Cette place s'appelait Place Louis XV jusqu'à la Révolution, et c'est là que se dressait la guillotine pendant la Terreur. Aujourd'hui elle est dominée par un obélisque égyptien provenant du temple de Louqsor, et offert à la France au XIXe siècle. Vieux de 33 siècles, cet obélisque est de loin le monument le plus ancien de Paris. Près de la Concorde on trouve le Palais de l'Elysée, résidence officielle des Présidents depuis le début de la Troisième République. La belle et célèbre avenue des Champs-Elysées, caractérisée par son commerce de luxe et par sa vie animée, surtout la nuit, relie la Concorde à la Place Charles de Gaulle. Sur cette place, anciennement nommée Place de l'Etoile à cause des douze boulevards qui rayonnent autour d'elle, se dresse l'Arc de Triomphe. Construit par Napoléon pour fêter ses victoires militaires, l'Arc de Triomphe abrite le Tombeau du Soldat inconnu depuis la fin de la Première Guerre mondiale, et il a servi de scène cérémoniale pour la libération de Paris en 1944. Dans le 8e arrondissement se trouve également une des six grandes gares de Paris, la Gare Saint-Lazare, qui dessert le Nord-Est de la France.

Le 9e et le 10e arrondissements sont l'emplacement des Grands Boulevards, réalisation du baron Haussmann. Dans le 9e se trouve l'Opéra, le plus grand théâtre du monde, construit par Napoléon III. Dans le 10e se trouvent la Gare du Nord et la Gare de l'Est. Le 11e contient la Place de la République et la Place de la Nation, sites de nombreuses manifestations politiques au cours des années.

d) Les arrondissements numérotés de 12 à 20 sont les plus grands de la ville. Ce sont des quartiers résidentiels, bordés par le boulevard périphérique qui entoure Paris. Contenant peu de monuments, ces arrondissements sont moins connus des touristes. La Gare de Lyon, la plus grande gare de France, se trouve dans le 12e et dessert le Sud-Est. Elle relie la capitale aux grandes villes de Lyon et de Marseille. Le 13e contient le quartier chinois de Paris, les grands ensembles de la Place d'Italie et la Gare d'Austerlitz, qui dessert le Sud-Ouest de la France. Le quartier Montparnasse se trouve dans le 14e. La tour Maine-Montparnasse, construite dans les années 1960 et haute de 210 mètres, est l'immeuble le plus haut d'Europe. Le sommet de cette tour offre une vue panoramique splendide de la capitale. Dans le 15e il y a la Gare Montparnasse, qui dessert l'Ouest de la France. Le 16e et le 17e arrondissements sont célèbres en tant que quartiers bourgeois et riches, tranquilles et résidentiels. Le 18e, le 19e et le 20e sont, au contraire, des quartiers populaires et assez pauvres, où habitent un grand nombre d'immigrés. Cette opposition se prolonge dans les environs de Paris : la banlieue ouest se compose en général des quartiers plus aisés, tandis que la banlieue nord et est contient des quartiers ouvriers, modestes et populaires. Le quartier Montmartre se trouve dans le 18e. Au sommet de la butte Montmartre, dominant la ville de Paris, est située la basilique du Sacré-Cœur, érigée à la fin du XIXe siècle. Le quartier populaire de Belleville se trouve dans le 19e. Dans le 20e, sur la colline de Ménilmontant, il y a le cimetière du Père-Lachaise, où sont enterrés de célèbres écrivains (Beaumarchais, Daudet, Molière, La Fontaine, Musset, Colette, Balzac), des artistes (David, Delacroix), des compositeurs (Chopin, Rossini, Bizet), et des hommes d'Etat (Thiers, Haussmann).

Problèmes d'urbanisme

Aussi belle et agréable que soit la ville de Paris pour les touristes, la vie quotidienne dans la capitale n'est pas toujours facile. La croissance frénétique de la région parisienne pose deux problèmes fondamentaux : celui du logement et celui du transport. Afin d'être plus près de leur lieu de travail et des distractions que leur offre Paris, certains préfèrent habiter en ville. Mais les logements sont petits et difficiles à trouver, et les loyers sont exorbitants. Même s'ils ont les moyens financiers, les Parisiens sont souvent condamnés à habiter dans les « cités » ou dans les « grands ensembles » formés de centaines d'appartements. S'ils n'ont pas les moyens, ils sont relégués aux HLM (habitations à loyer modéré), subventionnées par l'Etat mais dont les conditions de vie ne sont pas toujours idéales. Pour avoir un pavillon avec un jardin, pour avoir un peu plus d'espace à un prix raisonnable, il faut habiter en banlieue. Voilà pourquoi la majorité des Parisiens, selon les sondages, pensent que c'est un avantage de vivre en banlieue. Mais les grands ensembles et les HLM s'étendent jusqu'en banlieue aussi. Ceux qui habitent en banlieue se trouvent souvent dans les «villes-dortoirs», où l'on ne revient que le soir pour dormir et où les distractions et les commodités de la ville font défaut. Les mauvaises conditions de vie dans certaines zones pauvres et surpeuplées de la banlieue ont créé des tensions sociales dans les années 1980, provoquant même des affrontements violents entre des bandes de jeunes et la police.

Dans la grande banlieue il y a plus d'espace et il est donc plus facile de trouver un logement. Tous ces banlieusards, pourtant, doivent faire face au problème du transport et au syndrôme «métro-boulot-dodo» (transport, travail, sommeil). C'est-à-dire, ils doivent trouver le meilleur moyen de se rendre au travail à Paris tous les jours (le Parisien moyen passe plus d'une heure de transport par jour entre son domicile et le lieu de son travail). Tous les matins il y a un million de voitures qui entrent dans Paris, et il n'y a pas assez de parcs de stationnement pour les recevoir. Les transports en commun—le métro parisien, le RER, les autobus et les trains de banlieue—contribuent à effectuer les 19 millions de déplacements quotidiens dans la région parisienne. L'excellence du système de transports publics ne suffit toujours pas à résoudre les problèmes provoqués par la congestion de la capitale.

Depuis une vingtaine d'années il y a bien des tentatives de la part des pouvoirs publics pour décongestionner l'agglomération parisienne. Par exemple, dans les années 70 on a construit la Défense, un énorme quartier commercial avec des centaines de bureaux et de logements, à l'ouest de Paris. Les Halles, le grand centre alimentaire qui se trouvait autrefois sur la rive droite, ont été transférées à Rungis, dans la banlieue sud. On a construit le boulevard périphérique, qui trace les limites de Paris *intra muros*, pour faciliter la circulation automobile, et on a poursuivi la construction des lignes du RER pour faciliter des déplacements entre Paris et sa banlieue. Cinq centres d'urbanisation (des «villes nouvelles») ont été implantés dans la grande couronne, pour créer des emplois et des logements loin du centre-ville, pour que les banlieusards ne soient pas obligés de venir travailler à Paris. Le logement et la circulation, sans parler de la pollution, continuent à poser d'énormes problèmes aux autorités municipales.

Le métro fait partie de la vie quotidienne à Paris.

La France, pays de citadins

Il y a un siècle et demi, la France était un pays agricole. La plupart des villes françaises, très anciennes, existaient déjà depuis des siècles, mais la plus grande partie de la population de la France étaient des paysans qui habitaient à la campagne et qui labouraient la terre. La révolution industrielle du XIXe siècle a changé l'aspect démographique du pays. De plus en plus de paysans ont quitté leurs terres pour aller s'installer dans les villes et travailler dans les usines. Ce phénomène s'appelle l'exode rural. En 1850, un Français sur quatre habitait dans les villes ; aujourd'hui seulement un Français sur quatre habite à la campagne. L'exode rural, qui s'est accéléré après la Deuxième Guerre mondiale, a fait de la France un pays de citadins et de banlieusards. A part Paris, trois villes ont une population qui dépasse un million d'habitants : Lyon, Marseille et l'agglomération lilloise (Lille-Roubaix-Tourcoing). Il y a 28 villes qui comptent plus de 200.000 habitants. La croissance accélérée des villes et surtout des banlieues a contribué, depuis une dizaine d'années, à un problème d'urbanisme relativement inconnu en France jusqu'à nos jours : la violence urbaine.

CONTRÔLE CONTINU

I. Paris historique

1. On dit que Paris a eu trois occasions historiques pour devenir la capitale de la France. Quelles sont les trois personnes qui ont choisi Paris comme capitale ?

   _____, _____, _____.

2. Paris est la capitale de la France, sans interruption, depuis combien de temps ? _____.

3. Les premiers habitants de l'Ile de la Cité s'appelaient

   _____.

4. Quel vestige de l'époque gallo-romaine peut-on voir à Paris ?

   _____.

5. Qui a organisé la résistance des Parisiens contre Attila ?

   _____.

6. Qui a fait construire la première enceinte de Paris ?

   _____.

7. Quel monument servait d'hôpital militaire ? _____

8. Quel musée a été construit en tant que forteresse par Philippe Auguste ?

   _____.

9. Quel monument, faisant partie de l'enceinte de Charles V, a été détruit à l'époque de la Révolution ? _____

10. Quel monument a été construit par Napoléon pour célébrer ses victoires militaires ? _____

11. Qui a aménagé la place de l'Etoile, les grands boulevards, et le Bois de Boulogne ? _____

12. Qu'est-ce qui a le plus contribué à l'accroissement de l'agglomération parisienne au début du XXe siècle ?

    _____

II. Paris actuel

1. Depuis 1977, Paris a un nouveau statut : c'est un département, mais c'est aussi une _____. Qui en est le maire actuel ?

   _____

2. La population de la région parisienne comprend à peu près _____ % de la population de la France.

3. Les trois départements de la proche banlieue s'appellent la _____, et les quatre départements de la grande banlieue s'appellent la _____.

4. Pour créer de nouveaux centres d'urbanisation dans la grande banlieue, les pouvoirs publics ont fait construire cinq _____ .

5. Citez quelques monuments célèbres qui se trouvent sur la rive gauche de la Seine. _____

6. Citez quelques monuments célèbres qui se trouvent sur la rive droite de la Seine. _____

7. Quels sont les arrondissements les plus riches de Paris ? _____

8. Quels sont les arrondissements les plus ethniques ? _____

III. Etes-vous d'accord ? Sinon, expliquez pourquoi :
1. La France est un pays qui est très centralisé.
2. Beaucoup de Parisiens sont originaires de la province.
3. Paris a toujours été la résidence principale des rois.
4. Les principaux problèmes de Paris sont le logement et la circulation.
5. Paris est la première ville d'Europe.
6. La dernière enceinte autour de Paris a été construite par Adolphe Thiers.
7. Paris ne fait pas partie de la petite couronne.
8. Aujourd'hui, la Porte d'Orléans est une station de métro.

IV. Identifiez les fonctions à gauche avec les lieux de travail à droite :

1. l'Assemblée nationale	a)	l'Ile de la Cité
2. le Sénat	b)	le Palais de l'Elysée
3. le Premier Ministre	c)	le Quai d'Orsay
4. la Préfecture de Paris	d)	le Palais-Bourbon
5. le Ministère des Affaires étrangères	e)	l'Hôtel de Ville
6. le Président de la République	f)	le Palais du Luxembourg
7. le Maire de Paris	g)	l'Hôtel Matignon

V. Choisissez la meilleure réponse :
1. Le plus ancien quartier de la rive droite est
   a) Montmartre   c) le Quartier latin
   b) le Marais   d) les Halles
2. Pour aller à Bordeaux en train, il faut se rendre
   a) à la Gare Saint-Lazare   c) à la Gare Montparnasse
   b) à la Gare de Lyon   d) à la Gare d'Austerlitz

3. Dans lequel de ces lieux ou monuments des personnages célèbres ne sont-ils pas enterrés ?
   a) l'Hôtel de Ville
   b) l'Hôtel des Invalides
   c) le Panthéon
   d) le cimetière du Père-Lachaise
4. Lequel de ces départements ne fait pas partie de la petite couronne ?
   a) le Val-de-Marne
   b) les Hauts-de-Seine
   c) la Seine-et-Marne
   d) la Seine-Saint-Denis

VI. Caractérisez brièvement les lieux ou monuments suivants :
1. la Conciergerie
2. la Bourse
3. le Centre Georges Pompidou
4. l'Ile de la Cité
5. la Place Charles de Gaulle
6. la butte Montmartre
7. les villes-dortoirs
8. la Défense
9. Rungis
10. le Forum des Halles

VII. Discussion
1. Expliquez pourquoi on dit que Paris est une ville tentaculaire.
2. Discutez des problèmes de l'agglomération parisienne et des mesures prises par les pouvoirs publics pour remédier à ces problèmes.
3. Y a-t-il une ou plusieurs villes qui aient dominé l'histoire des Etats-Unis comme Paris a dominé celle de la France ?
4. Y a-t-il une ou plusieurs villes qui dominent certains secteurs de la vie américaine actuelle ?
5. Y a-t-il des problèmes d'urbanisme qui sont communs à Paris et aux grandes villes des Etats-Unis ?

Chapitre

LES REGIONS ET LES PROVINCES

D'habitude les Parisiens établissent une opposition entre Paris et « la province », c'est-à-dire le reste de la France. Quand une personne n'habite pas à Paris, elle habite en province, que ce soit dans la grande ville de Lyon ou dans un petit village dans les Alpes. Dans les années 1960 on parlait du contraste entre Paris et « le désert français » pour exprimer et pour dénoncer le déséquilibre économique qui existait entre la capitale et la province. De nos jours pourtant, cette disparité tend à disparaître, en partie grâce aux mesures prises par les pouvoirs publics pour décentraliser la France.

En réalité il y a beaucoup de provinces, et ce sont des régions extrêmement différentes les unes des autres, qui étaient autrefois indépendantes et étrangères. La plupart des provinces ont été annexées par les Capétiens au cours du Moyen Age, mais d'autres, telles que la Corse et l'Alsace, ne sont devenues françaises que bien plus tard. Certaines provinces ont donc gardé leur culture particulière et même leur langue. Les provinces ont été abolies officiellement pendant la Révolution, mais elles existent encore du point de vue culturel dans l'esprit des Français.

En 1973 l'Assemblée nationale a créé la Région comme collectivité territoriale, et la France a été divisée en 22 Régions pour contribuer au développement économique de la « province », pour décentraliser le pays et pour encourager une identité régionale chez les Français. Les Régions sont des unités administratives officielles, et chaque Région regroupe plusieurs départements. Certaines Régions (comme la Bretagne et l'Alsace) recoupent plus ou moins les anciennes provinces. D'autres (comme le Centre et le Rhône-Alpes) regroupent plusieurs provinces. Les Régions, bien qu'officielles, n'ont pas encore remplacé les provinces dans la culture populaire : par exemple, un habitant de Tours dirait plutôt qu'il vient de Touraine ou qu'il est Tourangeau, mais ne dirait sans doute pas qu'il habite dans le Centre. Chaque Français, même celui qui « monte » à Paris, reste très attaché à son « pays », à sa « région » d'origine (mots qui existaient bien avant la création des « Régions » officielles). Il a davantage le sentiment d'appartenir à sa province qu'à son département, et plus à sa province qu'à sa Région (si

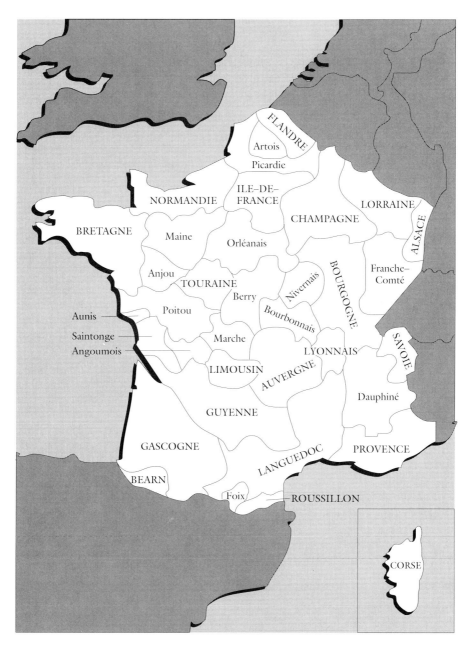

FLANDRE

Artois

Picardie

NORMANDIE

ILE–DE–FRANCE

LORRAINE

CHAMPAGNE

ALSACE

BRETAGNE

Maine

Orléanais

Franche–Comté

Anjou

TOURAINE

Berry

Nivernais

BOURGOGNE

Poitou

Bourbonnais

Aunis

Saintonge

Angoumois

Marche

LYONNAIS

SAVOIE

LIMOUSIN

AUVERGNE

Dauphiné

GUYENNE

GASCOGNE

LANGUEDOC

PROVENCE

BEARN

Foix

ROUSSILLON

CORSE

Les Anciennes Provinces

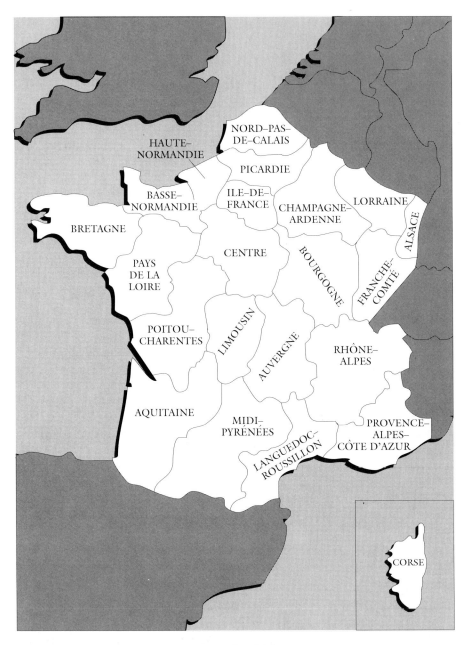

Les Nouvelles Régions

les deux ne coïncident pas). Voilà pourquoi nous allons parler des provinces les plus importantes, et non pas des Régions.

L'Ile-de-France (Région : Ile-de-France)

Aujourd'hui l'Ile-de-France se compose des huit départements de la Région parisienne. Mais depuis le Moyen Age jusqu'à la Révolution, l'Ile-de-France constituait le territoire royal, et on peut y voir encore aujourd'hui des vestiges de la monarchie : des forêts qui avaient été protégées par les rois et d'anciennes résidences royales (les châteaux de Versailles et de Fontainebleau). A la basilique de Saint-Denis, dans la banlieue nord, on peut visiter les tombeaux des rois de France (tous les rois depuis Hugues Capet y ont été enterrés). Bien qu'il n'y ait pas de cuisine régionale en Ile-de-France, on y fabrique un fromage de grande renommée, le brie, dont il y a plusieurs variétés (le brie de Melun, le brie de Meaux, etc.). L'Ile-de-France est le pays natal de beaucoup d'écrivains : Madame de Sévigné, George Sand, Molière, Beaudelaire, Voltaire, Gide et Sartre—ainsi que du compositeur Debussy et des artistes Delacroix, Monet et Rodin.

Aujourd'hui l'Ile-de-France, dont la superficie représente deux pour cent du territoire national, contient 20% de la population, une densité sept fois plus grande que celle de Lyon, la deuxième ville française. Le budget de cette Région est équivalent à celui de toutes les autres Régions réunies. Les habitants de l'Ile-de-France (baptisés récemment « Franciliens » par la presse) n'ont pas conscience de leur particularité, à la différence de ceux qui habitent dans d'autres provinces. Ils sont « Parisiens » et ils ont en commun leurs inquiétudes relatives aux problèmes de l'urbanisme : la pénurie de logement, la circulation, la pollution de l'environnement.

La Flandre (Région : Nord-Pas-de-Calais)

La Flandre est une petite province à cheval sur la frontière belge, dans le nord de la France. La Flandre est une petite région, mais très peuplée et très industrialisée. Il y avait autrefois beaucoup de mines de charbon en Flandre, ce qui lui donnait le nom de « Pays noir ». Aujourd'hui la plupart de ces mines sont fermées, ce qui explique le problème du chômage dans cette région. Pourtant, la situation économique est en train de s'améliorer. Le projet de l'Eurotunnel, que les Français et les Anglais sont en train de construire sous la Manche et qui sera mis en service en 1993, a créé de nombreux emplois et a relancé l'économie de cette région. La ville la plus

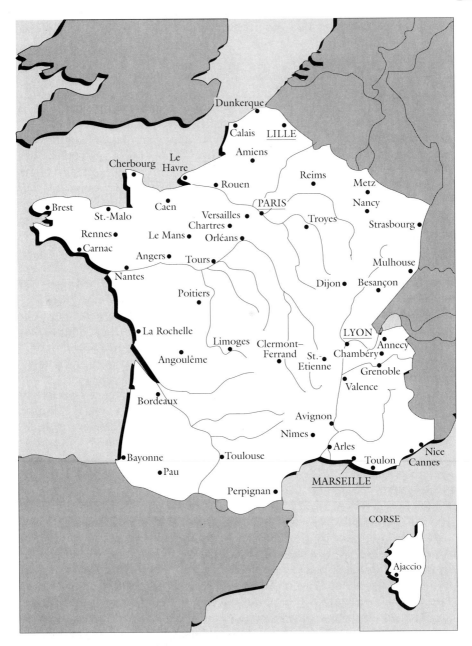

Dunkerque

Calais LILLE

Amiens

Cherbourg Le Havre

Rouen Reims Metz

PARIS Nancy

Caen Versailles Troyes Strasbourg

Brest Chartres

St.-Malo Le Mans Orléans Mulhouse

Rennes Angers Dijon Besançon

Carnac Tours

Nantes

Poitiers

La Rochelle LYON

Limoges Annecy

Angoulême Clermont–Ferrand Chambéry

St.-Etienne Grenoble

Valence

Bordeaux

Avignon

Nîmes Arles

Bayonne Toulouse Toulon Nice Cannes

Pau MARSEILLE

Perpignan

CORSE

Ajaccio

Les Grandes Villes de la France

importante est Lille, dont l'agglomération compte plus d'un million d'habitants et en fait la quatrième ville de France. L'économie lilloise bénéficie de la situation de la ville au carrefour de trois grandes capitales (Paris, Bruxelles et Londres) qui seront bientôt reliées par le Train à Grande Vitesse (TGV). Lille est la ville natale de Charles de Gaulle.

En Flandre on trouve un bon nombre de brasseries, et les Flamands produisent beaucoup de bière. La langue régionale est le flamand, qui se parle, ainsi que le français, de part et d'autre de la frontière belge. Le néerlandais, forme écrite du dialecte flamand, est enseigné à l'université de Lille. Dans la Flandre maritime, le Westhoek (ce qui veut dire en flamand « le coin de l'Ouest »), on trouve les grands ports de Dunkerque, Boulogne et Calais, qui servent de liens pour le transport entre la France et l'Angleterre.

La Normandie (deux Régions : Haute-Normandie et Basse-Normandie)

Au début de l'époque féodale (Xe siècle), la vallée de la Seine a été pillée par des pirates scandinaves qui s'appelaient les Normands (les « hommes du Nord » ou les Vikings). Même la ville de Paris a été attaquée. Pour mettre fin à ces pillages périodiques, le roi de France a signé un traité en 911 avec Rollon, le chef des Normands, en lui accordant un grand territoire entre l'Ile-de-France et la Manche, que les Normands occupaient déjà. Ce traité a donné naissance à la Normandie, dont Rollon est devenu le premier duc. Les Normands ont adopté la langue française et la religion chrétienne. Au siècle suivant, en 1066, Guillaume le Conquérant, duc de Normandie, a traversé la Manche avec ses armées et a fait la conquête de l'Angleterre. Guillaume est devenu roi d'Angleterre. La tapisserie de Bayeux, qui représente graphiquement la victoire de Guillaume dans la bataille de Hastings, reste une des œuvres d'art les plus célèbres du Moyen Age. Grâce aux Normands, la langue française s'est implantée en Angleterre, et voilà pourquoi tant de mots anglais sont d'origine française. La Normandie est redevenue célèbre dans l'histoire du XXe siècle : pendant la Deuxième Guerre mondiale les Alliés ont décidé de débarquer en Normandie pour entreprendre la libération de la France. Cette invasion, commencée le 6 juin 1944, a malheureusement dévasté une bonne partie des villes normandes. On peut voir en particulier des témoignages de cette invasion à Omaha Beach : des « blockhaus » allemands, qui demeurent sur la plage, et le cimetière militaire américain où sont enterrés 10.000 soldats.

Aujourd'hui la Normandie est à la fois une région industrielle et agricole. Il y a plusieurs grandes villes dans cette région. Le Havre est un grand port maritime situé près de l'embouchure de la Seine. Rouen, port fluvial, est la ville où Jeanne d'Arc a été brûlée en 1431. La ville de Rouen est réputée pour sa cathédrale qui abrite un carillon de 56 cloches. Caen était la résidence de Guillaume, même après la conquête de l'Angleterre. L'université de Caen, qui date du Moyen Age, a été très endommagée pendant la guerre et entièrement reconstruite après la Libération. La Normandie est renommée pour ses pommes, son cidre (qui remplace le vin dans les repas normands) et le Calvados (un alcool à base de pommes). La Normandie est aussi le pays des produits laitiers (le beurre et les fromages, notamment le Camembert et le Pont-l'Evêque). A la limite de la Normandie et de la Bretagne se trouve la magnifique abbaye médiévale du Mont-St.-Michel, «merveille de l'Occident», entourée de son petit village. Deux fois par jour, pendant la marée haute, le Mont-St.-Michel se trouve entouré d'eau et forme une île. C'est un des sites les plus visités de France. La Normandie est le pays natal de Corneille, de Flaubert et de Maupassant.

La Bretagne (Région: Bretagne)

Les Bretons, peuple celtique, se sont installés dans cette partie de la France au Ve siècle, après avoir été chassés de Grande-Bretagne par les Anglo-

L'abbaye du Mont-Saint-Michel est un des sites les plus visités de France.

Saxons. Séparée du reste de la France pendant tout le Moyen Age, la Bretagne reste attachée à sa civilisation celtique. Elle a, encore aujourd'hui, un caractère hautement individualisé. Sa langue régionale est le breton, qui est encore parlé par un million de Bretons, et l'université de Rennes est connue pour ses études celtiques. Il existe un mouvement autonomiste en Bretagne et une certaine méfiance envers la centralisation parisienne.

Peu industrialisée, la Bretagne est une des provinces les plus pauvres. Sa grande ressource, c'est la mer : le commerce maritime et la pêche, surtout des fruits de mer, sont les activités économiques les plus importantes. Brest est un grand port militaire, mais les autres villes maritimes sont des ports de pêche. L'industrie la plus célèbre est la manufacture de la dentelle bretonne, fabriquée un peu partout en Bretagne. Le tourisme joue aussi un rôle dans la vie économique de cette province : le climat doux, les belles plages et la pêche attirent des milliers d'estivants. Beaucoup de vacanciers viennent aussi pour visiter la ville fortifiée de Saint-Malo, ainsi que les 3.000 menhirs de Carnac, qui datent de 2.000 ans avant J.-C. Carnac est un des sites préhistoriques les plus célèbres d'Europe, avec Stonehenge en Angleterre. D'autres viennent faire des pèlerinages pendant les fêtes religieuses, comme

Les menhirs préhistoriques de Carnac, en Bretagne.

celle de Sainte-Anne-d'Auray. La Bretagne est une des provinces les plus catholiques de France, et l'on trouve des calvaires le long des petites routes et aux carrefours. Enfin, les touristes viennent aussi pour le folklore breton et pour voir les costumes et les fêtes traditionnels. La Bretagne est le pays natal de Chateaubriand.

La Touraine (Région: Centre)

Bien que la Touraine se trouve dans la nouvelle Région du Centre et non pas dans les Pays de la Loire (plus à l'ouest), les Français considèrent la Touraine comme le pays des châteaux de la Loire. A cause de ses beaux paysages et de son climat doux, la Touraine s'appelle « le jardin de la France » et chaque année elle attire deux millions d'estivants qui viennent pour la pêche, la chasse et surtout pour visiter les châteaux (Amboise, Chambord, Chenonceaux, Azay-le-Rideau, etc.). La Touraine est connue aussi pour ses vignobles, qui produisent des vins rouges comme le Bourgueil et des vins blancs comme le Vouvray. Les Tourangeaux ont la réputation de parler le meilleur français, le français le plus « pur ».

Le château de Loches, en Touraine.

Tours est la capitale de la Touraine. A l'époque gallo-romaine, Tours était un centre du christianisme, et Saint Martin a évangélisé la campagne tourangelle. Au Moyen Age, Tours était connu pour le culte de Saint Martin, et aujourd'hui on peut encore visiter son tombeau à la basilique Saint-Martin. La Touraine est associée avec la dynastie des Valois. C'est au château de Chinon que Jeanne d'Arc est allée chercher le dauphin, Charles VII, pendant la Guerre de Cent Ans, pour lui annoncer son désir de libérer la France. Au XVe et au XVIe siècles, la Touraine a vu l'introduction de la Renaissance italienne en France, grâce à François Ier. Ce roi Valois a invité Léonard de Vinci au château d'Amboise, où l'artiste a passé ses dernières années, et où aujourd'hui on peut visiter son tombeau. La Touraine est le pays natal de Rabelais, de Ronsard et de Balzac.

La Guyenne et la Gascogne (Région: Aquitaine)

Ces deux grandes provinces sont souvent réunies parce qu'elles ont été sous la domination anglaise depuis le XIIe siècle jusqu'à la fin de la Guerre de Cent Ans (300 ans), et parce qu'elles étaient gouvernées ensemble pendant les derniers siècles de l'Ancien Régime. C'est le pays natal de Montaigne, de Montesquieu et de Mauriac. C'est en Guyenne que se trouve la grotte de Lascaux, avec ses peintures préhistoriques récemment découvertes, et qui prouvent l'existence d'êtres humains dans cette région il y a 20.000 ans. A la Gascogne appartient la vaste forêt des Landes, la plus grande d'Europe, et l'exploitation du bois est une industrie importante. Les stations balnéaires le long de la Côte d'Argent attirent beaucoup de touristes. La plus grande ville est Bordeaux, qui était déjà une ville importante quand les Romains sont arrivés en Gaule, et il y a toujours des ruines romaines dans la ville. La région bordelaise doit sa réputation mondiale aux vignobles, qui ont été plantés par les Romains. Grâce au commerce des vins, Bordeaux est devenu un grand port dès le XVIIIe siècle. L'université de Bordeaux, qui date du Moyen Age, est réputée pour ses études gasconnes et basques. A l'ouest de Bordeaux se trouve le Périgord, petite région qui a une grande réputation gastronomique : c'est le pays des truffes, du foie gras et de l'Armagnac (alcool très renommé).

Le Béarn (Région: Aquitaine)

Le Béarn se trouve à l'extrême sud-ouest de la France, dans les Pyrénées occidentales. La capitale historique de cette province est la ville de Pau, où

Henri IV est né. Le Béarn contient le pays basque, dont la plus grande partie se trouve en Espagne. Nous ne savons pas d'où viennent les Basques, ni quelle est l'origine de leur langue. La ville la plus importante de ce pays est Bayonne, où l'on peut visiter le Musée basque. Comme la Bretagne, le pays basque est profondément marqué par la religion catholique. Et comme en Bretagne, le tourisme joue un rôle économique important : Biarritz, une belle station balnéaire, attire des milliers d'estivants sur ses plages. Le pays basque est le pays natal du compositeur Ravel.

Le Limousin et l'Auvergne (Régions : Limousin, Auvergne)

Bien que chacune de ces deux petites provinces constitue une nouvelle Région séparée, elles sont souvent réunies parce qu'elles se partagent le massif Central et un climat montagnard assez rude. Victimes de l'exode rural, le Limousin et l'Auvergne sont des régions dépeuplées. Le Limousin est, en fait, la plus petite des Régions et celle qui a la plus faible population. Sa capitale historique, Limoges, est la ville natale du peintre Renoir. Limoges est surtout connue aujourd'hui pour l'industrie de la porcelaine. L'Auvergne est dominée par la chaîne des Puys, des volcans éteints. On y trouve de nombreuses stations thermales. La plus célèbre de celles-ci est à Vichy, siège du gouvernement français pendant la Deuxième Guerre mondiale, mais connu aussi pour son eau minérale. La plus grande ville d'Auvergne est Clermont-Ferrand. Cette ville est importante pour la production du caoutchouc et des pneus par la société Michelin, implantée depuis le XVIIIe siècle. Michelin s'est attiré une renommée mondiale par la publication de ses cartes routières et de ses guides touristiques. L'Auvergne est le pays natal de l'écrivain Pascal. L'Auvergne est célèbre aussi pour ses dentelles et pour ses fromages, notamment le bleu d'Auvergne et le Cantal.

Le Languedoc (Région : divisée entre Midi-Pyrénées et Languedoc-Roussillon)

Cette vaste province du sud doit son nom à la langue d'oc qui s'y parlait au Moyen Age, en opposition à la langue d'oïl qui se parlait dans le nord de la France. A l'époque de Philippe Auguste, cette province, encore indépendante de la France, avait une civilisation très raffinée et était convoitée par les rois de France. Les habitants pratiquaient une forme particulière du christianisme qu'on appelait « l'hérésie cathare » et dont le centre était la ville d'Albi. En 1208 le pape a lancé une Croisade contre les hérétiques albigeois, et une armée française a entrepris le massacre et le pillage de cette province. A la fin de cette Croisade, le Languedoc a été rattaché à la France.

Aujourd'hui la langue régionale du Languedoc est l'occitan. Toulouse est la capitale historique de cette civilisation occitane, et l'université de Toulouse est un grand centre d'études occitanes. La vie économique de Toulouse, cinquième ville de France, est dominée par l'industrie aéronautique : elle est renommée pour la construction des avions Airbus et des fusées spatiales Ariane. Une autre grande ville est Montpellier, dont l'université et sa réputation intellectuelle remontent au Moyen Age. Les touristes viennent dans le Languedoc pour visiter Albi, ainsi que la ville médiévale fortifiée de Carcassonne. Le roquefort et l'eau minérale Perrier sont parmi les produits les plus connus du Languedoc. La vie économique du Languedoc dépend de la viticulture. Bien que les vins du Languedoc ne soient pas connus (il s'agit surtout de « vins de table » et de « vins de pays »), cette province contient le vignoble le plus important de France, responsable de 12% de la production mondiale du vin. Le Languedoc est le pays natal du peintre Toulouse-Lautrec.

La ville médiévale de Carcassonne, dans le Languedoc.

Le Roussillon (Région: Languedoc-Roussillon)

Le Roussillon, c'est la partie française de la Catalogne, région qui se prolonge au-delà de la frontière espagnole et dont la ville de Barcelone fait également partie. Le catalan est la langue régionale, et la capitale de cette civilisation catalane est Perpignan. La vie à Perpignan ressemble beaucoup à la vie espagnole (il y a, par exemple, des «corridas» de taureaux). Le long de la côte méditerranéenne du Roussillon, la Côte Vermeille, se trouvent de jolis petits ports très visités, tel que Collioure, autrefois fréquenté par les artistes.

La Provence (Région: Provence-Alpes-Côte d'Azur)

Cette province doit son nom au terme latin «Provincia romana», nom que les Romains ont donné à leur première province en Gaule au premier siècle avant J.-C. C'est ici qu'on trouve les vestiges les plus nombreux de l'époque gallo-romaine: des arènes, des aqueducs, des amphithéâtres, surtout à Orange, à Nîmes et à Arles, villes qui attirent beaucoup de touristes. Au XIVe siècle, le roi Philippe le Bel, après une dispute avec le Vatican, a établi le siège de la papauté à Avignon, et cette ville a été la résidence de sept papes au cours du siècle. Aujourd'hui les touristes y viennent pour visiter le Palais des Papes, et pour voir le célèbre pont d'Avignon qui a été construit pour traverser le Rhône mais qui a été partiellement détruit. La Camargue, région où se forme le delta du Rhône, est renommée pour l'élevage des chevaux et pour la production du riz. Marseille, la troisième ville de France et le premier port, est de loin la ville la plus ancienne, fondée par les Grecs au VIe siècle avant J.-C. sous le nom de Massilia. Ancien port colonial, Marseille est le point d'ouverture sur la Méditerranée et sur le monde musulman du Nord de l'Afrique. Le quartier commerçant autour du Vieux Port est traversé par la fameuse Cannebière, boulevard très animé. Pas loin de Marseille se trouve la petite ville d'Aix-en-Provence. Ancienne capitale de la Provence, Aix est aujourd'hui le site d'une grande université et, en été, d'un festival de musique de grande renommée. A Grasse, plus à l'est, se trouve le centre de l'industrie de la parfumerie, pour laquelle la France est mondialement connue.

Mais ce qui attire surtout les estivants en Provence, c'est la Côte d'Azur, la partie de la côte méditerranéenne qui s'étend de Toulon jusqu'à la frontière italienne. Favorisée par le climat méditerranéen, et malgré le Mistral, la Côte d'Azur se vante des stations balnéaires les plus célèbres de France: Hyères, St.-Tropez, Cannes, Antibes, Nice et Menton. Cannes a une réputation mon-

Les arènes romaines à Arles, en Provence.

diale grâce à son festival du cinéma, et Nice attire beaucoup de touristes pour le Carnaval en février. Pays des plages ensoleillées, la Provence est connue aussi pour sa gastronomie et pour ses vins, tel que le Châteauneuf-du-pape. Certains Provençaux parlent provençal, un dialecte régional de l'occitan. La Provence est le pays natal des écrivains Daudet, Mistral, Pagnol et Zola, et du peintre Cézanne.

Le Lyonnais et la Savoie (Région: Rhône-Alpes)

Le Lyonnais est la province de la ville de Lyon, qui a toujours rivalisé avec Paris. Quand Jules César est arrivé à Lyon avec ses armées, il y a trouvé une ville gauloise déjà importante, et sous la domination romaine Lyon est devenue une ville prospère, comme Lutèce. Au Moyen Age, Lyon était le centre d'une industrie de tissage de la soie, et de nos jours l'industrie textile est encore un des secteurs importants dans la vie économique de la ville. A l'époque de la Renaissance, Lyon était un grand centre intellectuel et artistique. Aujourd'hui Lyon est la deuxième ville de France, et Rhône-Alpes est la Région la plus peuplée après l'Ile-de-France. Comme Lille, Lyon est bien situé pour profiter du dynamisme économique de la coopération européenne. Lyon sera bientôt relié à Genève (Suisse) et à Turin (Italie) par le TGV. La gastronomie lyonnaise, très renommée, est considérée par beaucoup de Français comme la meilleure en France. Lyon est la ville natale des poètes Louise Labé et Maurice Scève, et du romancier Saint-Exupéry.

La Savoie, province alpine, comprenait au Moyen Age la ville suisse de Genève et la ville provençale de Nice. C'est la dernière province à devenir française, en 1860, sous le Second Empire. Située entre le lac Léman et les Alpes, la Savoie contient le Mont-Blanc, le plus haut sommet d'Europe (4.807 mètres), couvert de neiges éternelles. La capitale historique est Chambéry. La station thermale d'Evian-les-Bains, sur le bord du lac Léman, fournit de l'eau minérale à toute la France. Mais le tourisme est surtout important à cause des stations de ski, tel que Chamonix, capitale des sports d'hiver et de l'alpinisme. Chamonix a été le premier site des Jeux olympiques d'hiver, en 1924. Une autre ville savoyarde, Albertville, a rempli cette fonction en 1992. Un fromage très connu, la tomme de Savoie, est fabriqué dans cette province.

La Bourgogne (Région: Bourgogne)

L'histoire de la Bourgogne commence avec la défaite de Vercingétorix, chef des Gaulois, par Jules César en 52 avant J.-C., à la bataille d'Alésia qui a eu lieu près de l'emplacement actuel de Dijon. Au Moyen Age, la Bourgogne est devenue un duché très riche et important. Pendant la Guerre de Cent Ans, les ducs de Bourgogne ont rivalisé avec les rois de France. Ce sont les Bourguignons qui ont capturé Jeanne d'Arc et qui l'ont remise à leurs alliés anglais. Dijon, capitale historique de cette province, a été longtemps hostile à l'Ile-de-France, et la Bourgogne n'a été annexée au royaume de France qu'à la fin du XVe siècle. La vie religieuse a joué un grand rôle dans l'histoire de la Bourgogne, et l'on peut toujours y visiter les ruines des monastères médiévaux, tels que l'abbaye de Cluny et l'abbaye de Cîteaux. Aujourd'hui la gastronomie bourguignonne jouit d'une renommée mondiale. Dijon, la seule grande ville de la province, est connue pour ses industries alimentaires, surtout celle de la moutarde qui est célèbre dans le monde entier. Mais ce qui joue le rôle le plus important dans la vie économique de la Bourgogne, ce sont les vignobles qui produisent des vins très connus: le Beaujolais, le Mâcon-Villages, le Pouilly-Fuissé et le Chablis. La Bourgogne est le pays natal de Lamartine et de Colette.

La Champagne (Région: Champagne-Ardenne)

Le nom de cette province s'identifie immédiatement au vin pétillant qui y est produit et qui a une réputation mondiale. Le champagne est devenu un synonyme de fête, et il accompagne les mariages et les fêtes de toutes sortes dans le monde entier. La méthode pour produire ce vin a été inventée au XVIIIe siècle par un moine qui s'appelait Dom Pérignon, et aujourd'hui ce nom désigne une des marques les plus célèbres de champagne. La production du champagne est une des grandes ressources économiques de cette province, qui emploie des milliers de personnes dans la région d'Epernay, la ville qui symbolise le champagne. L'ancienne capitale de la Champagne est Troyes, ville qui existait déjà à l'époque gauloise. La plus grande ville champenoise est Reims. C'est dans la cathédrale de Reims que Clovis a été baptisé en 496, et à cause de cet événement la ville de Reims a toujours été associée à la tradition monarchique. Après Hugues Capet, tous les rois de France (sauf Henri IV) ont été sacrés à Reims, et la cathédrale renferme beaucoup de souvenirs de l'histoire de l'Ancien Régime. La Champagne est le pays natal de Racine, de La Fontaine, de Diderot et de Rimbaud.

La Lorraine (Région: Lorraine)

La Lorraine, qui forme une bonne partie de la frontière «artificielle» avec l'Allemagne, le Luxembourg et la Belgique, est une province très riche en ressources naturelles, comme le fer et le charbon. C'est une région très industrialisée qui produit, par exemple, deux tiers de l'acier français—une industrie qui est actuellement en crise. Comme l'Alsace, c'est une province qui a été longtemps disputée par l'Allemagne (une partie de la Lorraine était allemande entre la défaite française en 1870 et l'armistice de 1918). Il y a plusieurs stations thermales qui fournissent de l'eau minérale, telles que Contrexéville et Vittel. La capitale historique des ducs de Lorraine est la ville de Nancy. La Lorraine est le pays natal de Jeanne d'Arc et du poète Verlaine. Charles de Gaulle a choisi la Croix de Lorraine comme symbole de la Résistance. Parmi les plats cuisinés traditionnels de cette province, il faut mentionner la quiche lorraine, très appréciée aux Etats-Unis.

L'Alsace (Région: Alsace)

Située entre les Vosges et le Rhin, l'Alsace est le symbole de la querelle historique entre la France et l'Allemagne. A partir du partage de l'empire

Les rois de France ont été sacrés dans la cathédrale de Reims, en Champagne.

carolingien, l'Alsace a été rattachée à l'empire germanique. Huit siècles plus tard, au XVIIe siècle, elle est devenue française, jusqu'en 1870 quand Bismarck l'a annexée après la guerre avec Napoléon III. L'Alsace et une partie de la Lorraine sont restées allemandes jusqu'en 1918, après la Première Guerre mondiale. Les deux provinces ont été annexées de nouveau par l'Allemagne pendant la Deuxième Guerre mondiale (1940–1944). La langue régionale est l'alsacien, un dialecte de l'allemand.

Aujourd'hui il y a en Alsace de nombreuses brasseries qui produisent des bières célèbres, comme la Kronenbourg. Les vins d'Alsace sont surtout des vins blancs, comme le Riesling et le Sylvaner. Mais l'Alsace est aussi une grande région industrielle, dont le centre textile est Mulhouse. Le centre touristique de la civilisation alsacienne est la petite ville de Colmar. La plus grande ville est Strasbourg, capitale alsacienne. Situé sur le Rhin, Strasbourg est le deuxième port fluvial de France. La cathédrale de Strasbourg est renommée pour sa tour unique, la plus haute des cathédrales gothiques. L'université de Strasbourg est la seule en France à contenir deux Facultés de Théologie, l'une catholique et l'autre protestante (ceci parce qu'en 1905, quand la séparation de l'Eglise et de l'Etat a été votée, l'Alsace ne faisait pas partie de la France). Strasbourg, siège du Parlement européen, est une des capitales de la Communauté européenne. Le plat cuisiné régional est la choucroute, très appréciée partout en France. L'Alsace est le pays natal du théologien Albert Schweitzer et du sculpteur Frédéric Bartholdi (ce dernier est le créateur de la Statue de la Liberté).

La Corse (Région: Corse)

Une île qui se trouve dans la Méditerranée, à 200 km de Nice mais bien plus près de l'Italie, la Corse était une province italienne jusqu'au XVIIIe siècle, puis elle a été cédée à la France. La langue régionale, le corse, est un dialecte de l'italien. A cause de ses beaux paysages et de ses belles plages, on l'appelle « isola bella » en corse, ou « belle île ». Le tourisme est une activité très importante, car la Corse est considérée comme une extension de la Côte d'Azur. La capitale de la province est Ajaccio, ville natale de Napoléon Bonaparte. Comme la Bretagne et le pays basque, la Corse est caractérisée par sa pauvreté, la relative importance de la religion catholique et un mouvement autonomiste important.

La France d'Outre-Mer

Tout ce que nous avons dit jusqu'ici ne concerne que la Métropole, c'est-à-dire la France européenne, y compris la Corse. Mais il y a aussi des parties de la France qui ne se trouvent pas en Europe. Sur 101 départements, 96 sont métropolitains. Il y a donc cinq Départements d'Outre-Mer (les DOM). Trois de ceux-ci se trouvent près de l'Amérique du Nord : (1) Saint-Pierre-et-Miquelon (devenu un département en 1976) est situé à l'embouchure du fleuve Saint-Laurent, près du Canada; (2) la Martinique et (3) la Guadeloupe (1946) sont deux îles dans la mer des Caraïbes, près de Porto-Rico. Le quatrième, la Guyane (1946) se trouve sur la côte nord de l'Amérique du Sud. Et le cinquième, la Réunion (1946), est une île qui se trouve au large de l'Afrique, dans l'océan Indien. En plus des cinq DOM, il y a de nombreux Territoires d'Outre-Mer (les TOM), qui n'ont pas le même statut que les départements. La majorité de ceux-ci, dont la Nouvelle-Calédonie et Tahiti, se trouvent dans le Pacifique. Pour faire une comparaison avec les Etats-Unis, les DOM correspondent à l'Alaska et à Hawaï, qui ont le même statut que les 48 états contigus. Les TOM correspondent à Porto-Rico, qui n'a pas ce statut. Quand on parle de la France, on a trop souvent tendance à oublier ces départements et territoires qui ne sont pas métropolitains.

La Gastronomie régionale

La gastronomie tient une place importante dans la vie quotidienne des Français. Si les provinces existent encore du point de vue culturel, c'est en partie parce que les Français identifient telle ou telle province avec ses traditions gastronomiques. Certaines provinces—l'Ile-de-France, la Touraine, et la Champagne—n'ont pas de cuisine régionale parce que leurs plats traditionnels (comme le bifteck accompagné de pommes frites) sont devenus la base de la cuisine française. D'autres, comme la Provence, la Bourgogne et l'Alsace, sont renommées pour leurs traditions culinaires. Beaucoup de plats cuisinés portent le nom de la ville ou de la province où ils sont nés. Les spécialités d'une province sont souvent basées sur les produits régionaux. Voici une liste de plusieurs spécialités culinaires des provinces :

La Flandre	la carbonnade flamande, le lapin aux pruneaux
La Normandie	le gigot de prés-salés, les tripes à la mode de Caen
La Bretagne	le far breton, les crêpes
La Guyenne	les écrevisses bordelaise, l'entrecôte bordelaise
Le Béarn	le jambon de Bayonne, la garbure, le poulet basquaise
Le Limousin	le clafoutis

Le Languedoc	le cassoulet
La Provence	la bouillabaisse provençale, la ratatouille niçoise
Le Lyonnais	les pommes de terre lyonnaises
La Savoie	les quenelles de brochet, la fondue savoyarde
La Bourgogne	le bœuf bourguignon, le saupiquet, la gougère
La Lorraine	la potée lorraine, la quiche lorraine
L'Alsace	les saucisses de Strasbourg, la choucroute garnie
La Corse	le castagnacci

┊ **CONTROLE CONTINU** ┊

I. Chacune des villes suivantes est la capitale historique d'une province. Identifiez la province dans chaque cas :

1. Toulouse *Languedoc*
2. Tours *touraine*
3. Nancy *lorraine*
4. Caen *Normandie*
5. Perpignan *Roussillon*
6. Strasbourg *L'Alsace*
7. Dijon *Bourgogne*
8. Rennes *Bretagne*
9. Limoges *Limosin*
10. Reims *Champagne*

II. Quelle province est associée avec :

1. la Côte d'Azur *provence*
2. les fruits de mer *bretagne*
3. la choucroute *alsace*
4. la bière *alsace*
5. les sports d'hiver *la savoie*
6. le Camembert
7. la moutarde *Bourgogne*
8. « le jardin de la France » *Touraine*
9. « isola bella » *Corse*
10. le Palais des Papes *Provence*
11. le vin de Dom Pérignon *Champagne*
12. le Calvados *Normandie*
13. le charbon *Flandre*
14. la quiche *Lorraine*
15. le Vittel *Lorraine*
16. les résidences royales *île de France*
17. les châteaux de la Loire *Touraine*
18. le pays basque *Béarn*
19. les Landes *Gascogne*
20. les Puys
21. le Mistral
22. le Chablis

III. Répondez :

1. Dans quel but le système des Régions a-t-il été créé ?
2. En quoi une Région et un département sont-ils différents ?
3. Est-ce que les Français ont conscience d'appartenir à une Région ? Expliquez.
4. Quelle région contient 20% de la population française ?
5. Quelle région possédait beaucoup de mines de charbon ?
6. Quelle est la région dont l'activité économique la plus importante est la pêche ?
7. Quelle région s'appelle « le jardin de la France » ?
8. Quelle région contient le plus de stations balnéaires célèbres ?
9. Quelle région fabrique le vin le plus célèbre de France ?
10. Quelle région produit les deux tiers de l'acier français ?
11. Dans quelle région se trouvent les menhirs de Carnac ?
12. Dans quelle région se trouve la plus grande forêt d'Europe ?

13. Quelle est la région dont l'activité économique la plus importante est l'industrie textile ?
14. En quoi un DOM est-il différent d'un TOM ? Expliquez.

IV. Etes-vous d'accord ? Sinon, expliquez pourquoi :

1. De par sa superficie, l'Ile-de-France représente une région importante.
2. La Flandre est surtout une région agricole.
3. La tapisserie de Bayeux se trouve en Alsace.
4. La Bretagne est une région où la religion catholique est très importante.
5. La vie économique du Roussillon dépend de son industrie aéronautique.
6. La Région Rhône-Alpes est une des régions les plus peuplées de France.
7. Quand on va en Provence, on peut visiter le Palais des Papes.
8. La vie économique du Languedoc dépend de la viticulture.
9. La ville de Vichy est célèbre pour ses stations thermales.
10. La Savoie est une région montagneuse.

V. Choisissez la meilleure réponse :

1. Lequel de ces sites ou villes ne se trouve pas en Normandie ?
   a) Le Mont-Saint-Michel   c) Rouen
   b) Le Havre   d) Rennes
2. La région dont le parler a la réputation d'être le « français le plus pur » est :
   a) l'Ile-de-France   c) la Lorraine
   b) la Touraine   d) la Bourgogne
3. Laquelle de ces régions ne produit pas de vin ?
   a) la Guyenne et la Gascogne   c) l'Alsace
   b) le Limousin et l'Auvergne   d) la Provence
4. La dernière province à devenir française a été :
   a) le Roussillon   c) la Savoie
   b) le Béarn   d) l'Alsace
5. Laquelle de ces îles n'est pas un département français ?
   a) la Réunion   c) la Guadeloupe
   b) la Nouvelle-Calédonie   d) la Martinique

VI. Discussion

1. Quelles sortes de caractéristiques distinguent une province d'une autre (histoire, langues, produits agricoles, industrie, gastronomie, etc.) ?

2. Peut-on dire qu'il y a des « régions » ou des « provinces » aux Etats-Unis ? Si oui, quelles sont les caractéristiques de chaque région ou province ? Sinon, pourquoi pas ?

Deuxième
Partie

LA VIE
POLITIQUE

Chapitre

LA REPUBLIQUE FRANÇAISE

La France, comme les Etats-Unis, est une république. Cela veut dire qu'elle a une forme de gouvernement dans laquelle les citoyens choisissent eux-mêmes ceux qui les gouvernent. Si l'on regarde une pièce de monnaie, un timbre-poste ou un passeport français, on remarquera que le nom officiel de cette nation est la « République française ». Les hommes politiques terminent souvent leurs discours en disant « Vive la République ! » Le symbole de la République est une femme, Marianne, dont l'effigie figure sur les pièces de monnaie et dans les mairies de France. Une république peut cependant prendre plusieurs formes en ce qui concerne les rapports qui existent entre le pouvoir exécutif et le pouvoir législatif. Ces rapports sont définis par la Constitution. Une nouvelle constitution établit une nouvelle république, une nouvelle définition des rapports. La Constitution de la Cinquième République, celle qui définit le système politique de la France contemporaine, date de 1958.

La Cinquième République est en place depuis plus de trente ans. La Constitution de 1958 a créé un régime qui est en quelque sorte un compromis entre les deux systèmes politiques les plus typiques des démocraties occidentales. Ainsi, la Ve République n'est ni un régime présidentiel, comme celui des Etats-Unis, ni un système parlementaire, comme ceux qu'on trouve au Canada et dans la plupart des pays européens. Pour bien comprendre la raison de ce compromis, il faut examiner brièvement l'histoire de la République française.

Un peu d'histoire (voir Tableau synoptique)

La Révolution avait un idéal démocratique, exprimé dans la Déclaration des Droits de l'Homme et du Citoyen. En 1792 une assemblée qui s'appelait la Convention a été élue au suffrage universel masculin (c'est-à-dire une élection dans laquelle tous les hommes avaient le droit de vote). Un des premiers actes de la Convention a été l'abolition de la monarchie et la dé-

Marianne, symbole de la République Française.

claration de la République. Un nouveau calendrier républicain a été adopté pour marquer le début de la République (le 22 septembre 1792 a été décrété le premier Vendémiaire, premier jour de l'An I). La Convention s'est laissé dominer par les Jacobins, un groupe ultra-républicain, dont le chef était Maximilien Robespierre, et dont la politique a entraîné un épisode sanglant connu sous le nom de la « Terreur ». Enfin, après l'arrestation et l'exécution

● Tableau synoptique: ●
L'Histoire des Républiques

Evénements historiques	Républiques	Type de régime
Abolition de la monarchie (1792); la Terreur (1793–94); coup d'état de Napoléon Bonaparte établit le Consulat (1799); Napoléon se proclame empereur (1804).	Ière République (1792–99)	La Convention (1792–95); le Directoire (1795–99); en somme, une république sans démocratie.
Premier Empire (1804–14)		
Restauration de la monarchie (1814–48); révolution de 1848		
Election de Louis-Napoléon Bonaparte à la Présidence (1848); coup d'état de Louis-Napoléon (1851); proclamation de l'empereur Napoléon III (1852).	IIe République (1848–52)	Régime présidentiel (Président élu au suffrage universel masculin; Président détient le pouvoir exécutif).
Second Empire (1852–70); guerre franco-prussienne (1870).		

(voir fin, page suivante)

Evénements historiques	Républiques	Type de régime
Deuxième Guerre mondiale : occupation allemande et le régime de Vichy (1940–44); après la Libération, un gouvernement provisoire élabore une nouvelle constitution (1944–46).	IIIe République (1870–1940)	Régime parlementaire (Président élu indirectement; Gouvernement responsable devant le Parlement).
Guerre d'Indochine (1945–54); guerre d'Algérie (1954–61); crise ministérielle (1958).	IVe République (1946–58)	Régime parlementaire (Président élu indirectement; Gouvernement responsable devant le Parlement; députés élus par les Français et les Françaises).
De Gaulle élu Président au suffrage indirect (1958), puis au suffrage universel direct (1962); Pompidou (1969–74); Giscard d'Estaing (1974–81); Mitterrand (1981–présent).	Ve République (1958–présent)	Régime présidentiel-parlementaire (Président élu au suffrage universel; Gouvernement responsable devant le Parlement mais le Président détient le pouvoir exécutif).

de Robespierre, la Constitution de l'An III (1795) s'est détournée de la démocratie, en instaurant le suffrage censitaire : pour avoir le droit de vote il fallait avoir assez de propriété pour pouvoir payer le cens, une taxe. La Terreur (dictature d'un groupe) a été remplacée par le Directoire (dictature de cinq hommes), puis par le Consulat (trois hommes). La Première République était donc en somme une république sans démocratie, et une ré-

La Déclaration des Droits de l'Homme et du Citoyen exprime
un idéal démocratique.

publique qui a cessé d'exister après le coup d'état de Napoléon Bonaparte, le 18 Brumaire de l'An VIII (1799).

L'histoire du XIXe siècle français est marquée par une longue série de conflits entre républicains et monarchistes. La révolution de 1848 a mis fin à la monarchie constitutionnelle (la Restauration des rois Bourbon après l'exil de Napoléon), et la Deuxième République a été proclamée. La Constitution de 1848 a inauguré un régime présidentiel, avec un Président et un Parlement à une seule chambre. Cette chambre, l'Assemblée nationale, a été élue au suffrage universel masculin, et les Français ont élu directement leur premier Président de la République, Louis-Napoléon (neveu de Bonaparte). Dans ce régime, c'est le Président qui nommait et révoquait les ministres (les ministres sont les chefs des ministères, tels que la Défense, la Justice, la Santé, l'Education nationale, etc.; l'ensemble des ministres s'appelle le Gouvernement). Les ministres n'étaient pas responsables devant l'Assemblée nationale, c'est-à-dire qu'ils n'étaient pas obligés de rendre compte de leurs décisions ou de les faire approuver par les députés (les représentants élus à l'Assemblée). Le Président avait donc beaucoup de pouvoir, ce qui a facilité son coup d'état en 1851, quand il a annoncé la dissolution de l'Assemblée, et la déclaration du Second Empire en 1852. La malheureuse IIe République n'a duré que quatre ans.

La Troisième République a été proclamée en 1870, en pleine défaite face aux armées allemandes de Bismarck. Cette fois-ci la Constitution a créé un régime parlementaire dans lequel le Parlement avait tout le pouvoir, et non pas le Président qui aurait pu en abuser. Le Parlement consistait en deux chambres, le Sénat (dont les membres étaient élus indirectement) et la Chambre des députés, élue directement par les Français au suffrage universel masculin. Le Président de la République, élu par les deux chambres, occupait un poste qui était essentiellement honorifique et cérémonial. Il symbolisait la République et l'Etat, mais il ne participait pas au Gouvernement. Il était au-dessus de la politique, et son seul pouvoir était de nommer le Premier Ministre. Le Premier Ministre, chef du Gouvernement, avait le pouvoir exécutif et administratif, mais il devait toujours avoir la confiance de la majorité des deux chambres du Parlement. C'est-à-dire que le Gouvernement était responsable devant le Parlement : il fallait toujours que ses décisions soient approuvées. Sinon, le Parlement votait une motion de censure, les ministres démissionnaient, et le Président de la République était obligé de nommer un nouveau Gouvernement. Cela explique pourquoi la IIIe République, la plus longue jusqu'à présent (1870–1940), a vu une succession de 109 gouvernements et de nombreuses crises ministérielles. Avec plus de trente partis politiques représentés à la Chambre des députés, il était extrêmement difficile pour chaque gouvernement de garder une majorité. Le régime parlementaire a cessé d'exister au moment de l'invasion de la France, en 1940, par les Allemands. Pendant l'occupation (1940–1944), la France n'était plus une république.

Après la libération de la France, il a fallu rétablir la République. Le général Charles de Gaulle était le chef du gouvernement provisoire, mais il a donné sa démission en 1946 parce qu'il s'opposait au régime parlementaire. Une nouvelle Assemblée a été élue en 1945, et pour la première fois les femmes ont fait partie de l'électorat français. La Constitution de la Quatrième République a été élaborée en 1946 et adoptée par les Français et les Françaises. C'est donc la IVe République qui a inauguré le suffrage véritablement universel. Cette république avait le même système que la IIIe République, c'est-à-dire un régime parlementaire, avec cette différence importante : le pouvoir du Sénat était diminué, et la Chambre des Députés était bien plus puissante. La IVe République a donc connu la même instabilité ministérielle que la IIIe : 21 gouvernements successifs en douze ans (1946–1958). La dernière crise a été provoquée par la guerre d'Algérie, dont la situation devenait de plus en plus désastreuse, compliquée par des conflits entre l'armée et le Gouvernement. En 1958 le président René Coty a invité Charles de Gaulle, «le plus illustre des Français», à former un nouveau gouvernement. L'Assemblée nationale a accordé à de Gaulle les pleins pouvoirs pour six mois afin d'élaborer une nouvelle constitution. Celle-ci a été approuvée par référendum la même année. Ainsi, comme la démission de de Gaulle avait marqué la naissance de la IVe République en 1946, son retour au pouvoir en 1958 a signalé la fin de celle-ci et le début de la Ve République.

Un Régime présidentiel-parlementaire

La Constitution de 1958 a considérablement augmenté les pouvoirs du chef de l'Etat, tandis que ceux de l'Assemblée nationale ont été réduits au rôle législatif. C'est le Président de la République qui joue le rôle exécutif et qui participe activement au Gouvernement. C'est lui qui nomme le Premier Ministre et son Gouvernement, et il peut dissoudre l'Assemblée et annoncer une nouvelle élection pour essayer de changer la composition de celle-ci. Le Premier Ministre a un pouvoir réglementaire, et c'est lui qui décide de l'ordre du jour de l'Assemblée : c'est-à-dire, il décide quelles propositions seront discutées et votées par les députés. Par contre, le Gouvernement est responsable devant l'Assemblée et doit toujours garder sa confiance. On peut donc dire que la Ve République est un régime présidentiel-parlementaire. Il est présidentiel dans la mesure où le Président de la République dispose du pouvoir exécutif. Il est parlementaire dans la mesure où les députés doivent

Charles de Gaulle, premier Président de la Cinquième République.

approuver les décisions du Gouvernement; ils peuvent renverser celui-ci par une motion de censure, mais ils ne peuvent pas renverser le Président. La Ve République est donc un compromis entre ces deux systèmes, mais en fin de compte le Président a davantage de pouvoir que l'Assemblée. Le Sénat n'a qu'un rôle délibératif, et l'Assemblée seule a le pouvoir législatif.

Les institutions de la Cinquième République

1) L'Assemblée nationale. C'est la chambre la plus importante du Parlement, celle qui décide d'approuver ou de rejeter les projets de loi proposés par le Premier Ministre. Pour des raisons électorales, la France est divisée en 577 circonscriptions législatives (dont 555 dans la Métropole et 22 dans les DOM-TOM). Chaque circonscription élit un député à l'Assemblée nationale, dont le siège est au Palais-Bourbon, à Paris. Les députés sont élus en bloc (c'est-à-dire tous en même temps), au suffrage universel, tous les cinq ans (ou plus souvent, si le Président dissout l'Assemblée et annonce une nouvelle élection). Des 577 députés actuels, 33 sont des femmes, la plupart du Parti Socialiste. A la différence des Etats-Unis, un député n'est pas obligé de résider dans sa circonscription. Une fois élu, il est censé représenter non pas sa circonscription, mais la Nation. Pour être député il faut avoir au moins 23 ans.

   Normalement, l'Assemblée nationale est divisée en deux grands groupes, « la majorité » et « l'opposition ». La majorité est la coalition des partis politiques qui détiennent plus de 50% des sièges et qui soutiennent le Gouvernement. L'opposition est la coalition des partis qui se trouvent dans la minorité et qui s'opposent à la politique du Gouvernement. Ainsi, depuis la création de la Cinquième République et jusqu'en 1981, la majorité signifiait la droite et l'opposition la gauche.

2) Le Sénat. Les sénateurs ne sont pas élus par les électeurs français, mais indirectement, par un collège électoral composé des députés et des représentants des régions, des départements et des communes. Il y a 318 sénateurs, dont le nombre par département dépend de la population. Ils sont élus pour un mandat de neuf ans, mais renouvelés par tiers tous les trois ans. Pour être sénateur, il faut avoir au moins 35 ans. Les sénateurs élisent leur président, qui est le second personnage de l'Etat : c'est-à-dire que le président du Sénat assure la Présidence de la République en cas de vacance du pouvoir (car il n'existe pas de vice-président). Le Sénat ne peut pas censurer le Gouvernement. Les sé-

L'hémicycle de l'Assemblée nationale.

nateurs débattent aussi des projets de loi, mais en cas de désaccord entre les deux chambres, c'est le vote de l'Assemblée nationale qui compte. Le siège du Sénat est le Palais du Luxembourg.

3) Le Président de la République. La Constitution de 1958 avait prévu une élection présidentielle indirecte, par un collège électoral composé des députés et des sénateurs. C'est de cette manière que Charles de Gaulle a été élu en 1958, pour un mandat de sept ans, ou «septennat». Mais en 1962 les Français ont modifié la Constitution, en décidant par référendum d'élire leur président directement, au suffrage universel (un système qui n'existe pas aux Etats-Unis). Le Président peut se succéder à lui-même, selon la Constitution : donc, à la fin de son septennat en 1965, Charles de Gaulle a été réélu Président de la République, mais cette fois-ci par tout le peuple français. En tant que chef de l'Etat, le Président a les pouvoirs suivants : (1) Il nomme le Premier Ministre et son Gouvernement, (2) il préside au Conseil des Ministres, (3) il promulgue les lois, (4) il est le chef des armées, (5) il dispose du droit de

Le Palais de l'Elysée est la résidence officielle du Président de la République (ici, François Mitterrand).

grâce, (6) il peut appeler un référendum, (7) il peut dissoudre l'Assemblée et (8) il peut gouverner seul, avec la permission des deux chambres du Parlement, si l'indépendance de la Nation ou l'intégrité de son territoire sont menacées. Le Président réside officiellement au Palais de l'Elysée. Pour être candidat à la Présidence, il faut avoir au moins 23 ans.

4) Le Premier Ministre. Celui-ci, ainsi que tous les ministres qui composent le Gouvernement, est nommé par le Président. Le Premier Ministre présente les projets de loi devant l'Assemblée nationale et coordonne l'action du Gouvernement. Ce sont les ministres qui dirigent l'administration, c'est-à-dire l'ensemble des fonctionnaires (ceux qui exercent des fonctions publiques). A la différence du Président, le Gouvernement est responsable devant l'Assemblée nationale : si celle-ci adopte une motion de censure, le Premier Ministre doit remettre sa démission, et le Président doit nommer un nouveau Gouvernement (c'est là l'aspect parlementaire de la Cinquième République). La résidence officielle du Premier Ministre est l'Hôtel Matignon.

Les membres du Gouvernement se réunissent au Conseil des Ministres.

5) Le Conseil constitutionnel. Celui-ci est composé de neuf conseillers, nommés par tiers pour neuf ans, et dont trois sont désignés par le Président de la République, trois par l'Assemblée nationale et trois par le Sénat. Ce conseil veille à la constitutionnalité des lois et à la régularité des élections. Les conseillers ne peuvent pas se succéder et ils ne peuvent pas être titulaires d'une fonction publique pendant qu'ils font partie du Conseil.

La cohabitation

Le décalage entre le mandat des députés (cinq ans) et le septennat du Président peut résulter en une « cohabitation » de deux tendances politiques différentes, ce qui s'est passé dans les années 1980 en France. Quand François Mitterrand (un socialiste) a été élu Président de la République en 1981, il voulait aussi avoir une majorité de gauche dans l'Assemblée, afin de pouvoir mieux appliquer ses programmes. Peu de temps après son élection en 1981, il a dissout l'Assemblée nationale et a annoncé de nouvelles élections législatives. La gauche l'a emporté, et la nouvelle Assemblée était donc dominée par le parti de Mitterrand. Tandis que le septennat du Président ne devait se terminer qu'en 1988 (sept ans), le mandat des députés s'est terminé en 1986 (cinq ans). Aux élections législatives de 1986, la droite a regagné la majorité dans l'Assemblée, ce qui fait que l'Assemblée était dominée par la tendance opposée à celle du Président Mitterrand. Celui-ci a donc été obligé de nommer un Premier Ministre de droite, pour que ce dernier soit approuvé par la nouvelle Assemblée. Il a nommé Jacques Chirac. Ainsi, pour la première fois sous la Cinquième République, un Président d'une tendance politique et un Premier Ministre d'une autre devaient « vivre ensemble », d'où le terme « cohabitation ». Mais cette nouvelle situation a très bien réussi, Mitterrand s'occupant de la politique extérieure et Chirac de la politique intérieure. En 1988, à la fin de son septennat, Mitterrand s'est présenté de nouveau aux élections présidentielles. Extrêmement populaire, il a gagné. Il a tout de suite dissout l'Assemblée nationale. Aux élections législatives de 1988, la gauche n'a pas pu gagner la majorité, mais les socialistes ont réussi à former une coalition et à réunir assez de sièges pour dominer l'Assemblée. Chirac a donc démissionné, et en 1988 Mitterrand a nommé Michel Rocard, un socialiste, au poste de Premier Ministre. Alors depuis 1988, la cohabitation est finie, et le Président et le Premier Ministre sont de nouveau du même parti politique. La cohabitation a donc montré que la Constitution de la Ve République était viable. En 1991, à la suite de plusieurs désaccords entre le Président et son Premier Ministre, Mitterrand a révoqué Rocard et

Nicole Kern
Pierre Pellissier Daniel Seguin

UNE COURONNE POUR DEUX

Les secrets des grandes manœuvres

JCLATTÈS

a nommé un nouveau Premier Ministre, Edith Cresson, mais sans faire de grands changements dans la composition du Gouvernement. En 1992, Cresson a été remplacée par Pierre Bérégovoy. *Celui-ce sist suicider, et remplacé par Edouard Balladur.*

┆ **CONTROLE CONTINU** ┆

I. Etes-vous d'accord? Sinon, expliquez pourquoi :
1. La Première République a été créée en 1792. *Oui*
2. La Deuxième République a été créée en 1799. *Non 1848*
3. La Deuxième République était un régime présidentiel. *oui*
4. Sous la Deuxième République, le Gouvernement n'était pas responsable devant l'Assemblée nationale. *non*
5. La Troisième République était un régime parlementaire. *Oui*
6. Le Sénat est une des chambres du Parlement depuis la Troisième République. *Oui*
7. Sous la Troisième République, le Président était élu directement au suffrage universel masculin. *Non*
8. La Quatrième République a été créée pendant la Deuxième Guerre mondiale. *Non*
9. Le suffrage universel (masculin et féminin) a été inauguré sous la Quatrième République. *oui*
10. Jusqu'à maintenant, la France a vécu plus longtemps sous un régime présidentiel que sous un régime parlementaire. *Non*

II. Répondez aux questions suivantes :
1. Peut-on dire que la Première République était un régime démocratique? Pourquoi (pas)?
2. Pourquoi le coup d'état de Louis-Napoléon Bonaparte a-t-il été facilité par la constitution de la Deuxième République?
3. Quel rôle un Président jouait-il sous la Troisième République?
4. Pourquoi y a-t-il eu beaucoup de crises ministérielles sous la Troisième République?
5. Quand la Troisième République a-t-elle cessé d'exister?
6. Comparez les Troisième et Quatrième Républiques. Qu'avaient-elles en commun? En quoi différaient-elles?
7. En quoi la Cinquième République est-elle à la fois un régime présidentiel et un régime parlementaire?
8. Pourquoi a-t-il pu y avoir un Président et un Premier Ministre de tendances politiques opposées sous la Cinquième République?
9. Citez les institutions principales de la Cinquième République.
10. En quoi le pouvoir du Sénat diffère-t-il de celui de l'Assemblée nationale?

III. Parmi les affirmations suivantes, éliminez celles qui sont fausses :

1. Les députés
   a) sont élus en bloc et au suffrage universel direct. ✓
   b) représentent chacun leur circonscription à l'Assemblée nationale.
   c) votent pour ou contre les projets de loi.
   d) peuvent résider en dehors de leur circonscription.

2. Les sénateurs
   a) sont élus pour un mandat de neuf ans.
   b) ont le droit d'élire le président du Sénat.
   c) débattent des projets de loi.
   d) peuvent censurer le Gouvernement.

3. Le Président de la République
   a) peut dissoudre le Sénat.
   b) est élu au suffrage universel direct.
   c) détient le pouvoir exécutif.
   d) peut être réélu.

4. Le Premier Ministre
   a) présente les projets de loi devant l'Assemblée.
   b) a un pouvoir réglementaire.
   c) remplace le Président en cas de décès.
   d) doit démissionner s'il n'a pas la confiance de l'Assemblée.

5. Le Conseil Constitutionnel
   a) a été créé sous la Cinquième République.
   b) veille à la régularité des élections.
   c) est composé de neuf membres du Sénat.
   d) vérifie la constitutionnalité des lois.

IV. Discussion :

1. Discutez la constitution de la Cinquième République. Quel est le rôle de chaque institution de cette république ?

2. En quoi le régime de la République française diffère-t-il du système américain ? Expliquez. Quel système préférez-vous ? Pourquoi ?

3. Essayez d'expliquer à un Français le fonctionnement du Congrès américain et du Président des Etats-Unis. En quoi ceux-ci sont-ils différents de leurs contreparties en France ?

4. Quand on parle de la politique en France, certains termes ont une signification spéciale. Que signifient les termes suivants : gouvernement, administration, responsable, confiance, majorité ?

Chapitre

LES FRANÇAIS ET L'ETAT

Qu'est-ce que l'Etat?

L'Etat français existait longtemps avant la Révolution, et même avant que la nation française ne soit constituée dans sa forme actuelle. Au XVIIe siècle, le roi Louis XIV a voulu attacher la notion de l'Etat à sa propre personne : «L'Etat, c'est moi.» Louis XIV et son ministre Colbert ont mis en place une énorme bureaucratie dont les fonctionnaires étaient directement responsables devant le roi. A l'époque de la Révolution cette tendance centralisatrice a été renforcée par les Jacobins, qui exigeaient que toutes les décisions concernant la France et les Français soient prises par la Convention à Paris. Napoléon Bonaparte n'a pas renversé cette tradition, bien au contraire : il a établi l'administration préfectorale, dans laquelle le préfet de chaque département était personnellement responsable devant lui. La centralisation étatique a continué jusqu'à nos jours, malgré les tentatives de la part des gouvernements récents visant à inverser cette longue tradition. Mais depuis Napoléon l'Etat est devenu impersonnel, et aujourd'hui personne ne peut dire «L'Etat, c'est moi.» Le Président de la République s'appelle aussi le chef de l'Etat, mais il n'est pas l'Etat. Les présidents et les gouvernements se succèdent les uns aux autres, tandis que l'Etat existe de façon continue.

Qu'est-ce que l'Etat ? Il n'est pas facile de définir cette entité, dont il existe plusieurs conceptions dans l'esprit des Français. Voici une liste partielle :

1) L'Etat-nation : l'Etat est d'abord la nation, la France. Cette conception relève de la beauté géographique du pays, de sa grandeur historique et de son patrimoine culturel. Dans ce sens l'Etat fait l'objet de fierté nationale.

2) L'Etat-patron : pour un quart des travailleurs français—fonctionnaires et employés du secteur nationalisé—l'Etat existe en tant qu'employeur.

72

3) L'Etat-providence : tous les problèmes concernant le bien-être des Français, depuis le berceau jusqu'à la tombe, doivent être pris en charge par l'Etat qui est responsable de tous ses citoyens.

4) L'Etat-justicier : le maintien de l'ordre public et de la sécurité doit être garanti par l'Etat, qui a la responsabilité de protéger les citoyens et de punir ceux qui troublent l'ordre.

5) L'Etat autoritaire : l'unification du pays est assurée par le pouvoir centralisé de l'Etat. Pour assurer ses services, il lui faut de l'argent, et cet argent est fourni obligatoirement par les citoyens et les entreprises. L'Etat représente donc le fisc, la taxation et... les impôts.

Les deux dernières conceptions—l'Etat-justicier et l'Etat autoritaire—illustrent la possibilité de conflit : d'abord le conflit entre l'autorité et les droits de l'individu (la justice) et ensuite le conflit entre l'autorité centrale et l'autonomie des collectivités locales. Les deux sont indispensables pour comprendre l'attitude des Français envers l'Etat.

La justice

Une autorité judiciaire, indépendante des pouvoirs exécutif et législatif, est un des piliers de toute société démocratique. Le principe de la séparation des pouvoirs a été élaboré par Montesquieu au XVIIIe siècle. Il a été repris dans la Déclaration des Droits de l'Homme et du Citoyen, et réaffirmé dans la Constitution de 1958. La fonction de l'autorité judiciaire est de maintenir l'ordre public tout en garantissant les droits civiques et en protégeant les libertés individuelles. Le premier système judiciaire uniforme en France date de Napoléon, qui a fait codifier toutes les lois de France, jusqu'alors très disparates de province en province et parfois contradictoires. Le Code civil, dit « Code Napoléon », a été mis en place en 1804, et le Code pénal en 1810. La justice est une institution qui comprend la magistrature et la police.

Le Ministre de la Justice, appelé le « Garde des Sceaux », est nommé par le Président de la République. Le Ministre de la Justice est le chef des procureurs de la République (qui ne jugent pas mais qui demandent l'application de la loi devant les tribunaux) et aussi le chef de l'administration pénitentiaire (les prisons). Les juges en France ne sont pas élus : ils sont nommés par le Président de la République sur la recommandation du Ministre de la Justice, mais ils restent indépendants des pouvoirs publics. Une fois nommés, les magistrats ne peuvent pas être suspendus ou révoqués par les autorités politiques.

Il y a deux branches de la justice, la civile et la pénale. La justice civile traite des disputes entre personnes ou des litiges entre un particulier et une société anonyme (par exemple, un divorce ou un héritage). Dans ces cas, les parties passent devant un tribunal (un ou trois magistrats, selon l'importance de l'affaire), et elles sont soutenues par des avocats. La justice pénale traite des infractions et des cas criminels. Les contraventions de la police et les délits passent devant un tribunal, tandis que les crimes plus graves sont jugés par une cour d'assises, qui consiste en trois juges et neuf jurés tirés au sort qui délibèrent ensemble. En cour d'assises, le procureur de la République cherche à appliquer la loi contre l'accusé, qui est défendu par un avocat. Le concept anglo-saxon du «jugement par ses pairs», qui est l'origine de notre «jury», n'existe pas en France. La justice est toujours rendue par des magistrats professionnels, nommés par le chef de l'Etat, mais elle est toujours rendue «au nom du peuple français.» Celui-ci est représenté par la présence des jurés. Il existe des cours d'appel (35 en France), pour ceux qui décident de contester les décisions des tribunaux. Enfin il y a la Cour de cassation, qui sert à contrôler la légalité des jugements rendus par les tribunaux inférieurs. Seule la Cour de cassation peut invalider les décisions d'une cour d'assises, mais seulement pour des défauts de procédure. La Cour de cassation se trouve dans les locaux du Palais de Justice à Paris, et c'est la seule cour à juridiction nationale.

La magistrature est aidée dans son maintien de l'ordre public par la police, mais celle-ci dépend d'un ministère, donc du pouvoir exécutif. La police judiciaire, qui est chargée des cas criminels, ainsi que les polices urbaines, dépendent du Ministère de l'Intérieur. Il en est ainsi des Compagnies Républicaines de Sécurité (les redoutables CRS), des réserves mobiles qui sont envoyées par le Ministre dans telle région lors d'un désastre naturel (inondations, incendies), mais qui sont spécialisées dans les émeutes. En plus, la France rurale est surveillée par les gendarmes, qui vivent dans des casernes militaires. Ils s'occupent de la circulation routière et ont des fonctions de police judiciaire. Les gendarmes sont en fait des soldats et la Gendarmerie Nationale dépend du Ministère de la Défense.

Les Français s'intéressent vivement aux grandes affaires de justice, les «causes célèbres» qui sont souvent très médiatisées (c'est-à-dire, discutées dans les médias). Ils font preuve d'une certaine méfiance, voire de cynisme, vis-à-vis de la justice, une des institutions les plus critiquées dans les sondages. Seulement 27% des Français disent qu'on peut avoir confiance en la justice : «La justice est d'un côté,» dit-on, «et les juges de l'autre.» En un mot, ils trouvent le système injuste. En ce qui concerne la police, l'opinion publique

La police aide à maintenir l'order public.

est encore plus sévère. Les agents de police—les « flics » ou, pire encore, les « vaches » —sont souvent critiqués pour leur violence et leur brutalité. On peut dire, il est vrai, que les droits civiques de l'accusé sont un peu moins bien protégés par la loi en France qu'aux Etats-Unis. Toutefois, les Français semblent croire que le pouvoir judiciaire doit être le seul détenteur de la justice : selon un sondage récent, seulement 30% des Français considèrent que posséder une arme pour se défendre est une bonne chose.

Les collectivités locales

Dans le chapitre précédent nous avons analysé le système politique national, les institutions qui gouvernent toute la France. Il y a aussi une administration locale qui gouverne les divisions administratives. De même que les Etats-Unis sont divisés en états, en comtés et en municipalités, la France est divisée en régions, en départements et en communes : ce sont les collectivités locales. La France métropolitaine est divisée en 22 régions et en 96 départements. Chaque département est divisé en plusieurs arrondissements et en plusieurs cantons, et au niveau municipal il y a les communes. Dans l'administration locale on peut voir deux tendances : (1) la démocratie locale, dans la mesure où chaque collectivité locale est administrée en partie par des représentants élus par la population; et (2) le «jacobinisme» ou l'autorité centralisée, dans la mesure où l'administration préfectorale, représentant l'Etat, existe toujours. Il y a souvent des conflits entre ces deux tendances.

La Commune. C'est la plus petite division administrative. Aujourd'hui il y a 36.000 communes en France, dont 32.000 ont moins de deux mille habitants. Les plus petites communes ne sont que des villages. En général il s'y trouve une école primaire, une banque, une pharmacie, une église, une mairie et un bureau de poste. Comme le bureau de poste est souvent le seul bureau représentant l'Etat dans un village, il effectue de plus en plus de services : les impôts, le chômage, l'enregistrement de voitures, etc. L'Etat encourage toujours les petites communes à fusionner, mais ce mouvement a eu peu de succès parce que les habitants des villages sont très jaloux de leur identité locale.

Chaque commune est administrée par un Conseil municipal. Le nombre de conseillers municipaux varie selon la population de la commune (neuf pour les plus petites, 163 pour la ville de Paris). Ils sont élus au suffrage universel pour six ans, et ils siègent à la mairie de la commune (dans les grandes villes la mairie s'appelle l'Hôtel de Ville). Le chef du Conseil municipal est le maire, qui est élu par les conseillers municipaux. Le maire est représentant à la fois de la commune et de l'administration préfectorale, c'est-à-dire qu'il est responsable devant ses électeurs locaux et en même temps devant le Gouvernement à Paris. Comme représentant de la commune, il est chef du personnel municipal et chargé des services municipaux : la police municipale et judiciaire, les éboueurs, les pompiers, les pompes funèbres, etc. Comme représentant de l'Etat, le maire est responsable d'exécuter toutes les lois transmises de Paris par le préfet. Il est officier d'état-civil, c'est-à-dire qu'il maintient le registre de tous les mariages, naissances, divorces et décès qui ont lieu dans la commune. Dans les communes importantes, le maire est aidé dans ses fonctions par des adjoints.

Le Département. Cette collectivité locale date de la Révolution, au moment où les anciennes provinces, vestiges de la noblesse, ont été abolies et remplacées par ces nouvelles divisions administratives. Les noms des départements ont été choisis en fonction de leur géographie, notamment les fleuves et les rivières (Seine-et-Marne, Loire-et-Cher), les montagnes et les mers (Pyrénées-Atlantiques, Alpes-Maritimes). Par la superficie, les départements sont plus ou moins uniformes (si l'on excepte les nouveaux départements de l'Ile-de-France, créés en 1964). Par la population, certains sont

Les Départements de la Métropole

ruraux et d'autres très urbains (il y en a une dizaine qui contiennent plus d'un million d'habitants). Dans chaque département il y a une ville principale qui s'appelle le chef-lieu, ou la préfecture. Chaque département est divisé en plusieurs arrondissements, avec une ville qui s'appelle la sous-préfecture. A la tête du département il y a un représentant de l'Etat, le préfet. Cette fonction a été créée en 1800 par Napoléon. Le préfet est nommé par le Président de la République, sur la recommandation du Ministre de l'Intérieur. Il a une responsabilité considérable : chef de tous les fonctionnaires du département (sauf les magistrats et les gendarmes), le préfet est chargé de l'exécution des lois et des décisions du Conseil des Ministres. Il est aidé par des sous-préfets, un pour chaque arrondissement.

Le département est géré également par une assemblée administrative, élue démocratiquement : le Conseil général. Les conseillers généraux sont élus au suffrage universel pour six ans. Le nombre de conseillers généraux (entre 20 et 60) est égal au nombre de cantons qui composent le département, et ce nombre dépend de la population. Dans les régions rurales, un canton se compose de plusieurs communes, tandis que les grandes villes sont divisées en plusieurs cantons. Les cantons n'ont aucun rôle administratif : chaque canton est une circonscription électorale qui élit un membre du Conseil général. Le Conseil général siège à la préfecture du département. Il s'occupe des services départementaux, tels que l'entretien des routes, le transport des élèves, les hôpitaux et les activités culturelles et sportives.

La Région. Depuis 1973 il y a une nouvelle collectivité locale, la Région, dont chacune regroupe plusieurs départements. La Région a été créée pour contribuer au développement économique de la France « extra-parisienne », pour faire disparaître cette opposition entre Paris et « la province ». Chaque Région est gérée par un préfet de Région, qui applique la politique du Gouvernement concernant le développement économique de la Région et l'aménagement du territoire. Depuis 1986 il y a aussi un Conseil régional, une assemblée dont les membres sont élus au suffrage universel. Le Conseil régional s'occupe des grands travaux qui dépassent les limites départementales (chemins de fer, centrales nucléaires, barrages, autoroutes, etc.). Sa fonction devient de plus en plus importante.

La décentralisation administrative

A chaque niveau de l'administration locale—municipal, départemental et maintenant régional—il y a donc des conseils élus démocratiquement qui sont censés représenter les intérêts locaux des électeurs. Mais en réalité le vrai pouvoir était toujours exercé par le préfet, représentant de l'Etat. Jus-

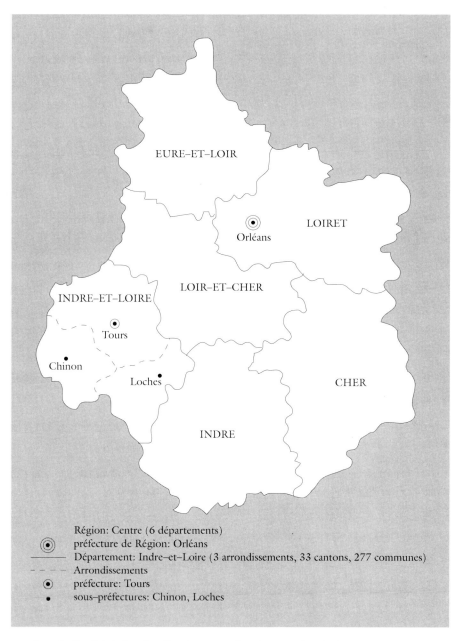

Région: Centre (6 départements)
 préfecture de Région: Orléans
—————— Département: Indre–et–Loire (3 arrondissements, 33 cantons, 277 communes)
- - - - Arrondissements
 préfecture: Tours
• sous–préfectures: Chinon, Loches

Les Collectivités locales: Le Centre et l'Indre-et-Loire (à titre d'exemple) qu'en 1982, les pouvoirs contrôlés par l'Etat étaient énormes. Le budget de chaque commune devait être approuvé par le préfet, et même la décision locale de changer le nom d'une rue devait recevoir l'approbation de l'Etat, d'où la frustration des autorités locales. Certaines décisions prises par l'Etat—telle que la construction d'une ligne du chemin de fer qui risque de détruire certains vignobles en Provence—provoquent des manifestations populaires.

Depuis le début de la Ve République il existe le sentiment qu'il faut décentraliser la France, d'abord sur le plan économique et culturel, pour combattre la réalité du « désert français ». Dans les années 1960 le Gouvernement a institué un projet pour « l'aménagement du territoire », pour raviver l'économie régionale et pour attirer l'industrie dans les villes autres que Paris. Ce projet, très populaire, a eu un grand succès. Nous avons vu que ce mouvement a donné naissance à la création des Régions en 1973, sous le président Pompidou. Le but des Régions était de ranimer l'identité culturelle des habitants de chaque Région sans nuire à leur attachement à l'Etat français. Mais c'est surtout le Parti Socialiste et le président Mitterrand qui ont adopté un programme nettement anti-jacobin. Non contents d'une décentralisation économique et culturelle, les socialistes cherchaient à mettre en place une décentralisation de l'administration de la France, c'est-à-dire donner plus d'autonomie aux collectivités locales vis-à-vis de Paris. Il s'agit, en somme, d'un transfert de pouvoir politique. La loi sur la décentralisation de 1982 (dite « la loi Defferre », d'après le Ministre de l'Intérieur de l'époque, Gaston Defferre) a réduit l'intervention de l'Etat dans la gestion des collectivités locales. Elle a accordé plus d'autonomie budgétaire aux communes, par rapport au préfet, et elle a diminué le pouvoir de celui-ci. Une grande partie du pouvoir du préfet a été transférée aux Conseils municipaux et généraux. Le maire d'une commune est maintenant responsable de sa propre gestion. Il peut délivrer lui-même les permis de construire, par exemple. Les premières élections régionales ont eu lieu en 1986. Les Conseils municipaux, généraux et régionaux, qui sont des assemblées élues, ont maintenant plus d'importance et plus de pouvoir qu'avant. Puisque les préfets, représentants de l'Etat, sont toujours là, le jacobinisme est toujours présent. En effet, l'Etat retient toujours le contrôle de l'éducation, de l'assurance-santé et de l'administration de la justice et de la police. Toujours est-il que la démocratie locale commence à prendre le dessus. Il est clair que les réformes de Mitterrand constituent la tentative la plus radicale pour modifier la centralisation étatique.

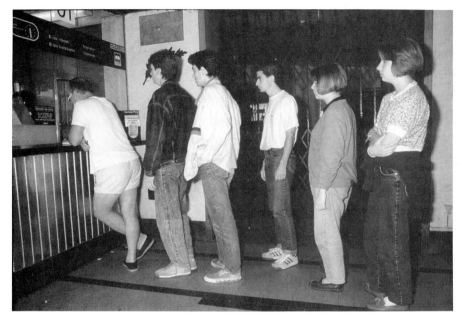

Le guichet est un des symboles de l'administration de l'Etat.

« *L'Etat, c'est nous.* »

    Les Français se dressent facilement contre toute autorité, d'où leur scepticisme envers la justice et leur hostilité envers la police. L'autorité implique qu'il n'y a pas d'égalité mais plutôt une hiérarchie. Face à l'autorité et à la hiérarchie, les citoyens égalitaires deviennent souvent contestataires. Cette attitude peut se voir dans la distinction très nette que font les Français entre l'Etat et le Gouvernement. Ils trouvent l'autorité gouvernementale suspecte, et ils refusent de présumer la légitimité de ceux qui sont au pouvoir. Certains recherchent une solidarité d'opposition avec d'autres citoyens. Le citoyen contestaire voit dans le Gouvernement un voleur, qui prend l'argent des familles, un menteur, un tricheur qui donne la préférence aux riches, et qui contrôle la justice et les médias. Il voit le fonctionnaire, assis derrière un guichet, comme un agresseur, une source de frustration et un symbole de la vaste administration, contre lequel il doit défendre ses droits menacés.

Cette passion contre le Gouvernement est souvent accompagnée d'une passion en faveur de l'Etat français. Il accorde toute légitimité et toute dignité à l'Etat, cet idéal dépourvu des vices du Gouvernement. L'Etat, après tout, c'est la France : « L'Etat, c'est nous. »

┊ **CONTROLE CONTINU** ┊

I. Répondez aux questions suivantes :
1. Quelles sont les différentes conceptions de l'Etat pour les Français ?
2. Qui a instauré le premier système judiciaire uniforme ? Pourquoi ?
3. Quelles sont les différences entre un tribunal et une cour d'assises ?
4. Que pensent les Français de la justice et de la police ?
5. Quelles sont les divisions administratives de la France ? Sous quel nom sont-elles regroupées ?
6. En quoi consistait le projet pour « l'aménagement du territoire » dans les années 60 ?
7. Pourquoi les Régions ont-elles été créées ?
8. Quel était le but de la « loi Defferre » ?
9. Quels changements cette loi a-t-elle apportés ?
10. L'Etat possède-t-il toujours un contrôle sur les collectivités locales ? Expliquez.

II. Etes-vous d'accord ? Sinon, expliquez pourquoi :
1. Napoléon a été le premier à centraliser l'Etat.
2. L'autorité judiciaire en France dépend du pouvoir exécutif.
3. Les juges sont nommés par le Président de la République.
4. Dans des cas très graves, douze jurés délibèrent ensemble du sort d'un criminel.
5. Les CRS dépendent du Ministère de l'Intérieur.
6. Un maire n'est responsable que devant ses électeurs.
7. Il y a plus de Régions que de départements.
8. Une commune est administrée par un Conseil municipal.
9. Le nombre de conseillers généraux dépend du nombre de cantons dans un département.
10. Les Régions sont gérées par un préfet et un Conseil régional.

III. Définissez les termes suivants :
1. la démocratie locale
2. le jacobinisme
3. une commune
4. un canton
5. une Région

IV. Associez les fonctions ou institutions à gauche avec les responsabilités correspondantes à droite (Attention, certaines fonctions peuvent impliquer plusieurs responsabilités):

1. les CRS
2. la Gendarmerie Nationale
3. le maire
4. le préfet
5. le Conseil général
6. le Conseil régional

a. exécution des lois et des décisions du Conseil des Ministres
b. services départementaux
c. maintien de l'ordre public
d. officier de l'état-civil
e. services interdépar-tementaux
f. maintien de la circulation routière
g. services municipaux

V. Discussion

1. Expliquez l'attitude des Français vis-à-vis de l'Etat.
2. Essayez de caractériser l'attitude des Américains envers le «Federal government»:
   a) quelle sorte de propriété possède-t-il?
   b) quelle sorte de services assure-t-il?
   c) de quelle réputation jouissent les fonctionnaires?
3. Les Américains ont-ils les mêmes attitudes envers la justice et la police que les Français?
4. Quelles sont les collectivités locales aux Etats-Unis? Comment celles-ci sont-elles administrées?

Chapitre

LES PARTIS POLITIQUES ET LES ELECTIONS

La droite et la gauche

La notion de partis politiques est née en France à l'époque de la Révolution. Cela ne doit pas surprendre, car c'est l'époque où les citoyens ont commencé à participer au gouvernement du pays, dans le cadre de l'Assemblée nationale. A cette époque-là, les conservateurs (c'est-à-dire les monarchistes, ceux qui voulaient une monarchie constitutionnelle) étaient assis à droite dans l'hémicycle de l'Assemblée. Par contre, les réformateurs (c'est-à-dire les révolutionnaires les plus radicaux, ceux qui voulaient une république) étaient assis à gauche. Depuis cette époque (et non seulement en France mais dans le monde entier), les termes « droite » et « gauche » signifient respectivement une tendance conservatrice et une tendance réformatrice et progressiste. Ces deux tendances dominent la scène politique contemporaine en France.

On a tendance à baser l'opposition droite-gauche sur le statut socio-économique des électeurs : la droite attire les dominants et ceux qui s'identifient aux économiquement forts, tandis que la gauche attire les dominés et ceux qui s'identifient aux économiquement faibles. Mais la réalité est plus complexe que cela, parce qu'il y a plusieurs polarités qui divisent les Français : leur statut socio-économique, il est vrai, mais aussi leur attitude envers le rôle de l'Etat dans la vie économique. Il y a ceux qui préconisent l'intervention de l'Etat dans l'économie pour la régler: ce sont les dirigistes, qui s'alignent parfois à droite et parfois à gauche. D'autres réclament une économie libérale, libre de l'intervention de l'Etat. Ce libéralisme (une attitude pro-capitaliste) est normalement une caractéristique du centre-droit, mais depuis quelque temps il commence à attirer certains politiciens de centre-gauche aussi. L'opposition dominants-dominés ne correspond donc pas à l'opposition dirigistes-libéraux. Une troisième polarité—catholiques et non-catholiques—ne coïncide pas avec les deux premières, ce qui fait qu'il y a une droite catholique et une droite laïque, ou non-religieuse. De même, il y a des catholiques et des non-catholiques qui s'identifient avec la gauche. L'opposition droite-gauche n'est donc pas si nette qu'on pourrait le croire. La non-coïncidence de ces trois polarités explique en partie pourquoi il y a plusieurs partis politiques importants en France, et non pas seulement deux comme aux Etats-Unis. En général, la religion ne joue pas de rôle important dans la politique en France.

En termes généraux, la droite est conservatrice et favorise le maintien du statu quo. Elle prend souvent position pour l'Eglise. La droite symbolise la hiérarchie sociale, et elle fait appel aux classes sociales supérieures. Elle défend la propriété et l'entreprise privée. Elle symbolise les valeurs de la vieille France, de la famille et des traditions. Dans le domaine politique actuel, la droite signifie le jacobinisme, ou l'autorité centralisée.

La gauche, en revanche, représente les réformateurs, ceux qui préconisent le changement de la structure sociale. La gauche symbolise la laïcité, c'est-à-dire la séparation de l'Eglise et de l'Etat. Elle préconise les droits de tous, y compris ceux des minorités et des femmes. Elle favorise une meilleure répartition des revenus dans toutes les classes sociales. Dans le domaine politique actuel, la gauche signifie la décentralisation, ou l'autonomie des collectivités locales. Elle est pour la protection sociale et pour l'intervention de l'Etat dans la vie économique (voir Tableau : « Les Valeurs des Français »).

Les partis politiques

A droite il y a actuellement deux partis importants qui rivalisent l'un avec l'autre mais qui s'unissent souvent contre la gauche. Les programmes de ces deux partis sont assez peu différents et leurs bases électorales sont plus ou moins les mêmes :

(1) Le RPR (Rassemblement pour la République) est le parti de Jacques Chirac et l'héritier du groupe gaulliste, ceux qui avaient soutenu le programme du président de Gaulle. Ce parti est centralisateur, nationaliste et laïque. Dans les affaires économiques, le RPR est un parti dirigiste qui favorise l'intervention de l'Etat.

(2) L'UDF (Union pour la Démocratie Française) est le parti centre-droite de l'ancien président Valéry Giscard d'Estaing. Ce parti favorise un système économique libéral et anti-interventionniste (i.e., contre l'intervention de l'Etat), mais il préconise aussi des réformes sociales. Moins nationaliste que le RPR, l'UDF est pour la coopération entre

⬢ Tableau: Les Valeurs des Français ⬢

Ce que représente la gauche	Ce que représente la droite
le changement social	le statu quo
les réformateurs	les conservateurs
la laïcité	l'Eglise
la réduction des inégalités sociales	la hiérarchie sociale
la décentralisation	la centralisation
les droits des femmes, des minorités	la famille, les traditions

Sondage 1988 : Dites si les idées suivantes représentent quelque chose de sympathique pour vous :

	sympathique
1. La protection sociale	86%
2. L'égalité sociale	82%
3. Le libéralisme, la tolérance	67%
4. Le socialisme	46%
5. Le nationalisme	38%
6. La religion	38%
7. Le christianisme	31%
8. La privatisation	27%
9. Le capitalisme	23%
10. Le communisme	14%

Sondage 1988 : Laquelle des formations politiques préférez-vous ?

1. Le Parti Communiste	3%
2. Le Parti Socialiste	33%
3. L'UDF	4%
4. Le RPR	10%
5. Le Front National	3%

(voir fin, page suivante)

Sondage 1989 : Quelles valeurs caractérisent l'identité française aujourd'hui ?

1. La liberté d'opinion	51%
2. La démocratie	33%
3. La culture	26%
4. La tolérance	26%
5. La langue française	18%
6. La laïcité	13%
7. Le patriotisme	13%
8. La religion	6%

les grandes puissances industrielles. La rivalité entre ces deux partis de droite a facilité l'élection du Parti Socialiste à la Présidence et à l'Assemblée nationale en 1981.

Depuis les élections présidentielles de 1981 il y a un nouveau parti politique d'extrême-droite : c'est le FN (Front National), le parti de Jean-Marie Le Pen. Le programme de ce parti est de renvoyer les immigrés chez eux et de rendre « la France aux Français ». Comme le Parti Communiste à gauche, le FN fait appel surtout à la classe ouvrière.

A gauche il y a deux partis principaux, les communistes et les socialistes. Les divergences entre ceux-ci sont bien plus profondes, en ce qui concerne leur programme aussi bien que leur base électorale :

(1) Le Parti Communiste (PC) est le parti le plus organisé. Les communistes étaient très populaires après la guerre de 1940 et recevaient régulièrement 20% des voix exprimées dans les élections. Cette popularité était due d'abord à leur participation dans la Résistance contre les Nazis (le communisme représentait l'antithèse de l'extrême-droite nazie), et ensuite à leur idéologie (le PC défendait la classe ouvrière, qui constituait une grande partie de la population active). On dit souvent que ce parti est surtout celui de la classe ouvrière, dans le Nord industriel et dans l'Ile-de-France. Mais le massif Central agricole, ainsi que la Côte méditerranéenne, étaient également des bastions importants pour les communistes. En tout cas, leur popularité ne cesse d'être en déclin depuis 1981. La diminution de la classe ouvrière est sûrement un facteur important dans la baisse de popularité du parti. A cela il faut ajouter que la classe ouvrière consiste de plus en plus de travailleurs étrangers

qui n'ont pas le droit de vote. Le PC favorise la nationalisation des entreprises et une économie contrôlée par l'Etat.

(2) Le Parti Socialiste (PS) se révèle être le parti le plus important depuis 1981. C'est le parti des actifs, c'est-à-dire les gens qui travaillent, et de la classe moyenne. Avec une base très large et très diversifiée, le Parti Socialiste fait appel aux gens de toutes les classes sociales. Le socialisme, comme le communisme, s'identifie aux dominés dans la vie économique : voilà le seul lien entre ces deux partis de gauche, autrement très différents et sérieusement opposés l'un à l'autre. Le PS refuse l'idéologie communiste. Il respecte la propriété privée, mais il favorise la puissance de l'Etat et l'intervention de celui-ci dans certains secteurs de la vie sociale et économique de la France.

On pourrait schématiser les quatre grands partis comme suit :

RPR   droite laïque, dirigiste, les dominants
UDF   centre-droite, libérale, les dominants
PS   centre-gauche, libérale-dirigiste, les dominés
PC   gauche laïque, dirigiste, les dominés

Avant la guerre de 1940, il y avait 39 partis politiques en France, ce qui rendait très difficile, sinon impossible, une majorité à l'Assemblée nationale. Depuis la guerre, il y a une tendance au regroupement des partis politiques pour avoir davantage de pouvoir à l'Assemblée. Par exemple, l'UDF a été créée en 1974 par la fusion de trois partis politiques. La multiplicité des partis a diminué, et l'on a vu jusqu'en 1981 une tendance à la bipolarisation des partis politiques, c'est-à-dire une opposition essentielle entre la droite et la gauche. Mais tout cela est en train de changer. Comme le montre notre schéma, le Parti Socialiste, au pouvoir aujourd'hui, se rapproche plus de l'UDF (parti centriste) que du Parti Communiste, qui ne partage pas la même idéologie. Si jamais les deux partis centristes arrivent à se réconcilier, l'opposition droite-gauche va changer d'aspect.

La scène politique française a bien changé au cours des années 80. Le communisme a cessé d'être une force importante. Une extrême-droite est apparue, et l'idéologie xénophobe de celle-ci fait appel aux couches sociales les moins favorisées. Le Parti Socialiste a changé de nature depuis son arrivée au pouvoir en 1981. Le PS a évolué vers le centre et il a bénéficié de tous ces changements dans la société française. Sa croissance s'effectue aux dépens de la droite et du Parti Communiste. La France sera de plus en plus dominée

Les Emblèmes des partis politiques

par les classes moyennes sans attachement idéologique. Les Français—et surtout les jeunes—ne croient plus au conflit entre la droite et la gauche.

Les élections en France

La France est une république démocratique, et les élections y jouent un rôle très important. La Constitution de 1848 a accordé le droit de vote aux hommes âgés de 21 ans, de toutes les conditions sociales. Ceci représentait un électorat de 23% de la population. Un siècle plus tard, en 1946, la Constitution de la Quatrième République a accordé le droit de vote aux femmes et aux hommes âgés d'au moins 21 ans. Ce nouvel électorat représentait 61% de la population. En 1974 le droit de vote a été accordé à tous ceux qui avaient au moins 18 ans. Aujourd'hui 62% de la population française a le droit de vote.

Quelles sont les conditions requises pour pouvoir voter? (1) Il faut être citoyen français. (2) Il faut avoir 18 ans. (3) Il faut être inscrit sur la liste électorale et avoir une carte d'électeur afin de prouver qu'on est domicilié dans la commune. Les Français résidant à l'étranger peuvent également voter, soit par correspondance, soit à l'Ambassade ou aux Consulats de France. Les élections ont toujours lieu le dimanche, jour où la plupart des gens ne travaillent pas.

Les électeurs français participent directement à cinq sortes d'élections nationales, sans compter les élections européennes (voir Annexe F):

1) Les présidentielles. Elles ont lieu tous les sept ans *au moins*. Il arrive parfois que le Président ne termine pas son septennat (De Gaulle a démissionné en 1969, Pompidou est mort en 1974). En ce cas, il y a une nouvelle élection sous peu de temps. Voilà une différence entre le système français et le système américain: aux Etats-Unis, les élections présidentielles ont lieu plus régulièrement, tous les quatre ans. Si le Président ne peut pas terminer son mandat, le Vice-Président devient Président jusqu'aux élections suivantes. En France il n'y a pas de vice-président. C'est le Président du Sénat qui gouverne pendant la période, toujours brève, entre un mandat et le suivant. Le président Mitterrand a été réélu en 1988, alors normalement les prochaines élections présidentielles auront lieu en 1995.

2) Les législatives. Elles ont lieu tous les cinq ans, ou plus souvent si le Président de la République dissout l'Assemblée nationale. Chaque électeur français vote pour un député de la circonscription dans laquelle

il habite. Les députés actuels ont été élus en 1988, et les prochaines élections législatives auront lieu en 1993. *prochain en 1998*

3) Les cantonales. Elles ont lieu régulièrement tous les trois ans. Elles servent à élire le Conseil général de chaque département, et chaque canton élit un conseiller général à cette assemblée. Les conseillers généraux sont élus par moitié, tous les trois ans. Les dernières élections cantonales ont eu lieu en 1991 et les prochaines seront en 1994.

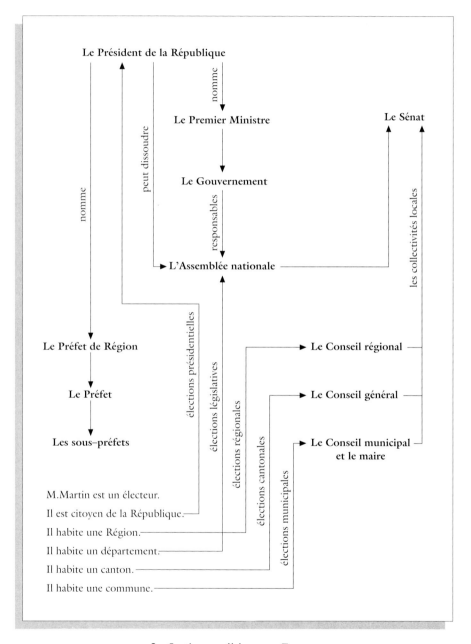

Le Président de la République

nomme

Le Premier Ministre

Le Sénat

peut dissoudre

nomme

Le Gouvernement

responsables

les collectivités locales

L'Assemblée nationale

Le Préfet de Région

élections présidentielles

élections législatives

Le Conseil régional

Le Préfet

élections régionales

Le Conseil général

Les sous–préfets

élections cantonales

Le Conseil municipal
et le maire

M.Martin est un électeur.

Il est citoyen de la République.

Il habite une Région.

Il habite un département.

Il habite un canton.

Il habite une commune.

élections municipales

Le Système politique en France

Avant de passer à la quatrième sorte d'élections, il faut expliquer comment les trois précédentes diffèrent des deux autres. Dans les élections présidentielles, législatives et cantonales, le mode de scrutin est uninominal et majoritaire. Uninominal, cela signifie qu'on vote pour un nom, une personne : un Président, un député ou un conseiller général. Majoritaire, cela veut dire que pour gagner il faut obtenir une majorité absolue des suffrages exprimés (50% plus une voix).

4) Les municipales. Elles ont lieu régulièrement, tous les six ans, et elles servent à élire les Conseils municipaux pour toutes les communes de France. Les conseillers municipaux sont élus en bloc, tous en même temps. Les dernières élections municipales ont eu lieu en 1989 et les prochaines seront en 1995. A la différence des élections déjà mentionnées, celles-ci ont un mode de scrutin par liste : c'est-à-dire qu'on ne vote pas pour une personne mais pour toute une liste de conseillers. Dans les petites communes (celles qui ont moins de 3.500 habitants) le scrutin de liste est majoritaire, c'est-à-dire que la liste qui obtient une majorité des voix exprimées est élue. Dans les grandes communes le scrutin de liste est à la représentation proportionnelle, c'est-à-dire que les sièges du Conseil municipal sont répartis proportionnellement aux résultats obtenus par chaque liste. De cette manière, le Conseil municipal d'une petite commune se compose de membres qui sont de la même tendance politique, ce qui n'est pas le cas pour les grandes communes.

5) Les régionales. Depuis 1986, les membres du Conseil régional sont élus au suffrage universel direct par les habitants de la Région. Les conseillers régionaux sont aussi élus par scrutin de liste, à la représentation proportionnelle, pour six ans. Les dernières élections régionales ont eu lieu en 1992 et les prochaines seront en 1998.

On pourra représenter schématiquement les modes de scrutin comme suit :

élections		mode de scrutin
présidentielles		uninominal, majoritaire
législatives		uninominal, majoritaire
cantonales		uninominal, majoritaire
municipales	(petites communes)	liste, majoritaire
	(grandes communes)	liste, proportionnelle
régionales		liste, proportionnelle
européennes		liste, proportionnelle

Le mode de scrutin utilisé aux Etats-Unis est uninominal et majoritaire à un tour. Celui-ci établit une majorité claire, mais il favorise la bipolarisation. Il prive les partis minoritaires de toute représentation. En France, les grands partis favorisent généralement le mode de scrutin majoritaire, tandis que les partis minoritaires préfèrent la représentation proportionnelle.

Finalement, il faut mentionner un autre phénomène électoral qui est une caractéristique particulière de la Cinquième République : le référendum populaire. La Constitution de 1958 accorde au Président de la République le droit de recourir à un référendum, c'est-à-dire de demander aux électeurs français de se prononcer directement sur une question importante. Le Président Charles de Gaulle a eu recours à cette procédure pour changer le mode d'élection du Président de la République et pour trancher la question de l'indépendance de l'Algérie dans les années 1960.

Puisque la France a un système multipartisan et non pas bipartisan comme aux Etats-Unis, il est très difficile pour un candidat de gagner une majorité absolue au premier tour. Voilà pourquoi il y a presque toujours un second tour. Le premier tour élimine tous les candidats sauf les deux qui ont obtenu le plus grand nombre de voix. Ces deux candidats se présentent au second tour, et l'un des deux obtiendra forcément une majorité des voix.

Les Français participent directement à plusieurs sortes d'élections.

A titre d'exemple, nous pourrons regarder les résultats des élections présidentielles de 1988.

Le premier tour a eu lieu le 24 avril, et neuf candidats se sont présentés. Les cinq candidats qui ont reçu le plus grand nombre de voix ont été les suivants :

François Mitterrand	(P.S.)	34%
Jacques Chirac	(R.P.R.)	20%
Raymond Barre	(U.D.F.)	17%
Jean-Marie Le Pen	(F.N.)	14%
André Lajoinie	(P.C.)	7%

Evidemment, aucun candidat n'a obtenu une majorité, alors les deux qui ont reçu le plus grand nombre de voix (Mitterrand et Chirac) se sont présentés au second tour, quinze jours plus tard (le 8 mai). Cette fois-ci, Mitterrand a obtenu 54% des suffrages exprimés et Chirac 46%, ainsi Mitterrand a été réélu.

Le premier tour remplit la même fonction que les élections « primaires » aux Etats-Unis, dans la mesure où il élimine tous les candidats sauf les deux plus importants, qui sont normalement d'opposition droite-gauche. Le scrutin majoritaire favorise la dualité droite-gauche, parce que le premier tour élimine les candidats des partis minoritaires, qui sont donc amenés à se rallier aux deux candidats majoritaires au second tour.

Si l'on compare les élections présidentielles en France et aux Etats-Unis, on voit plusieurs grandes différences, en ce qui concerne (1) la durée de la campagne, (2) le coût, (3) la participation de l'électorat et (4) la méthode utilisée.

(1) En France, la campagne électorale commence officiellement quinze jours avant le premier tour, tandis qu'aux Etats-Unis, avec le système d'élections « primaires », la campagne dure bien plus longtemps. Les sondages d'opinion sont interdits pendant ces quinze jours de la campagne.

(2) En France, la campagne électorale coûte bien moins cher. Chaque candidat dispose de deux heures d'émissions à la télévision et deux heures à la radio. Ni le gouvernement ni aucune organisation publique ou privée ne peut utiliser la télé ou la radio en faveur d'un candidat : cela veut dire, pas de publicité politique ! Evidemment, la presse peut consacrer à la campagne toute la place qu'elle veut, mais les candidats n'ont pas besoin d'énormes sommes d'argent pour acheter de la publicité.

(3) Le fait que les Français se passionnent pour la politique se révèle dans leur participation aux élections. 86% de l'électorat français a participé aux élections présidentielles de 1981, tandis qu'aux Etats-Unis la participation habituelle aux élections présidentielles est de 50–60%. Dans les élections législatives, le taux d'abstention est de 20% en moyenne, c'est-à-dire, un électeur sur cinq ne vote pas. Comme aux Etats-Unis, l'abstentionnisme est plus élevé dans les élections locales.

(4) Enfin, il convient de noter encore une fois que les Français élisent leur Président directement, tandis qu'aux Etats-Unis il y a un collège électoral à cet effet.

La classe politique

En France on parle de la «classe politique» pour désigner les personnages (hommes et femmes) qui tiennent les premières places dans la vie politique nationale. La plupart de ces personnages très connus forment une «classe» dans la mesure où ils ont reçu une certaine formation politique et économique dans les Grandes Ecoles, notamment l'Institut d'Etudes Politiques (dit «Sciences Po») et surtout l'Ecole Nationale d'Administration (l'ENA). Autrement dit, ce sont des professionnels qui se sont préparés pour une carrière dans la fonction publique. Les Français s'étonnent d'apprendre qu'un agriculteur ou un acteur de cinéma peut devenir Président des Etats-Unis, une condition qu'ils trouvent parfois admirable et parfois scandaleuse. En France il n'en est pas ainsi. L'ENA a été créée en 1945. C'est une institution très élitiste et l'accès y est très rigoureux. Les diplômés de cette école (les «énarques») font carrière dans la vie publique en tant que préfets, diplomates et ambassadeurs, hauts fonctionnaires, et peut-être ministres ou même Président de la République. En un mot, ce sont les «mandarins» de la fonction publique. Valéry Giscard d'Estaing, Jacques Chirac et Michel Rocard sont des «énarques». L'ENA permet à une personne brillante et énergique de mettre tous ses talents au service de l'Etat.

Les membres de la classe politique peuvent jouer un rôle actif au niveau local ainsi qu'au niveau national. Il est permis en France de remplir à la fois une fonction locale et une fonction nationale, ce qui résulte en ce qu'on appelle le «cumul des mandats» (c'est-à-dire qu'une personne détient plusieurs postes électoraux en même temps). Le cas le plus typique est celui de «député-maire». Par exemple, Edith Cresson était en même temps maire de Châtellerault et député du département de la Vienne; Gaston Defferre, le

François Mitterrand et Edith Cresson en 1991.

premier Ministre de l'Intérieur sous Mitterrand, était à la fois maire de Marseille et député des Bouches-du-Rhône; et Pierre Mauroy, Premier Ministre dans le premier gouvernement de Mitterrand, était maire de Lille et député du Nord. Ces députés-maires peuvent ainsi exercer un rôle dans leur commune et en même temps influencer la politique à l'Assemblée nationale.

La Présidence de François Mitterrand

Les traits principaux de la campagne présidentielle de Mitterrand en 1981 :

o l'augmentation des bas salaires

o la réduction des inégalités sociales

o l'égalité des chances pour les femmes et les minorités

O la décentralisation de la France

Quelques mesures prises par le Gouvernement socialiste depuis 1981 :

   O la nationalisation des banques

   O l'augmentation du SMIC (salaire minimum)

   O la semaine de travail de 39 heures (payées à 40)

   O l'âge de la retraite à 60 ans

   O la cinquième semaine de congés payés

   O la régularisation des immigrés clandestins

   O l'âge de la majorité sexuelle fixé à 15 ans

   O l'abolition de la peine de mort

   O le début de la décentralisation administrative

   O l'autorisation des « radios libres » (privées)

┆ CONTROLE CONTINU ┆

Les partis politiques

I. Retrouvez le nom des partis politiques suivants et indiquez la tendance de chaque parti :
  1. RPR
  2. FN
  3. PC
  4. UDF
  5. PS

II. Etes-vous d'accord ? Sinon, expliquez pourquoi :
  1. Si un Français est non-catholique, il vote pour la gauche. *Oui*
  2. La droite est en faveur de la décentralisation. *Non. trad.*
  3. Le FN s'adresse surtout à la classe ouvrière. *Non   Parti Communiste*
  4. Les divergences entre les partis de gauche sont moins profondes qu'entre les partis de droite. *Non.*
  5. En général, les travailleurs étrangers votent contre la droite. *Non.*

III. Répondez aux questions suivantes :
  1. Quelle est l'origine politique des termes « droite » et « gauche » ?
  2. Pourquoi y a-t-il plusieurs partis politiques importants en France ? *beaucoup idéologies*
  3. Qu'est-ce que la droite représente et préconise ? *centralize, traditional*
  4. Qu'est-ce que la gauche représente et préconise ? *decentralize*
  5. En quoi les deux grands partis de droite diffèrent-ils ? *economy – directive RPR / less directive UDF*
  6. En quoi les partis de gauche diffèrent-ils ? *nationalize – socialist / more nationalizing – communist*
  7. Comment la scène politique française a-t-elle changé depuis 1980 ?

IV. Discussion
  1. Commentez l'ambiguïté de l'opposition idéologique droite-gauche.
  2. Dégagez les grandes lignes des quatre principaux partis en France.

Les élections

I. Etes-vous d'accord ? Sinon, expliquez pourquoi :
  1. Les élections présidentielles ont lieu régulièrement tous les sept ans. *Oui*
  2. Les députés sont élus au scrutin de liste.
  3. Les conseillers généraux sont élus au scrutin uninominal et majoritaire.

4. Les conseillers municipaux sont souvent de la même tendance politique.
5. Le scrutin majoritaire favorise un système multipartisan.
6. Pour les élections présidentielles, la campagne publicitaire à la télévision est gratuite.

II. Répondez aux questions suivantes :
1. Qui a le droit de vote en France ? Quelles sont les conditions requises pour pouvoir voter ?
2. Combien d'élections nationales y a-t-il en France ? Lesquelles ?
3. Les élections législatives sont-elles nécessairement régulières ? Pourquoi (pas) ?
4. En quoi les élections municipales et régionales diffèrent-elles des autres ?
5. Pourquoi les élections ont-elles généralement deux tours ?
6. En quoi la campagne électorale des élections présidentielles en France diffère-t-elle de celle des Etats-Unis ?

III. Discussion
1. Comparez en détail les élections présidentielles en France et aux Etats-Unis. Quel système préférez-vous ? Pourquoi ?
2. Quelle sorte de campagne électorale vous paraît préférable ? Pourquoi ?
3. Quelles sont les caractéristiques générales des Partis Républicain et Démocrate aux Etats-Unis ? Donnez plusieurs exemples pour montrer comment ils s'opposent l'un à l'autre.
4. Quelles sortes d'élections y a-t-il aux Etats-Unis ? Quand ont-elles lieu ? Qui a le droit de vote ?
5. Quand les Américaines ont-elles obtenu le droit de vote ? Depuis quand ceux qui ont 18 ans peuvent-ils voter aux Etats-Unis ?

Troisième
Partie

LA VIE
SOCIALE

Chapitre

LA FAMILLE

La famille, en France comme partout ailleurs, est l'unité la plus ancienne et la plus fondamentale de la société. Les rapports sociaux quotidiens ont toujours été dominés par les liens familiaux, qui sont très étroits chez les Français. Traditionnellement, la famille se composait d'un couple marié (le père et la mère) et de leurs enfants. Le père, qui exerçait une profession, était le chef de famille, et la mère était femme au foyer et s'occupait des enfants et de la maison. Selon le Code civil, établi par Napoléon, la femme était soumise à son mari, qui administrait tous les biens (propriété) du ménage. Tout cela a beaucoup changé au cours des années. Les rapports entre hommes et femmes sont bien différents de ceux de l'époque napoléonienne, mais le modèle traditionnel, fondé sur le mariage, reste la forme familiale dominante.

Le mariage et les enfants

Jusqu'à la Révolution le mariage en France était avant tout un sacrement religieux et une cérémonie ecclésiastique. Un prêtre avait l'autorité légale de marier un couple, et comme le mariage est un sacrement, la présence du prêtre était obligatoire. Les registres de mariages et de naissances étaient maintenus dans les paroisses. La Première République a changé tout cela en abolissant l'Eglise et en instituant le mariage civil sous le contrôle de l'Etat. En 1801 Napoléon a fait un Concordat avec le Vatican qui restituait à l'Eglise certains droits et en réservait d'autres pour l'Etat. Ainsi le mariage civil devait précéder le mariage religieux, devenu facultatif. Les prêtres avaient le droit de marier un couple à l'église, mais uniquement après le mariage civil à la mairie. En revanche, tous les enfants devaient avoir un prénom catholique, choisi sur le calendrier des saints. Aujourd'hui le mariage civil reste la seule forme juridique en France. En 1985, sur tous les mariages, il y a eu 59% de mariages catholiques. (Aux Etats-Unis, par contre, le clergé de toutes les religions a l'autorité légale de marier un couple, mais au préalable il faut obtenir un permis de l'état.)

Comme le mariage est une affaire civile, il y a un certain nombre de règles à suivre et de formalités à remplir. Nous avons déjà dit que dans chaque commune de France, il existe à la mairie un registre de tous les mariages, toutes les naissances et tous les décès des habitants, et que ce registre s'appelle l'état-civil. Il y a donc un état-civil pour chacun des deux futurs conjoints (c'est-à-dire, un pour le fiancé et un pour la fiancée). Pour chaque futur conjoint l'état-civil indique la date de naissance, l'identité des parents, le domicile et éventuellement toute information sur un mariage précédent. Cette information est nécessaire pour la célébration du mariage civil par le maire. Le mariage doit donc être célébré à la mairie du domicile de l'un des futurs époux. Si les deux époux n'habitent pas la même commune, ils peuvent décider dans laquelle des deux communes se marier, mais en général ils

Le mariage civil a lieu à la mairie.

choisissent celle de la fiancée. En tout cas une fiche d'état-civil de l'un doit être envoyée à la mairie de l'autre. Normalement les fiancés ne peuvent pas se marier ailleurs. Il faut publier les bans (l'annonce du mariage) dans les deux communes dix jours à l'avance. Cette publication empêche le mariage d'être une affaire privée. Comme formalités, il faut fournir une attestation de domicile et un certificat d'examen prénuptial, délivré par un médecin. Le mariage doit être célébré à la mairie, par le maire (ou par un de ses adjoints), qui porte un bandeau tricolore pour la cérémonie, et devant deux témoins. Si les fiancés ont choisi de se marier religieusement, il arrive souvent qu'ils se marient officiellement en semaine, devant les seuls témoins, et puis le grand mariage a lieu à l'église le samedi, pour que tous les invités puissent y assister. Après le mariage, civil ou religieux, il y a souvent un grand dîner avec la famille et les amis.

A la mairie, après la cérémonie matrimoniale, on présente aux nouveaux mariés un livret de famille, c'est-à-dire un petit registre personnel dans lequel l'acte de mariage est inscrit. Au moment de la naissance d'un enfant, l'acte de naissance y est inscrit aussi. Un des parents, normalement le père, doit faire inscrire l'enfant sur le livret de famille dans les trois jours qui suivent la naissance. A ce moment-là il faut choisir un prénom pour l'enfant. Traditionnellement, on choisissait le prénom d'un saint ou d'une sainte. Il y a à peu près 365 saints qui figurent sur le calendrier des fêtes, mais l'Eglise compte plus de 6.000 saints. De plus, de nombreux prénoms de saints masculins ont été mis au féminin (tels que Michèle et Nicole). Napoléon avait fait dresser une liste de prénoms autorisés. La plupart de ceux-ci figurent sur le calendrier catholique, et les autres étaient les noms de personnages connus dans l'histoire ancienne (comme Achille ou Dorothée). Jusqu'au début de la Cinquième République, la grande majorité des Français donnaient des prénoms catholiques. Pour les filles, les prénoms les plus fréquents sont Annie, Catherine, Chantal, Christine, Danielle, Françoise, Jacqueline, Jeanne, Marie et Thérèse. Parmi les prénoms les plus fréquents pour les garçons il y a Christophe, Dominique, Jacques, Jean, Marc, Michel, Pascal, Paul, Philippe et Pierre. En 1966 l'admission des prénoms a été libéralisée pour inclure des prénoms régionaux (basques, bretons, etc.) et des prénoms musulmans. Les officiers de l'état-civil ne doivent refuser que les prénoms qui ne sont pas consacrés par l'usage (le prénom de « Vanille » a été refusé en 1984, par exemple). En ce qui concerne le nom de famille, l'enfant peut avoir le nom du père ou bien les noms accolés du père et de la mère. L'enfant peut avoir le nom de la mère uniquement s'il n'est pas reconnu par le père.

Dans une société où les mères de famille travaillent de plus en plus, la garde des enfants pendant la journée devient un problème préoccupant. En

JANV 92	FÉVR	MARS	AVRIL	MAI	JUIN 92
M 1 J. de l'AN	S 1 Ella	D 1 Aubin	M 1 Hugues	V 1 F. TRAV.	L 1 Justin ●
J 2 Basile	D 2 Présentation	L 2 Charles le B.	J 2 Sandrine	S 2 Boris ●	M 2 Blandine
V 3 Geneviève	L 3 Blaise ●	M 3 Mardi Gras	V 3 Richard ●	D 3 Phil., Jacq	M 3 Kévin
S 4 Odilon ●	M 4 Véronique	M 4 Cendres ●	S 4 Isidore	L 4 Sylvain	V 4 Clotilde
D 5 Épiphanie	M 5 Agathe	J 5 Olive	D 5 Irène	M 5 Judith	V 5 Igor
L 6 Mélaine	J 6 Gaston	V 6 Colette	L 6 Marcellin	M 6 Prudence	S 6 Norbert
M 7 Raymond	V 7 Eugénie	S 7 Félicité	M 7 J.-B. de la S.	J 7 Gisèle	D 7 PENTEC. ☽
M 8 Lucien	S 8 Jacqueline	D 8 Carême	M 8 Julie	V 8 VICT. 45	L 8 Médard
J 9 Alix	D 9 Apolline	L 9 Françoise	J 9 Gautier	S 9 Pacôme ☽	M 9 Diane
V 10 Guillaume	L 10 Arnaud	M 10 Vivien	V 10 Fulbert ☽	D 10 F. J.-d'Arc	M 10 Landry
S 11 Paulin	M 11 ND Lourdes ☽	M 11 Rosine	S 11 Stanislas	L 11 Estelle	J 11 Barnabé
D 12 Tatiana	M 12 Félix	J 12 Justine ☽	D 12 Rameaux	M 12 Achille	V 12 Guy
L 13 Yvette ☽	J 13 Béatrice	V 13 Rodrigue	L 13 Ida	M 13 Rolande	S 13 Antoine de P
M 14 Nina	V 14 Valentin	S 14 Mathilde	M 14 Maxime	J 14 Matthias	D 14 Élisée
M 15 Rémi	S 15 Claude	D 15 Louise	M 15 Paterne	V 15 Denise	L 15 Germaine ✝
J 16 Marcel	D 16 Julienne	L 16 Bénédicte	J 16 Benoît-J.	S 16 Honoré ☾	M 16 J.-F. Régis
V 17 Roseline	L 17 Alexis	M 17 Patrice	V 17 Anicet ✝	D 17 Pascal	M 17 Hervé
S 18 Prisca	M 18 Bernadette ✝	M 18 Cyrille ☾	S 18 Parfait	L 18 Éric	J 18 Léonce
D 19 Marius ✝	M 19 Gabin	J 19 Joseph	D 19 PÂQUES	M 19 Yves	V 19 Romuald
L 20 Sébastien	J 20 Aimée	V 20 PRINTEMPS	L 20 Odette	M 20 Bernardin	S 20 Silvère
M 21 Agnès	V 21 P. Damien	S 21 Clémence	M 21 Anselme	J 21 Constantin	D 21 F.-Dieu/ÉTÉ
M 22 Vincent	S 22 Isabelle ☽	D 22 Léa	M 22 Alexandre	V 22 Émile	L 22 Alban
J 23 Barnard	D 23 Lazare	L 23 Victorien	J 23 Georges	S 23 Didier	M 23 Audrey ☾
V 24 Fr. de Sales	L 24 Modesta	M 24 Cath. de Suè	V 24 Fidèle ☾	D 24 Donatien ☾	M 24 Jean-Bapt.
S 25 Conv. S.-Paul	M 25 Roméo ☾	M 25 Annonciation	S 25 Marc	L 25 Sophie	V 25 Prosper
D 26 Paule ☾	M 26 Nestor	J 26 Larissa ☾	D 26 Jour du Souv.	M 26 Bérenger	S 26 Anthelme
L 27 Angèle	J 27 Honorine	V 27 Habib	L 27 Zita	M 27 Augustin	D 27 Fernand
M 28 Th. d'Aquin	V 28 Romain	S 28 Gontran	M 28 Valère	J 28 ASCENSION	L 28 Irénée
M 29 Gildas	S 29 Auguste	D 29 Gwladys	M 29 Catherine	V 29 Aymard	M 29 Pierre, Paul
J 30 Martine		L 30 Amédée	J 30 Robert	S 30 Ferdinand	M 30 Martial ●
V 31 Marcelle		M 31 Benjamin		D 31 F. Mères	

Épacte 25 - Lettre dominicale ED
Cycle solaire 13 - Nbre d'or 17
Indiction romaine 15
Modèle I.5 - Reprod. interdite

VACANCES SCOLAIRES

ZONES	LA TOUSSAINT	NOEL	HIVER	PRINTEMPS	ÉTÉ
A	26/10/91 au 04/11/91	21/12/91 au 06/01/92	15/02 au 02/03	11/04 au 27/04	08/07 au 10/09
B	26/10/91 au 04/11/91	21/12/91 au 06/01/92	22/02 au 09/03	18/04 au 04/05	08/07 au 10/09
C	26/10/91 au 04/11/91	21/12/91 au 06/01/92	29/02 au 16/03	25/04 au 11/05	08/07 au 10/09

JUIL 92	AOÛT	SEPT	OCT	NOV	DÉC 92
M 1 Thierry	S 1 Alphonse	M 1 Gilles	J 1 Th. de l'E.-J.	D 1 TOUSSAINT	M 1 Florence
J 2 Martinien	D 2 Julien-Eym.	M 2 Ingrid	V 2 Léger	L 2 Défunts ☽	M 2 Viviane ☽
V 3 Thomas	L 3 Lydie	M 3 Grégoire ☽	S 3 Gérard ☽	M 3 Hubert	J 3 Xavier
S 4 Florent	M 4 J.-M. Vian.	V 4 Rosalie	D 4 Fr. d'Assise	M 4 Charles	V 4 Barbara
D 5 Antoine	M 5 Abel ☽	S 5 Raïssa	L 5 Fleur	J 5 Sylvie	S 5 Gérald
L 6 Mariette	J 6 Transfigur.	D 6 Bertrand	M 6 Bruno	V 6 Bertille	D 6 Nicolas ●
M 7 Raoul ☽	V 7 Gaétan	L 7 Reine	M 7 Serge	S 7 Carine	L 7 Ambroise
M 8 Thibaut	S 8 Dominique	M 8 Nativité N.-D.	J 8 Pélagie	D 8 Geoffroy	M 8 Imm. Concept.
J 9 Amandine	D 9 Amour	M 9 Alain	V 9 Denis	L 9 Théodore	M 9 P. Fourier ✝
V 10 Ulrich	L 10 Laurent	J 10 Inès	S 10 Ghislain	M 10 Léon ✝	J 10 Romaric
S 11 Benoît	M 11 Claire	V 11 Adelphe	D 11 Firmin ✝	M 11 ARM. 1918	V 11 Daniel
D 12 Olivier	M 12 Clarisse	S 12 Apollinaire ☾	L 12 Wilfried	J 12 Christian	S 12 Jeanne F.-C.
L 13 Henri, Joël	J 13 Hippolyte ✝	D 13 Aimé	M 13 Géraud	V 13 Brice	D 13 Lucie
M 14 F. NATION ✝	V 14 Évrard	L 14 La S¹ᵉ Croix	M 14 Juste	S 14 Sidoine	L 14 Odile
M 15 Donald	S 15 ASSOMP.	M 15 Roland	J 15 Th. d'Avila	D 15 Albert	M 15 Ninon
J 16 N.D. Mt.-Car.	D 16 Armel	M 16 Édith	V 16 Edwige	L 16 Marguerite	M 16 Alice ☾
V 17 Charlotte	L 17 Hyacinthe	J 17 Renaud	S 17 Baudouin	M 17 Élisabeth ☾	J 17 Gaël
S 18 Frédéric	M 18 Hélène	V 18 Nadège ☾	D 18 Luc	M 18 Aude	V 18 Gatien
D 19 Arsène	M 19 Jean Eudes	S 19 Émilie ☾	L 19 René ☾	J 19 Tanguy	S 19 Urbain
L 20 Marina	J 20 Bernard	D 20 Davy	M 20 Adeline	V 20 Edmond	D 20 Abraham
M 21 Victor	V 21 Christophe ☾	L 21 Matthieu	M 21 Céline	S 21 Prés. Marie	L 21 HIVER
M 22 Marie-Mad. ☾	S 22 Fabrice	M 22 AUTOMNE	J 22 Élodie	D 22 Cécile ☾	M 22 Fr.-Xavière
J 23 Brigitte	D 23 Rose de L.	M 23 Constant	V 23 Jean de Côme	L 23 Clément	M 23 Armand
V 24 Christine	L 24 Barthélemy	J 24 Thécle	S 24 Florentin	M 24 Flora ☾	J 24 Adèle ●
S 25 Jacques	M 25 Louis	V 25 Hermann	D 25 Crépin ●	M 25 Catherine L.	V 25 NOËL
D 26 Anne, Joa.	M 26 Côme, Dam. ●	S 26 Côme, Dam. ●	L 26 Dimitri	J 26 Delphine	S 26 Étienne
L 27 Nathalie	J 27 Monique	D 27 Vinc. de Paul	M 27 Émeline	V 27 Séverin	D 27 Jean
M 28 Samson	V 28 Augustin ●	L 28 Venceslas	M 28 Simon, Jude	S 28 Jacq. de la M.	L 28 Innocents
M 29 Marthe ●	S 29 Sabine	M 29 Michel	J 29 Narcisse	D 29 Avent	M 29 David
J 30 Juliette	D 30 Fiacre	M 30 Jérôme	V 30 Bienvenue	L 30 André	M 30 Roger
V 31 Ignace de L.	L 31 Aristide		S 31 Quentin		J 31 Sylvestre

ce qui concerne la garde des enfants, les mères de famille françaises disposent de plusieurs alternatives. Elles peuvent confier leurs enfants à :

(1) une gardienne privée;

(2) une école maternelle (publique ou bien privée et payante; mais ces écoles ne fonctionnent que six heures par jour et seulement pendant la période scolaire);

(3) une crèche ou une garderie, financées par l'Etat et par les collectivités locales (les parents paient en fonction de leurs revenus).

Depuis le début des années 1980 l'Etat a considérablement augmenté les ressources pour la construction de nouvelles crèches. Toujours est-il qu'il y a peu de places disponibles.

Dès la naissance, un enfant a son propre état-civil et son propre statut en tant que citoyen. Au fur et à mesure qu'il grandit, ses droits sont prescrits par le Code civil. Jusqu'à l'âge de dix-huit ans, l'enfant est sujet à l'autorité parentale. Si les parents ne sont pas mariés, l'autorité parentale est exercée uniquement par la mère. A l'âge de deux ans un enfant peut entrer à l'école maternelle. A treize ans il peut voir certains films qui sont interdits aux moins de treize ans. A quinze ans les relations sexuelles sont autorisées par la loi. A cet âge-là les filles peuvent se marier sans l'autorisation des parents (les garçons doivent attendre l'âge de dix-huit ans). A seize ans un enfant peut conduire une moto, et il peut abandonner ses études et exercer une profession. A dix-huit ans l'enfant devient majeur : il échappe à l'autorité parentale, il peut voter et il peut conduire une voiture. Entre 18 et 20 ans les garçons doivent faire leur service national : service militaire (12 mois), service de l'aide technique pour les DOM-TOM (16 mois) ou service des objecteurs de conscience (24 mois).

La politique familiale

L'institution de la famille n'est pas un sujet indifférent à l'Etat français, dont la politique familiale est très développée. Inaugurée dans les années 1930 et maintenue depuis par tous les gouvernements successifs, la politique familiale a deux objectifs. Le premier est de compenser la charge financière que représentent les enfants : la présence d'un enfant augmente les dépenses pour l'alimentation, pour l'habillement et pour la santé. A cet effet, l'Etat compense les familles au moyen des allocations familiales, sommes payées mensuellement à chaque femme en fonction du nombre d'enfants qu'elle a. A partir du deuxième enfant, une allocation est payée à toutes les femmes, Françaises ou résidentes étrangères, qui ont à charge des enfants âgés de moins de 17 ans (20 ans s'ils font des études universitaires), sans égard pour leurs revenus. En 1992, les prestations mensuelles étaient les suivantes :

pour deux enfants	615 F.
pour trois enfants	1402 F.
pour quatre enfants	2189 F.

Il y a une augmentation de la somme au moment où chaque enfant atteint l'âge de dix ans (173 F. par enfant) et encore une autre à l'âge de quinze ans (307 F. par enfant).

Le deuxième objectif de la politique familiale, très controversé, est d'avoir un impact démographique sur la population de la France. C'est donc une politique nataliste, selon laquelle les allocations constituent le moyen d'encourager les femmes à avoir des enfants (le livret de famille a de l'espace pour inscrire l'acte de naissance de dix enfants). La politique familiale veut influencer les pratiques familiales, notamment le nombre d'enfants, sans

Il n'y a pas
que le sexe dans la vie.

LA FRANCE
A BESOIN
D'ENFANTS.

CAMPAGNE RÉALISÉE PAR AVENIR . DAUPHIN . GIRAUDY .

porter atteinte à la liberté de choix des individus. Mais il y a des critiques féministes qui voient cette politique comme une tentative peu subtile pour encourager les femmes à rester à la maison, à renoncer à la vie professionnelle et à la notion d'égalité sexuelle. En revanche, l'Etat et les collectivités locales financent un grand nombre de crèches et de garderies, qui permettent à la mère de reprendre son travail avant que son enfant entre à l'école maternelle. Il reste pourtant vrai que la politique familiale favorise la famille tradition-nelle, tandis que le mouvement contemporain pour l'émancipation des femmes contribue à changer le caractère de la famille.

Le mouvement féministe

Dès le XVIIIe siècle, certains écrivains en France (surtout Laclos et Condorcet) ont décrié l'inégalité juridique qui existait entre les sexes et ont préconisé une meilleure éducation pour les femmes. A l'époque de la Ré-volution, Olympe de Gouges a publié une *Déclaration des droits de la femme et de la citoyenne*, pour protester contre l'oubli des femmes dans la *Déclaration des droits de l'homme et du citoyen*, proclamée par l'Assemblée nationale. Le gouvernement républicain n'a pas bien reçu cette publication. Au XIXe siècle, c'est la culture française qui a créé le mot « féminisme » pour revendiquer les mêmes droits pour les femmes que pour les hommes, surtout le droit de vote. La Troisième République a voté des lois qui ont progressivement ac-cordé plus d'égalité aux femmes : le droit d'une femme célibataire d'avoir un compte en banque (1881), le droit d'une femme mariée de disposer de son salaire (1907), le droit d'une femme mariée de ne pas obéir à son mari (1938). Bien que les Anglaises et les Canadiennes aient gagné le droit de vote en 1918 et les Américaines en 1920, les Françaises ont dû attendre jusqu'à la fin de la Deuxième Guerre mondiale (1945). La Quatrième Ré-publique était la première république égalitaire en ce qui concerne les femmes. En 1946 la France est devenue le premier pays à reconnaître le *principe* « à travail égal, salaire égal » (bien qu'il arrive encore aujourd'hui que les femmes soient moins payées que les hommes). La Constitution de 1946 a garanti aux femmes les mêmes droits qu'aux hommes, y compris le droit de vote.

Le Code civil a été modifié progressivement à l'égard du statut de la femme. Au cours du XXe siècle la femme est devenue l'égale de l'homme, sur les plans juridique, financier, professionnel et politique (voir Tableau). Les dernières Grandes Ecoles qui étaient réservées aux hommes, telles que l'Ecole Polytechnique, ont enfin ouvert leurs portes aux femmes. Les pro-fessions qui leur étaient traditionnellement fermées ne le sont plus. Au-

● Tableau: Legislation Concernant la Famille ● et les Rapports Sexuels en France

1801	Napoléon signe un Concordat avec le Pape, mais le mariage reste surtout une affaire civile.
1881	Les femmes célibataires peuvent avoir un compte en banque.
1907	Les femmes mariées qui travaillent peuvent garder leur salaire.
1920	L'avortement et la contraception sont interdits.
1932	Les premières allocations familiales (début de la politique nataliste).
1938	La femme ne doit plus obéissance à son mari.
1945	Les femmes ont le droit de vote.
1965	Le Code civil accorde l'égalité aux conjoints: mari et femme sont égaux devant la loi.
1970	Création du Mouvement de Libération de la Femme. Substitution de « l'autorité parentale » à « l'autorité paternelle ».
1973	L'éducation sexuelle est introduite à l'école par le Ministre de l'Education Nationale.
1974	La loi Veil légalise l'Interruption Volontaire de Grossesse (libre). Création du Ministère des Droits de la Femme. L'âge de la majorité est abaissé à 18 ans. Le droit de vote est accordé aux majeurs. Il n'y a plus de restrictions sur la contraception. Tous les contraceptifs sont remboursés par la Sécurité sociale et disponibles aux mineurs sans autorisation parentale.
1975	Réforme du divorce (par consentement mutuel).
1978	Le viol est reconnu comme un crime, puni d'emprisonnement.
1982	L'IVG est remboursée par la Sécurité sociale (libre et gratuite). L'âge de l'émancipation sexuelle est fixé à 15 ans.
1988	Mise en vente de RU 486.

jourd'hui les femmes composent 45% de la population active, à peu près le même pourcentage qu'aux Etats-Unis. Le taux de natalité, 1,8 enfant par femme en 1986, signifie le refus d'une famille nombreuse et le désir de concilier la vie familiale avec la vie professionnelle.

L'année 1970 marque une date importante dans l'histoire du féminisme en France, avec la fondation du Mouvement de Libération de la Femme (MLF), une organisation qui a milité pour changer certaines lois ayant rapport aux droits des femmes. « Un homme sur deux, » disait le MLF, « est une femme. » Le MLF a été fondé par des femmes qui avaient une orientation politique de gauche. La droite est normalement conservatrice (sinon résolument hostile) envers le mouvement féministe. Une exception remarquable était le président Valéry Giscard d'Estaing (centre-droite). Champion des causes féministes, Giscard a voulu montrer que les femmes pouvaient jouer un rôle efficace dans la politique. En 1974 Giscard a nommé Françoise Giroud au poste de Ministre des Droits de la Femme. Ce nouveau ministère, soutenu par le MLF, a aidé à mobiliser l'opinion française pour faire voter de nouvelles lois concernant l'avortement, la contraception, le viol et le divorce.

L'avortement, ainsi que la contraception, étaient illégaux en France depuis 1920. Le but de ces interdictions n'était pas religieux mais démographique : c'était une tentative, de la part des pouvoirs publics, de remédier aux pertes provoquées par la Première Guerre mondiale. A partir de 1920, des milliers de femmes sont mortes à la suite d'avortements clandestins, tandis qu'un grand nombre de Françaises qui avaient les moyens financiers partaient en Suisse ou en Angleterre, où l'avortement était toujours légal. En 1974, Simone Veil, Ministre de la Santé sous Giscard d'Estaing, a introduit devant l'Assemblée nationale un projet de loi légalisant l'avortement. La première campagne importante du MLF a été consacrée à l'avortement, rebaptisé IVG (interruption volontaire de grossesse). Ce mouvement n'a pas suscité les mêmes passions qu'aux Etats-Unis. L'Eglise en France, se trouvant à l'opposé de l'opinion publique sur cette question, a dû se résoudre à ce que la loi civile s'écarte parfois de ses valeurs. En 1974, pendant le débat sur la législation de l'IVG, l'Eglise a condamné celle-ci mais elle n'a pas exercé de pression sur les députés et n'a pas entrepris de campagne anti-avortement, à la différence des évêques à l'étranger. La plupart des députés de la majorité (la droite) ont voté contre la « loi Veil », mais celle-ci a été soutenue par la gauche, et elle est passée. A partir de 1974, l'IVG est donc devenue libre mais non gratuite, et coûtait assez cher. Le remboursement de l'IVG par la Sécurité sociale, accordé en 1982 par le Gouvernement socialiste, a fait de ce phénomène, si controversé aux Etats-Unis, un acte médical libre et gratuit. Le remboursement de l'IVG n'a pas entraîné une augmentation du nombre d'avortements en France. L'Eglise s'est opposée à cette loi de remboursement, mais en 1986 Jacques Chirac a annoncé qu'elle serait maintenue par son gouvernement. L'explication de ce phénomène est peut-être que les catholiques français ont pris le parti de vivre dans une société pluraliste. En tout cas ce mouvement a tellement changé la façon dont les Français considèrent l'IVG que même l'extrême-droite ne réclame plus son abolition. Aujourd'hui elle est placée dans le domaine de la conscience individuelle, et largement reconnue comme un choix personnel et privé. C'est la femme enceinte qui décide, mais le consentement parental est nécessaire si elle est mineure.

Dans les années 80 un médicament qui interrompt la grossesse a été développé par les chercheurs de la société pharmaceutique Roussel-Uclaf. Personne dans ces laboratoires ne travaillait à la création d'une pilule abortive, mais celle-ci a été découverte par hasard. Elle a été baptisée RU 486. Depuis 1975, le seul avortement pratiqué dans les hôpitaux français consistait en une intervention chirurgicale. RU 486 apportait une solution moins traumatique. Tout de suite, l'Eglise a réagi et a rejeté cette méthode, et le débat est devenu moral. Face à la menace du boycottage de la part des Etats-Unis, Roussel-Uclaf a hésité à commercialiser son produit. Mais en 1988 Claude Evin, Ministre de la Santé, a exercé son autorité juridique en faveur de la liberté de choix : le gouvernement a obligé la distribution et la mise en vente de RU 486. « Cette pilule, » disait Evin, « est la propriété morale des femmes. » C'est un slogan qui a été répété par les féministes américains, qui réclament toujours la mise en vente de RU 486 aux Etats-Unis.

La contraception, elle aussi, a été libéralisée en 1974. Depuis cette année-là, certaines méthodes contraceptives sont en vente libre en pharmacie, et d'autres, comme la pilule contraceptive, sont en vente sur prescription médicale et sont remboursées par la Sécurité sociale. Les centres départementaux de planification familiale délivrent gratuitement des contraceptifs aux mineurs (à partir de 15 ans) même sans consentement parental, et sans distinction entre les gens mariés et non-mariés. Depuis des années la pilule est la méthode préférée, mais plus récemment, grâce à la campagne contre le SIDA (syndrome immunodéficitaire acquis), le préservatif est devenu très populaire.

Le MLF a mené aussi une grande campagne publicitaire contre le viol, une campagne qui a profondément modifié l'attitude des Français envers cette forme de violence. En 1978 la loi a reconnu le viol comme un crime, puni pour la première fois d'emprisonnement. En 1980 la loi a garanti à la victime une protection de sa vie privée, c'est-à-dire que ses expériences sexuelles antérieures ne sont pas tenues en compte dans le cas criminel.

En Région Centre 70 centres d'information sur la contraception

37 - Indre-et-Loire

Une autre campagne du MLF cherchait à libéraliser les lois concernant le divorce. Jusqu'en 1975 il était très difficile de divorcer en France, pays en principe catholique. Pour divorcer d'avec son époux ou épouse, il fallait démontrer une « faute » quelconque, ce qui était souvent difficile à prouver. En 1975 une réforme du divorce a détaché celui-ci de la notion de faute, et maintenant on peut divorcer par consentement mutuel. Sept demandes de divorce sur dix viennent de la part de l'épouse. S'il y a des enfants, l'un des époux (d'habitude le mari) sera peut-être obligé de payer une pension alimentaire à l'autre (en général la femme) qui a la garde des enfants. Le résultat de cette situation est l'existence de familles monoparentales, l'une des nouvelles formes familiales.

Le MLF s'est donc intéressé aux problèmes liés à l'oppression sociale des femmes. Etant donné qu'il avait à affronter des obstacles culturels très puissants, il est vraiment remarquable de voir les changements que le mouvement féministe a pu effectuer au cours des années 70. Quand François Mitterrand est venu au pouvoir en 1981, il a continué dans cette direction : Yvette Roudy a été nommée Ministre des Droits de la Femme, et elle a continué à travailler pour l'émancipation des femmes. Le premier Gouvernement de Mitterrand comprenait six femmes ministres, et à cette époque-là il y avait aussi 26 femmes députés, la plupart du Parti Socialiste. La droite continue à être plutôt antiféministe : pendant la cohabitation, Jacques Chirac a aboli le ministère consacré aux femmes, et il n'y avait aucune femme ministre dans son gouvernement. Le Ministère des Droits de la Femme a été réinstauré en 1988 par Michel Rocard. En 1991 une femme, Edith Cresson, a été nommée Premier Ministre, la première à exercer cette fonction en France. Actuellement les femmes constituent près de la moitié des étudiants dans les universités, mais seulement 15% à l'Ecole Nationale d'Administration et dix pour cent à l'Ecole Polytechnique. Elles représentent six pour cent des députés, sept pour cent des ingénieurs, 27% des médecins et 29% des journalistes. En 1991 il y avait une femme maire de grande ville, une femme préfet et six femmes ministres, y compris le Premier Ministre. Cela n'est pas spectaculaire, étant donné que les femmes constituent 53% de l'électorat français.

De nouvelles formes familiales

Cette émancipation de la femme dans la société française s'accompagne d'une baisse de l'influence catholique. L'Eglise avait toujours réglementé le comportement sexuel et la vie familiale, et elle avait toujours condamné la contraception, l'avortement et le divorce. Il n'est pas surprenant que l'évo-

lution de la vie sexuelle et familiale ait changé le caractère de la famille, et c'est dans le domaine familial que toutes ces transformations sont les plus visibles. De nos jours on parle d'une crise de la famille. D'abord, il y a de moins en moins de mariages : 417.000 en 1972, seulement 273.000 en 1985, et le nombre ne cesse de diminuer. En fait, la France est un des pays où l'on se marie le moins. En revanche, la cohabitation des «concubins», des jeunes qui habitent ensemble hors mariage, se développe de plus en plus : 6% de l'ensemble des couples cohabitent sans être mariés, et 40% des couples mariés ont cohabité avant de se marier. Il y a aussi une augmentation des naissances hors mariage (150.000 en 1985). Aujourd'hui, un enfant sur cinq a des parents qui ne sont pas mariés. Deux tiers des jeunes couples vivent d'abord ensemble sans se marier, et la cohabitation gagne du terrain année après année. Ce genre de « mariage à l'essai » ne réduit pourtant pas le risque de rupture. Le taux de divorce ne cesse d'augmenter : près d'un mariage sur trois se termine en divorce (contre un sur deux aux Etats-Unis).

Que se passe-t-il donc ? La famille est-elle vraiment en voie de disparition ? Pas du tout. Disons plutôt que la conception de la famille subit de profondes mutations depuis plusieurs années. C'est l'institution du mariage qui est remise en cause par les jeunes, et non pas l'existence du couple ou de la famille. Si un couple qui habite en concubinage décide de «régulariser» leur union par le mariage, c'est souvent pour contenter leurs parents, surtout en province (les vieilles conventions morales sont toujours importantes chez les personnes plus âgées). Un «ménage» ne signifie plus forcément un couple marié, comme une «famille» ne signifie plus forcément un homme, une femme et un ou plusieurs enfants. De nouvelles formes de vie familiale sont largement répandues, et celles-ci coexistent avec la famille traditionnelle:

(1) La famille monoparentale: un ou plusieurs enfants qui habitent avec un seul parent pour des raisons diverses. Le mariage n'a jamais eu lieu, les parents ont divorcé ou bien un des parents est décédé.

(2) Les concubins: un homme et une femme qui habitent ensemble, sans être mariés, avec ou sans enfants. Le concubinage est maintenant reconnu comme un statut officiel par le Code civil. Pour être reconnu comme concubins, il suffit de s'inscrire à la mairie. En 1988 il y avait un million de concubins, dont 28% avaient déjà un enfant.

(3) Les couples du même sexe: une forme particulière de concubinage. Juridiquement, le statut des ménages homosexuels n'est pas encore reconnu par le Code civil, comme il l'est déjà dans plusieurs pays membres de la Communauté européenne. Néanmoins, d'après les sondages, les Français sont bien plus tolérants de ce genre de ménage que les Américains.

(4) Les célibataires et les divorcés: les gens qui ne sont pas mariés ou qui ne le sont plus, et qui habitent seuls. Dans ce cas il ne s'agit pas d'une famille mais d'une «maisonnée».

Bref, la famille traditionnelle reste la forme dominante, mais il existe aussi des modes de vie différents. Même la famille traditionnelle a changé: aujourd'hui il arrive souvent que la mère de famille travaille et que le père participe au travail domestique et s'occupe des enfants.

La Population de la France

Assez régulièrement, la République française compte ses habitants, procédure qui s'appelle un recensement. D'après le recensement de 1990, il y a 56,5 millions de Français dans la Métropole et deux millions de plus dans les DOM-TOM. La population de la France est un problème qui préoccupe les pouvoirs publics depuis longtemps. En 1800, peu de temps après la Révolution, la France comptait 28 millions d'habitants, et était le pays le plus peuplé d'Europe. En 1900, un siècle plus tard, la population française était à 40 millions, et la France était devenue le cinquième pays d'Europe. Ensuite sont survenues la Première et la Deuxième Guerres mondiales, dont le résultat a été une grande mortalité. En 1946, après la Libération, la France comptait également 40 millions d'habitants. Sa population était donc restée stationnaire pendant la première moitié du siècle. En 1981, la France avait une population de 54 millions, ce qui lui donnait la densité la moins élevée d'Europe après l'Espagne.

Le recensement confirme la continuation de l'exode rural. La France devient une grande banlieue: les campagnes continuent à se vider, tandis que les villes étendent de plus en plus leurs tentacules. Certaines régions urbanisées, l'Ile-de-France, Rhône-Alpes, la Provence-Côte d'Azur, attirent de plus en plus d'habitants. Les vieilles zones industrielles, telles que le Nord et la Lorraine, sont sur le déclin, et le massif Central est déserté. Le recensement confirme aussi le déséquilibre entre les trois « âges »: les jeunes (ceux qui ont moins de 20 ans) constituent 28% de la population, les adultes (20 à 65 ans) 58% et les personnes âgées (plus de 65 ans) 14%. Puisque l'immigration est restreinte depuis une dizaine d'années, la croissance démographique est due en grande partie aux naissances, malgré la dénatalité.

CONTROLE CONTINU

I. Répondez aux questions suivantes :

1. Qui avait l'autorité légale de marier un couple avant la Révolution ? *l'Église, le prêtre*
   Qui possède cette autorité depuis ? *l'État, ou le maire*
2. Quelles sont les formalités nécessaires à un mariage ?
3. Qui possède un livret de famille ? En quoi ce livret consiste-t-il ?
4. Peut-on donner n'importe quel prénom à son enfant ? Expliquez.
5. Quelles sont les alternatives dont les mères de famille disposent pour la garde de leurs enfants si elles travaillent ?
6. Quelles sont les raisons de la politique familiale en France ?
7. En quoi consiste le système des allocations familiales ? Expliquez en détail.
8. Que pensent certains critiques féministes du système des allocations familiales ?
9. Pourquoi l'année 1970 est-elle importante dans l'histoire du féminisme en France ?
10. Pourquoi la création, en 1974, du Ministère des Droits de la Femme a-t-elle été remarquable ? Expliquez.
11. Quel a été le rôle de l'Eglise vis-à-vis de la loi sur l'IVG ?
12. Quelle a été l'attitude du Gouvernement vis-à-vis de la pilule abortive (RU 486) ?
13. Quels sont les différents types de vie familiale qui coexistent avec la famille traditionnelle ?
14. L'Etat reconnaît-il le concubinage ? Expliquez.

II. Décrivez et illustrez brièvement l'attitude des personnes suivantes vis-à-vis de la condition féminine en France :

1. Simone Veil
2. Olympe de Gouges
3. Valéry Giscard d'Estaing
4. Claude Evin
5. Napoléon
6. Jacques Chirac

III. Etes-vous d'accord ? Sinon, expliquez pourquoi :

1. Un enfant doit être inscrit sur un livret de famille dans un délai de cinq jours après la naissance.
2. Il faut aller voir un médecin avant de pouvoir se marier.

3. Les hommes et les femmes qui ont la même profession gagnent le même salaire.
4. Le pourcentage des femmes dans la population active atteint presque 25%.
5. La loi contre le viol garantit le respect de la vie privée de la victime.
6. Il y a autant de femmes qui poursuivent leurs études dans les universités que dans les Grandes Ecoles.
7. Un enfant porte automatiquement le nom de son père.

IV. Eliminez la mauvaise réponse :

1. Une fiche d'état-civil indique
   a) le domicile de la personne
   b) si la personne a été emprisonnée
   c) l'identité des parents de la personne
   d) si la personne a été mariée
2. A l'âge de 16 ans, un enfant peut
   a) conduire une moto
   b) abandonner ses études
   c) se marier sans l'autorisation de ses parents
   d) obtenir des contraceptifs gratuitement
3. Les allocations familiales sont versées
   a) uniquement aux mères de famille qui travaillent à la maison
   b) au moins jusqu'à ce que les enfants atteignent l'âge de 17 ans
   c) aux mères de famille qui ont au moins deux enfants
   d) proportionnellement au nombre d'enfants
4. Parmi les tendances actuelles de la vie familiale en France, on peut dire
   a) qu'il y a de plus en plus de divorces
   b) qu'il y a de moins en moins de mariages
   c) qu'il y a de moins en moins de jeunes qui vivent ensemble avant de se marier
   d) qu'il y a de plus en plus de naissances hors du mariage

V. Discussion

1. Peut-on parler d'une crise de la famille en France ? Justifiez votre point de vue.
2. Discutez les vues des partis politiques de droite et de gauche sur l'avortement et la contraception. Comparez ces vues avec celles qui existent aux Etats-Unis.
3. Discutez les diverses campagnes du MLF.
4. Comparez la vie des femmes en France et aux Etats-Unis.
5. Que pensez-vous du rôle que l'Etat joue dans la vie familiale ?

Chapitre

LE TRAVAIL ET LE TEMPS LIBRE

La population active

Dans la vie contemporaine le travail représente un élément important. L'ensemble de ceux qui exercent une profession (les travailleurs) et ceux qui cherchent un emploi (les chômeurs) constitue la population active. Actuellement la population active comprend 24 millions de Français, soit 43% de la population. Ceux qui ne sont pas actifs sont les jeunes (qui font des études), les retraités (qui ne travaillent plus), les handicapés (qui ne sont pas capables de travailler), ainsi que les femmes qui élèvent leurs enfants à la maison. De nos jours la durée de la vie professionnelle diminue, c'est-à-dire que les gens consacrent une moins grande partie de leur vie, et moins de temps pendant l'année, au travail. Beaucoup de jeunes poursuivent leurs études plus longtemps avant d'entrer dans la vie professionnelle. Les Français ont maintenant une durée hebdomadaire de travail de 39 heures, et ils bénéficient de cinq semaines de congés payés (vacances). En plus, ils peuvent maintenant prendre la retraite à l'âge de 60 ans et la « pré-retraite » à 55 ans. Le résultat de tout ceci est l'augmentation du temps libre dans la vie française, ce qui contribue au développement des loisirs et des vacances.

Deux phénomènes ont profondément influencé le caractère de la population active depuis la fin de la Deuxième Guerre mondiale. Le premier est le développement du travail féminin. De plus en plus de femmes, qu'elles soient mères de famille ou non, exercent une profession. Aujourd'hui près de deux tiers des femmes adultes travaillent en dehors de la maison, et les femmes constituent 45% de la population active. Le deuxième phénomène est l'influx des travailleurs immigrés, qui sont venus occuper les places les moins bien rémunérées. Il y a actuellement deux millions d'immigrés dans la population active.

On peut diviser la population active en trois secteurs économiques, selon le genre d'activité exercée par les travailleurs. Le secteur primaire est constitué par ceux qui travaillent dans l'agriculture et la pêche, c'est-à-dire ceux qui nourrissent la nation. Le secteur secondaire consiste en ceux qui travaillent dans l'industrie et qui fabriquent des produits. Le secteur tertiaire comprend tous ceux qui effectuent des services : les commerçants, les employés de bureau, les professeurs, les médecins, etc. C'est le secteur tertiaire qui montre une croissance spectaculaire dans le pays riche et surdéveloppé qu'est la France. Il réunit tous ceux qui travaillent dans le commerce, les finances, l'administration, le tourisme, les transports et l'informatique. Aujourd'hui, le secteur primaire représente 7% de la population active de la France, le secteur secondaire 33% et le secteur tertiaire 60%. La répartition de la population active a changé radicalement en 40 ans, comme le démontrent les statistiques suivantes :

secteur	1954	1975	1991
primaire	28%	10%	7%
secondaire	37%	39%	33%
tertiaire	35%	51%	60%

Traditionnellement, et du point de vue économique, on coupait la France en deux parties, est et ouest, riche et pauvre. On disait que l'est de la France, les régions où dominait l'industrie (le Nord, la Lorraine, l'Alsace, Rhône-Alpes) constituaient les zones riches, tandis que l'ouest, où dominaient l'agriculture et la pêche (la Bretagne, l'Aquitaine, le Massif Central) constituaient les zones pauvres. De nos jours on parle de la « tertiarisation » de la France, c'est-à-dire que les zones les plus urbanisées (l'Ile-de-France, Rhône-Alpes, et la Provence-Côte d'Azur) deviennent aussi les plus riches parce que de plus en plus de travailleurs font partie du secteur tertiaire.

Les catégories socioprofessionnelles

Le genre de travail que fait un individu détermine en grande partie son mode de vie et sa classe sociale. Le Gouvernement a dressé une liste officielle des « catégories socioprofessionnelles, » dont la base du classement est l'activité professionnelle. Toute la population française est répartie en huit catégories officielles :

(1) Les agriculteurs. Cette catégorie comprend les fermiers qui exploitent leur propre terre ainsi que les salariés agricoles qui travaillent pour de grandes entreprises. Il y a de moins en moins d'agriculteurs, ce qui

n'empêche pas la France d'être un des plus grands pays producteurs d'Europe.

(2) Les artisans, les commerçants et les chefs d'entreprise. Cette catégorie comprend les patrons d'entreprise, que ce soit un boulanger ou un propriétaire de café, ou bien le PDG (président-directeur général) d'une grande banque.

(3) Les cadres supérieurs et les professions libérales. C'est une catégorie qui a un mode de vie assez élevé et qui augmente rapidement. Elle comprend les médecins, les avocats, les professeurs, les ingénieurs et les architectes. Ce sont des professions qui exigent une formation intellectuelle.

(4) Les professions intermédiaires. Cette catégorie comprend les cadres moyens, les gérants, les techniciens, les instituteurs et les infirmières— professions qui exigent également une certaine formation.

(5) Les employés. Dans cette catégorie se trouvent le personnel de bureau, le personnel commercial (vendeurs et vendeuses), les secrétaires et les employés de la fonction publique.

(6) Les ouvriers. Cette catégorie diminue avec la « tertiarisation » de la France. Elle comprend les OS (ouvriers spécialisés) aussi bien que les manœuvres (non-spécialisés).

(7) Les retraités. Depuis 1983 on peut prendre la retraite à 60 ans, ou bien la pré-retraite à 55 ans (avec cette dernière on reçoit 70% de la retraite jusqu'à l'âge de 60 ans). De cette façon l'Etat encourage les travailleurs à quitter leur emploi plus tôt, afin de faire de la place pour l'embauche des jeunes.

(8) Les personnes sans activité professionnelle. Dans cette catégorie se trouvent les jeunes, les femmes au foyer, les handicapés, etc.

Peut-on sortir de la catégorie socioprofessionnelle de ses parents ? Oui, mais il faut avouer que la mobilité sociale en France est très difficile et assez rare, surtout pour les agriculteurs, les employés et les ouvriers. La majorité des travailleurs restent dans leur catégorie d'origine. La meilleure voie pour en sortir est la réussite scolaire, théoriquement ouverte à tous les enfants.

On peut également diviser la population active en deux grands groupes, ceux qui travaillent pour une entreprise privée (le secteur privé) et ceux qui travaillent dans le secteur public. Ce dernier comprend l'ensemble des fonctionnaires qui exercent des fonctions publiques (les postiers et les facteurs, les enseignants, les employés des ministères et des collectivités locales). Le secteur public comprend aussi tous ceux qui travaillent pour les entreprises nationalisées, c'est-à-dire celles qui sont gérées par l'Etat : la plupart des banques, la Régie Nationale Renault, l'Electricité de France, le Gaz de France, la SNCF (Société Nationale des Chemins de fer Français), France-Télécom (le réseau téléphonique), Radio France, Air France, etc. Un Français sur quatre travaille directement ou indirectement pour l'Etat, ce qui fait que l'Etat est le premier patron de France. Dans certains domaines l'Etat a le monopole (le chemin de fer, le téléphone, l'énergie), tandis que dans d'autres il est en concurrence avec le secteur privé (les banques, la fabrication de voitures, les radios). Ceux qui travaillent dans le secteur public bénéficient d'un statut privilégié : ils ont l'avantage de la sécurité de l'emploi et ils peuvent prendre la retraite à l'âge de 55 ans.

Un peu d'histoire

La révolution industrielle du XIXe siècle a profondément changé non seulement le caractère de la population active, mais aussi celui de la démographie de la France. Jusqu'à cette époque, la France avait été un pays agricole, et la majorité des Français étaient des paysans qui travaillaient dans le secteur primaire. A partir du milieu du XIXe siècle, la prolifération d'usines industrielles dans les grandes villes a créé un besoin de main-d'œuvre, et la promesse du travail a inauguré l'exode rural. La révolution industrielle a donc contribué à l'urbanisation de la France et au développement d'une nouvelle classe urbaine, la classe ouvrière. Les ouvriers (anciens paysans qui travaillaient désormais dans les mines et dans les usines) étaient exploités par les grands patrons propriétaires. Les hommes, les femmes et même les enfants étaient obligés de travailler de longues journées, jusqu'à douze heures par jour, et souvent dans des conditions insalubres. Cette époque a vu l'élaboration des doctrines socialistes et marxistes. Selon ces doctrines, devenues très populaires chez les intellectuels et plus tard chez les ouvriers aussi, la classe ouvrière (le « prolétariat ») était exploitée par le patronat « capitaliste », car ce dernier n'avait de capital que grâce à ces ouvriers. Dans les premières années de la Troisième République, à mesure que la classe ouvrière grandissait et au moment où elle avait obtenu le droit de vote, les doctrines socialistes ont commencé à exercer une influence sur les partis politiques, et à travers ceux-ci, sur la législation. Les ouvriers ont commencé à ressentir le besoin de défendre leurs intérêts en créant des organisations qui puissent négocier avec le patronat : des syndicats. Mais les organisations syndicales restaient illégales depuis la Révolution : la loi Le Chapelier avait interdit les coalitions d'ouvriers en 1791, et cette interdiction avait été reprise par le Code pénal en 1810. En 1884, pourtant, la loi Waldeck-Rousseau a autorisé le regroupement des ouvriers en syndicats. La notion de syndicat a donc reçu une reconnaissance légale sous la Troisième République, et à partir de 1884 le syndicalisme a pris racine en France. La première grande confédération nationale, la Confédération Générale du Travail (la CGT), a été créée en 1895. Ce n'est pas surprenant que ce grand syndicat soit d'inspiration marxiste. L'idéologie marxiste a d'ailleurs dominé les rapports entre les syndicats et le patronat au cours du XXe siècle. A l'aide du mouvement syndical, la classe ouvrière a continué à faire des progrès sur le plan social et économique.

En 1936 les pays voisins de la France s'étaient laissé dominer par des régimes fascistes : Hitler en Allemagne, Mussolini en Italie, Franco en Espagne. En tant que réaction contre cette montée de l'extrême-droite à l'étranger, les Français ont voté pour l'extrême-gauche. Une coalition de communistes et de socialistes, appelée le Front Populaire, a gagné une majorité à la Chambre des Députés, et Léon Blum a été nommé Premier Ministre. Ce gouvernement n'a duré que peu de temps (1936–38), mais il a accompli de grandes choses sur le plan social, de sorte que le Front Populaire est très vénéré dans la France contemporaine. Par les Accords de Matignon, Léon Blum a fixé la semaine de travail à 40 heures, et il a créé, pour la première fois en France, deux semaines de congés payés pour chaque travailleur français. Jusque-là la plupart des travailleurs ne pouvaient pas se permettre, pour des raisons financières, d'arrêter leur travail pour prendre des vacances. Mais à partir de 1936, chaque travailleur a eu le droit de ne pas travailler pendant deux semaines et d'être payé quand même. C'est cette année-là que beaucoup d'ouvriers français ont vu la mer pour la première fois. En 1956, sous la Quatrième République, les congés payés ont été étendus jusqu'à trois semaines, et en 1969 (sous la Cinquième République) jusqu'à quatre semaines.

Comme le secteur secondaire a remplacé le secteur primaire pendant la révolution industrielle, les décennies depuis la Deuxième Guerre mondiale ont témoigné d'une «révolution tertiaire» dans le monde du travail en France. A mesure que les mines ferment et que les grandes entreprises industrielles changent d'orientation, la classe ouvrière diminue en importance et le Parti Communiste semble être sur le déclin. Le Parti Socialiste, venu au pouvoir en 1981, ne représente plus les ouvriers en particulier mais tous les actifs, c'est-à-dire les travailleurs. En 1982 a été votée une série de lois concernant le travail, dites les «lois Auroux» (d'après Jean Auroux, le Ministre du Travail sous Mitterrand). Ces lois sont en faveur des salariés. Elles ont établi la semaine de travail de 39 heures sans réduction de salaire (une mesure symbolique en faveur des travailleurs), avec des majorations pour les heures supplémentaires. Les lois Auroux ont élargi les congés payés jusqu'à cinq semaines pour tous les travailleurs (six semaines pour les fonctionnaires). D'après les lois Auroux, la négociation des salaires est collective, entre les chefs d'entreprises et les syndicats. Ces lois prévoient une amélioration des conditions de travail, notamment en ce qui concerne l'hygiène et la sécurité. Elles ont aussi élargi le pouvoir des comités d'entreprise, c'est-à-dire que les employés peuvent désormais participer activement à la gestion de l'entreprise. De plus, les sections syndicales peuvent être constituées dans toutes les entreprises, et les représentants de celles-ci sont élus par les salariés. En 1983 l'Assemblée a voté une loi sur l'égalité professionnelle entre hommes et femmes. Cette loi ne se limite pas à l'embauche mais s'étend à la rémunération et à la promotion : désormais les femmes ont les mêmes chances d'être embauchées et promues que les hommes, et elles doivent être payées le même salaire pour le même travail (voir Tableau).

● Tableau : Quelques Dates de la législation sociale ●

1791	La loi Le Chapelier interdit les coalitions d'ouvriers.
1884	La loi Waldeck-Rousseau autorise la formation des syndicats.
1895	Création de la CGT, première confédération nationale.
1936	Les Accords de Matignon fixent la semaine de travail à 40 heures et instituent deux semaines de congés payés; création d'un fonds national de chômage.
1956	La durée des congés payés est portée à trois semaines.
1969	La durée des congés payés est portée à quatre semaines.
1970	Institution du SMIC.
1982	Les lois Auroux établissent la semaine de 39 heures, la cinquième semaine de congés payés, la négociation collective des salaires et la retraite à 60 ans.
1983	Etablissement de l'égalité professionnelle entre hommes et femmes.
1984	Création des TUC pour les jeunes.

Le syndicalisme

Le but des syndicats est de défendre les intérêts des travailleurs contre le patronat. Il n'est donc pas surprenant que les syndicats français aient été influencés par les doctrines socialistes au cours de leur histoire. Certains syndicats ne cherchent qu'à défendre les intérêts professionnels de leurs membres, tandis que d'autres ont une mission bien plus politique. Avec deux millions d'adhérents, la CGT est le syndicat le plus grand et le plus puissant. Ayant adopté la doctrine marxiste de la lutte des classes, la CGT est nettement anticapitaliste. Mais cet aspect doctrinaire et idéologique des syndicats est en train de changer. Dans la population active il y a de plus en plus de cadres et de techniciens, et de moins en moins d'ouvriers, ce qui entraîne un changement dans le rôle des syndicats et dans le discours syndical. Les syndicats ne représentent pas seulement la classe ouvrière mais aussi les professions libérales et intellectuelles : par exemple, il y a la CGC (Confédération Générale des Cadres) et la FEN (Fédération de l'Education Nationale), qui représente un demi-million d'enseignants. Malgré l'existence de nombreux syndicats, seulement 11% de la population active est syndiquée (contre 17% aux Etats-Unis). Le taux de syndicalisme est plus élevé dans le secteur public que dans le secteur privé.

L'arme la plus puissante dont disposent les syndicats est la grève. En annonçant une cessation totale du travail, les syndicats peuvent exercer une grande pression sur le patronat pour augmenter le salaire des travailleurs ou pour améliorer les conditions de travail. Le droit de grève est garanti par la Constitution de 1958. Tous les travailleurs ont le droit de faire grève, mais dans le secteur public il faut donner un « préavis de grève », c'est-à-dire qu'il faut annoncer la grève à l'avance. Le droit de grève est moins utilisé aujourd'hui qu'autrefois, mais la grève continue à représenter le grand moyen d'effectuer des revendications professionnelles. En janvier 1990, par exemple, la SNCF, la Banque Nationale de Paris, les chauffeurs de taxi parisiens, les internes d'hôpitaux et les avocats ont fait grève. Pourtant, le nombre d'heures de grève annuelles est moins élevé en France qu'aux Etats-Unis.

Le chômage

Inspiré par la politique de Franklin Roosevelt aux Etats-Unis, le Front Populaire a institué un fonds national de chômage pour aider ceux qui avaient perdu leur emploi. Actuellement le chômage touche environ 10% de la population active. Les offres et les demandes du travail sont centralisées par l'Agence Nationale pour l'Emploi (l'ANPE), gérée par le Ministère du Travail. Les chômeurs doivent s'inscrire dans une agence locale de l'ANPE pour toucher une allocation chômage, une somme d'argent qui représente un pourcentage du salaire précédent. Les salariés et les employeurs cotisent (contribuent une portion du salaire) au régime de l'assurance-chômage, mais l'allocation reçue par les chômeurs est limitée à un certain temps, selon la durée de ses cotisations. Une bonne partie des chômeurs (40%) ne reçoit pas cette allocation, soit parce qu'ils n'ont pas travaillé assez longtemps avant d'être au chômage, soit parce qu'ils sont au chômage depuis trop longtemps. Pour les jeunes et les femmes qui cherchent un premier emploi et qui n'ont donc pas cotisé, il existe un «régime de solidarité» qui verse une allocation chômage pendant un an au maximum et qui est financé par l'Etat.

Depuis longtemps le travail et le chômage représentent une grande préoccupation des pouvoirs publics. Pour garantir un salaire minimum à tous les travailleurs, le SMIC (salaire minimum interprofessionnel de croissance) a été créé en 1970. Chaque année le taux du SMIC est fixé par le Conseil des Ministres. En 1990 il représentait 4500 francs net par mois (soit neuf cents dollars). Dans la population active il y a actuellement un million de «smicards» (ceux qui gagnent le salaire minimum). Le chômage et les bas salaires ne sont pas répartis équitablement entre les deux sexes : 70% des chômeurs et 75% des smicards sont des femmes. Les jeunes sont aussi très touchés par le chômage. En 1984 le Gouvernement socialiste a créé les TUC (travail d'utilité collective), qui permettent aux jeunes de 16 à 21 ans de travailler à mi-temps pour l'Etat et pour les collectivités locales pendant un an. Grâce aux TUC, des centaines de milliers de jeunes ont pu trouver un emploi. En plus, les entreprises qui embauchent des jeunes ne sont pas obligées de payer les charges sociales sur leurs salaires, afin d'encourager l'embauche des jeunes. Les années 1980 ont témoigné d'un essor spectaculaire de l'emploi précaire : beaucoup de femmes et de jeunes ont été embauchés au moyen d'un CDD (contrat à durée déterminée, six mois ou moins), dans les banques, dans les hôpitaux, dans les bureaux, dans le bâtiment et dans les travaux publics. En 1989 les CDD représentaient 66% de toutes les embauches. Ils sont devenus la règle pour les personnes sans qualifications. Mais cette sorte de travail n'entraîne pas de sécurité, car il est impossible à ces travailleurs de louer un appartement ou d'acheter à crédit. Près de la moitié des emplois CDD aboutissent à l'ANPE.

Le temps libre

Pour l'ensemble des Français qui exercent une profession, le temps libre (les loisirs, les divertissements et les vacances) est d'une importance capitale.

La plupart des Français estiment que la sécurité de l'emploi, et surtout le temps libre, sont plus importants que le salaire qu'ils gagnent. En avril 1991 l'usine Peugeot de Poissy (dans la banlieue parisienne) a inauguré la semaine de quatre jours : les gens travailleront plus longtemps chaque jour de la semaine, mais ils auront trois jours de congé et ils toucheront le même salaire qu'avant. Ce projet a vivement touché l'imagination des Français. Selon un sondage réalisé le même mois, 70% des Français étaient prêts à accepter cette formule. Les personnes interrogées estimaient que cette réduction des jours de travail favoriserait la vie de famille et la réussite scolaire de leurs enfants.

La journée et la semaine des Français sont partagées entre le travail et le temps libre, et ce dernier est consacré aux loisirs. Certains loisirs culturels (comme la télévision, la lecture, le cinéma et la musique) et certains sports individuels (comme le jogging, la bicyclette et le tennis) sont les activités quotidiennes ou hebdomadaires d'un grand nombre de Français. D'autres loisirs (comme certaines manifestations sportives et cérémonies familiales), ainsi que les fêtes et les vacances, sont organisés autour du calendrier et dépendent des saisons de l'année. Afin de donner un aperçu général des activités du temps libre en France, nous allons faire le tour des mois du calendrier. D'abord il faut dire un mot sur les fêtes. Il y en a beaucoup en France. Certaines sont d'origine catholique et d'autres d'origine civile. En revanche, il n'y a que onze jours fériés, jours où la plupart des gens ne travaillent pas. Pour faire une comparaison, la Saint-Patrick (le 17 mars) est une fête aux Etats-Unis, mais c'est un jour où les gens travaillent; par contre, le jour de « Thanksgiving » est toujours férié. Les jours qui ne sont pas fériés sont (à part les dimanches) des jours « ouvrables », c'est-à-dire des jours où les gens travaillent. Si un jour férié tombe un jeudi ou un mardi, beaucoup de salariés en profitent pour « faire le pont » (i.e., ils prennent congé le vendredi ou le lundi pour prolonger leur week-end).

Septembre—Le mois de septembre est, à bien des égards, le premier mois de l'année en France. Pour les adultes, c'est la fin des vacances d'été, la rentrée professionnelle, le retour au travail. Pour les jeunes, c'est la rentrée scolaire : beaucoup de parents accompagnent leurs jeunes enfants à l'école le jour de la rentrée des classes, et les patrons sont encouragés à leur accorder cette facilité. Septembre, c'est aussi l'ouverture de la chasse pour plus de deux millions de chasseurs. A la fin de septembre, il faut remettre les pendules à l'heure d'hiver (aux Etats-Unis on ne fait cela qu'à la fin d'octobre).

Octobre—Le premier dimanche d'octobre est le jour du Prix de l'Arc de Triomphe, une course de chevaux à Longchamp (près de Paris). Les courses de chevaux, qui ont lieu tous les dimanches, offrent aux Français la possibilité de jouer au tiercé, le seul sport en France qui comporte des paris organisés. Le Pari Mutuel Urbain (PMU) a été légalisé en 1930, et l'on peut y jouer le dimanche dans les cafés PMU. Ceux qui aiment les jeux de hasard peuvent aussi jouer à la Loterie Nationale ou au Loto, dont les billets se vendent dans les cafés. Le mois d'octobre représente la rentrée universitaire. C'est aussi le mois des vendanges, ce qui offre à beaucoup d'étudiants l'occasion de gagner un peu d'argent, en travaillant dans les vignobles, avant de retourner à l'université. Octobre, c'est aussi le mois des salons de l'auto, qui présentent les nouveaux modèles de voiture. Octobre marque également la parution des nouveaux livres (la « rentrée littéraire ») et la sortie des nouveaux films au cinéma.

Novembre—Le premier jour de novembre est un jour férié, la Toussaint, jour où l'on se souvient des morts et se rend au cimetière pour placer des chrysanthèmes sur les tombes. Le 11 novembre, également un jour férié, on fête l'Armistice de la Première Guerre mondiale : il y a des cérémonies organisées à l'Arc de Triomphe à Paris, où le Président de la République dépose une gerbe de fleurs sur la Tombe du Soldat inconnu mort pour la patrie. En novembre les prix littéraires français (le Prix Goncourt, le Prix Femina, etc.) sont attribués. On fête aussi l'arrivée du beaujolais nouveau (un vin de Bourgogne très apprécié et très attendu chaque année). Le 25 novembre est le jour de la Sainte-Catherine, jour où l'on fête les femmes non-mariées qui ont 25 ans ou plus.

Décembre—Ce mois est dominé par la fête de Noël, jour férié (le 25). Les gens mettent un sapin de Noël chez eux et le décorent. Le 24, la veille de Noël, il y a le réveillon, un grand repas en famille et une tradition à laquelle la majorité des Français restent très attachés. Ce repas commence avec des huîtres, contient la dinde obligatoire, et se termine avec la bûche de Noël au chocolat. A la messe de minuit, les églises sont plus remplies que d'habitude. Pendant la nuit, le Père Noël arrive et dépose des cadeaux dans les souliers laissés devant le sapin. Une semaine plus tard, à la Saint-Sylvestre (le 31 décembre), on fête le nouvel an avec un réveillon, mais cette fois-ci on va plus souvent au restaurant. Les jeunes vont en boîte de nuit ou en « boum ». On s'embrasse sous le gui et l'on prononce les vœux traditionnels de « Bonne année » et « Bonne santé ».

Janvier—Le premier janvier, Jour de l'An, est férié, et les échanges de vœux pour la nouvelle année continuent jusqu'à la fin du mois. Pendant ce début de l'année les adultes s'offrent des étrennes (des cadeaux pour la nouvelle année), et les familles offrent aussi de l'argent au concierge, au facteur, aux pompiers, aux éboueurs. Certains commerçants offrent des cadeaux à leurs clients. Le premier dimanche après le Jour de l'An marque la fête des Rois. Le jour de cette fête, la famille et les invités mangent une galette, achetée chez le pâtissier et accompagnée d'une couronne en papier doré. Une fève est cachée dans cette galette, et celui ou celle qui trouve la fève dans son morceau de galette devient le roi ou la reine de la fête et porte la couronne. Le mois de janvier est aussi le mois du blanc, la période des soldes pendant laquelle les gens achètent du linge de maison (draps, serviettes, etc.). L'événement sportif le plus important est le rallye Paris-Dakar, grande course automobile qui intéresse beaucoup de spectateurs. A la fin du mois il y a le Festival de la bande dessinée à Angoulême (la « B.D. » intéresse autant les adultes que les enfants en France).

Février—Le 2 février est la Chandeleur. Autrefois c'était la « fête des chandelles », et l'on en allumait pour protéger la maison. Mais la tradition a changé, et aujourd'hui on fête la Chandeleur en faisant cuire des crêpes et en les mangeant en famille. La Chandeleur, ainsi que la fête des Rois, offre une bonne illustration de la façon dont la plupart des fêtes françaises ont perdu leur caractère religieux. Le 14 février est la Saint-Valentin, jour où les amoureux s'envoient des cartes et s'offrent des fleurs et des cadeaux, et qui est célébrée par de nombreux bals dans les communes. Février marque aussi le début du Tournoi des Cinq Nations, qui dure jusqu'à la fin mars, et pendant lequel il y a des matchs de rugby entre l'équipe de France et celles d'Angleterre, du Pays de Galles, d'Ecosse et d'Irlande. Les écoliers français disposent de deux semaines de vacances en février-mars, ce qui encourage leurs parents à en prendre aussi. Pendant ces vacances d'hiver, dites « vacances de neige », de nombreuses familles se dirigent vers les montagnes pour faire du ski et de l'alpinisme. Le taux de départ est environ 25% (le double à Paris), mais tous les vacanciers ne se rendent pas sur les pistes de ski. Les sports d'hiver deviennent pourtant de plus en plus populaires en France. En février commence une période (qui dure jusqu'en mai) pendant laquelle les fêtes sont « mobiles » parce qu'elles dépendent de la date de Pâques. La première de ces fêtes est le Carnaval, dont la capitale est la ville de Nice. Au Carnaval, les gens se déguisent et assistent à des bals costumés. Le Carnaval se termine le jour du Mardi gras. Le lendemain, le mercredi des cendres, marque le début du Carême (traditionnellement une période solennelle de jeûne pour les chrétiens et qui s'étend sur 40 jours jusqu'à Pâques).

Mars—Le mois de mars est souvent dominé par la politique, car c'est en mars qu'ont lieu les élections municipales et cantonales (régulières) et quelquefois les législatives. L'ouverture de la pêche a lieu en mars et dure jusqu'en septembre. Pendant la dernière semaine du mois de mars, on passe à l'heure d'été.

Avril—Le mois d'avril débute par le « poisson d'avril », le jour des farces : les enfants découpent des poissons en papier et les accrochent dans le dos des gens, et même les adultes font toutes sortes de blagues à leurs amis ou aux membres de leur famille. Mais la grande fête qui domine le mois d'avril est normalement celle de Pâques. La date de cette fête chrétienne est fixée par l'Eglise. Elle dépend de la pleine lune et de l'équinoxe du printemps, et elle peut varier entre le 22 mars et le 25 avril. Selon la tradition française, les cloches des églises s'en vont à Rome le vendredi saint pour se confesser; le jour de Pâques elles en reviennent apporter des œufs en sucre et en chocolat aux enfants (sauf en Alsace, où c'est le Lapin de Pâques qui en apporte). Au repas on sert l'agneau pascal. Comme Pâques tombe toujours un dimanche, le lundi de Pâques est un jour férié.

Mai—Le premier mai est la fête du Travail, un jour férié. Les syndicats organisent des défilés dans les villes, et les marchands de fleurs vendent des bouquets de muguet aux gens qui les offrent à leurs amis, selon la tradition. Le 8 mai est également un jour férié : c'est une fête patriotique qui commémore la Victoire de 1945 (Deuxième Guerre mondiale). L'Ascension, fête chrétienne mobile, vient toujours 40 jours après Pâques. C'est toujours un jeudi en mai, ce qui donne la possibilité de « faire le pont » avec le week-end. La Pentecôte, autre fête chrétienne mobile, a toujours lieu dix jours après l'Ascension, un dimanche en mai ou en juin (le lundi de Pentecôte est férié). Il y a donc au moins trois (et parfois quatre) jours fériés au mois de mai, sans compter les « ponts » ! En mai il y a aussi la fête des Mères, un dimanche à la fin du mois. Le mois de mai marque aussi le Marathon de Paris, dans lequel des milliers de coureurs traversent la capitale; le festival du film de Cannes; et la finale de la Coupe de France, grand match de football qui se déroule au Parc des Princes à Paris.

Juin—Normalement il n'y a pas de jours fériés en juin. Un dimanche est consacré à la fête des Pères, qui est moins populaire que la fête des Mères. Pour les écoliers et leurs parents, le mois de juin est le moment redouté du baccalauréat, grand examen qui consacre la fin des études secondaires et qu'il faut réussir pour entrer à l'université. En juin il y a aussi deux grandes manifestations sportives pour lesquelles les Français se passionnent et qui attirent une foule de spectateurs : les 24 Heures du Mans (une course automobile très célèbre) et le championnat de tennis au stade Roland-Garros, à Paris.

Juillet—Le mois de juillet marque le début des grandes vacances pour beaucoup de Français. Le 14 juillet, jour férié, est la fête nationale qui commémore la prise de la Bastille par la foule en 1789 et le début de la Révolution. La veille du 14, il y a des bals populaires et des feux d'artifice, et l'on fait exploser des pétards. Le jour du 14 il y a toujours un grand défilé militaire sur l'avenue des Champs-Elysées à Paris, en présence du Président de la République. Le grand événement sportif de juillet est le Tour de France, une course cycliste qui remonte à l'année 1907 et qui attire actuellement 50 millions de téléspectateurs en Europe. Cette course est divisée en étapes, et

Le directeur du Tour de France analyse les étapes

Jean-Marie Leblanc avoue avoir été « un coureur modeste » de 1967 à 1971. Il a cependant réussi à terminer deux « grandes boucles ». Aujourd'hui directeur de l'épreuve, il la commente pour Télé-Loisirs.

Samedi 30 juin : prologue.
« Pour lancer le Tour, c'est une présentation générale qui permet au vainqueur de revêtir le premier maillot jaune. »

Dimanche 1er juillet : Futuroscope-Futuroscope.
« Cette étape en ligne est le premier galop d'entraînement. »

Dimanche 1er : Futuroscope (contre-la-montre par équipe).
« Le réel départ sportif. Les premiers écarts vont être créés. »

Lundi 2 : Poitiers-Nantes.
« Une étape plate, et touristico-sportive. Si le vent dans le grand Ouest se lève, tout est possible. »

Mardi 3 : Nantes-le Mont-Saint-Michel.
« Une première. Etape très attendue. L'arrivée se jugera à cent cinquante mètres du Mont. Exceptionnel. »

Mercredi 4 : Avranches-Rouen.
« Etape marathon insolite avec près de huit heures de vélo. Mais nous avons instauré huit sprints intermédiaires avec des bonifications et des primes qui provoqueront de l'animation. Les sprinters pourront se mettre en évidence et le maillot jaune peut changer d'épaule. »

Jeudi 5 : transfert aérien Rouen-Strasbourg.

Vendredi 6 : Sarrebourg-Vittel.
« Aucune difficulté sur le plan sportif. »

Samedi 7 : Vittel-Epinal (contre-la-montre individuel).
« Premier rendez-vous où les favoris émergent. »

Dimanche 8 : Epinal-Besançon.
« On approche de la montagne. Mais cette étape sera occultée par la finale de la Coupe du monde de football. Nous avons organisé une soirée spéciale avec retransmission du match et buffet pour tout le monde. »

Lundi 9 : Besançon-Genève.
« Seule incursion étrangère, 40 km en Suisse. Premier aperçu de la montagne avec l'ascension du col des Rousses, et une arrivée au bord du lac. »

Mardi 10 : Genève-Saint-Gervais- Mont-Blanc.
« Ça y est, la montagne est là. Etape très courte, nerveuse avec l'ascension de trois cols en 70 km. Il y aura de la bagarre. Arrivée à Saint-Gervais. »

Mercredi 11 : Saint-Gervais-Mont-Blanc- L'Alpe d'Huez.
« Le grand rendez-vous du Tour, notre Annapurna à nous. Au programme les cols de la Madeleine, du Glandon et l'Alpe d'Huez, ce devrait être une superbe empoignade. »

Jeudi 12 : Fontaine-Villard-de-Lans (contre-la-montre individuel).
« Etape classique en côte. Il y aura des écarts. »

Vendredi 13 : repos à Villard-de-Lans.
« Un site et une altitude idéales pour les coureurs. Le réseau routier est impeccable pour l'entraînement. »

Samedi 14 : Villard-de-Lans-Saint-Etienne.
« Etape sans difficulté. Prudence, mais sait-on jamais ? »

Dimanche 15 : Le Puy-en-Velay- Millau.
« Etape piège où tout peut arriver sur les routes sinueuses. »

Lundi 16 : Millau-Revel.
« Pas trop long (205 km). Mais les coureurs seront obnubilés par les Pyrénées le lendemain. »

Mardi 17 : Blagnac-Luz-Ardiden.
« La montagne avec le Tourmalet, Aspin et la montée vers Luz-Ardiden. Une étape qui sourit aux Espagnols. »

Mercredi 18 : Lourdes-Pau.
« Petite étape montagneuse (Aubisque et Marie-Blanque), les plus courtes sont les meilleures. Le sommet est trop loin de l'arrivée pour être décisif. »

Jeudi 19 : Pau-Bordeaux.
« Liaison avec la traversée des Landes. »

Vendredi 20 : Castillon-la-Bataille-Limoges.
« Les favoris penseront au contre-la-montre du lendemain. »

Samedi 21 : lac de Vassivière-en-Limousin (contre-la-montre individuel).
« Un remake de 1985 où Lemond avait gagné et Hinault avait remporté le Tour. Ce parcours est vraiment magnifique, un peu accidenté. Dernière chance pour les favoris de se départager. En général, le Tour est joué. »

Dimanche 22 : Brétigny-sur-Orge- Paris.
« Traditionnelle arrivée sur les Champs-Elysées, le tiercé gagnant se jouera très certainement entre Delgado, Fignon et Lemond, le vainqueur de l'an dernier. Cette année, pour enrichir le spectacle, il y aura huit tours au lieu de six. A l'issue de l'étape, toutes les équipes feront un tour d'honneur. »

Propos recueillis par Sylvie Breton

celui qui est en tête de l'étape porte le « maillot jaune », symbole du gagnant. En juillet il y a aussi des manifestations culturelles très connues, telles que le festival du théâtre à Avignon et le festival de la musique à Aix-en-Provence.

Août—Les Français bénéficient actuellement de cinq semaines de congés payés. Ils montrent une prédilection pour la plage et pour le mois d'août. Le résultat de ce phénomène est la fermeture de 50% des entreprises françaises au mois d'août (« fermeture annuelle » caractérise la moitié des entreprises, petites et grandes, à ce moment-là). Au mois d'août, la France voit tomber son indice industriel de 40%. L'Assomption de la Vierge (le 15) est un jour férié, mais pratiquement tout le monde est déjà en vacances. C'est le ralentissement avant la rentrée en septembre.

Si l'on fait le bilan de ce calendrier, on doit avouer que les Français disposent de beaucoup de temps libre. En moyenne, le salarié français dispose de :

25	jours de congés payés
104	jours de week-end
11	jours fériés
140	jours libres

Si l'on y ajoute dix jours libres pour des raisons diverses (arrêts maladie, grèves, « ponts », etc.) on arrive à un total de 150 jours par an, soit cinq mois sur douze sans travailler.

« La folie des vacances »

Les vacances ne représentent rien moins qu'une passion nationale en France. La grande attraction en été pour la moitié des vacanciers est toujours la mer et les plages. Près de 60% des Français partent en vacances pour un mois en moyenne, et 85% de ceux qui partent choisissent les mois de juillet et août. Parmi les raisons pour le développement de ce tourisme il y a l'institution des congés payés, l'augmentation du niveau de vie et l'amélioration des transports et des autoroutes. Le grand lieu de prédilection est la Côte d'Azur. Chaque année, des millions d'estivants débarquent sur les plages, dans les hôtels et dans les campings qui longent la côte méditerranéenne. Les départs s'effectuent en vagues à partir du premier juillet, du 14 juillet, du premier août et du 15 août. Le moment de crise est la fin juillet-début août, période où six millions de Français partent en vacances et quatre millions en reviennent, soit un Français sur cinq sur les routes.

Bison futé donne des conseils aux vacanciers.

Depuis longtemps et sans grand succès, les pouvoirs publics font des efforts pour étaler les vacances et pour faciliter les départs. En 1976 le Gouvernement a lancé la campagne publicitaire de Bison futé, à l'effigie d'un petit Indien qui donne des conseils aux automobilistes sur toutes sortes d'information routière. Ces informations, diffusées à la radio, à la télévision et dans la presse, concernent les itinéraires à choisir, les bouchons à éviter, les centres de dépannage, les médecins de garde et ainsi de suite. « Suivez les conseils de Bison futé » est le slogan publié par le Ministère des Transports. Malgré ces bons conseils, le climat de la France et les vacances scolaires conspirent à contrecarrer les efforts de Bison futé, et les grands départs continuent à poser des problèmes.

Le résultat le plus désastreux de cette folie des vacances n'est pas le nombre d'heures perdues dans les bouchons, ni les campings bondés, ni les plages surchargées : c'est le nombre d'accidents sur les routes françaises. En 1972 il y a eu 16.000 morts sur la route en France, un taux plus élevé que dans tous les autres pays industrialisés. En 1973 l'Assemblée nationale a voté une série de lois destinées à remédier à cette situation critique. Ces lois ont institué pour la première fois en France : (1) une limitation de vitesse (130 km./heure sur les autoroutes); (2) le port obligatoire de la ceinture de sécurité hors des agglomérations urbaines (maintenant obligatoire même dans les villes); (3) le port obligatoire du casque pour les motocyclistes; et (4) l'alcootest pour mesurer le niveau d'alcool dans le sang du conducteur. Ces mesures se sont avérées très efficaces. En quinze ans le taux d'accidents de la route mortels a baissé de 40% (moins de 10.000 morts en 1989). Pourtant, le pourcentage d'accidents mortels reste très élevé : 330 morts par million de voitures (contre 185 aux Etats-Unis).

CONTROLE CONTINU

Le travail

I. Répondez aux questions suivantes :
1. Qui fait partie de la population active ? Qui n'en fait pas partie ?
2. Quels phénomènes ont influencé le caractère de la population active depuis 1945 ?
3. En combien de secteurs peut-on diviser la population active ? Quels sont ces secteurs ?
4. Lequel de ces secteurs est le plus important ? Pourquoi ?
5. Comment la France était-elle divisée au point de vue économique il y a 50 ans ?
6. Combien de catégories socio-professionnelles existent en France ? Citez-en quelques-unes.
7. Quels travailleurs font partie du secteur public ?
8. Quels ont été les effets de la révolution industrielle au XIXe siècle ?
9. Quel type de doctrine est devenu populaire au début du XXe siècle ? Pourquoi ?
10. En quoi le Front Populaire a-t-il changé la condition ouvrière ?
11. Qu'est-ce qui a changé la configuration du Parti Communiste et du Parti Socialiste ? Expliquez.
12. Comment fonctionne l'allocation chômage en France ? Expliquez.
13. Quelles mesures le Gouvernement a-t-il prises pour encourager l'emploi des jeunes ?

II. Identifiez brièvement le rôle des personnes suivantes et la fonction des sigles suivants :
1. Léon Blum
2. Jean Auroux
3. ANPE
4. SMIC

III. Etes-vous d'accord ? Sinon, expliquez pourquoi :
1. Les agriculteurs font partie du secteur secondaire.
2. Le secteur primaire représente 33% de la population active.
3. Parmi les catégories socio-professionnelles, celle des ouvriers est en régression.
4. Les employés du secteur privé ont les mêmes avantages sociaux que ceux du secteur public.

5. L'Etat est le premier patron de France.
6. Les syndicats existent en France depuis la Révolution de 1789.
7. La CGT est le syndicat le plus puissant en France.
8. Le secteur privé possède plus d'employés syndiqués que le secteur public.
9. Les employés du secteur public n'ont pas le droit de grève.
10. Pour recevoir une allocation chômage, il faut avoir travaillé pendant un an au minimum.
11. Les jeunes en France sont très touchés par le chômage.
12. Les CDD permettent, temporairement, aux personnes sans qualifications de trouver un travail.

IV. Eliminez la mauvaise réponse :

1. Les trois zones les plus urbanisées sont
   a) le Nord
   b) l'Ile-de-France
   c) Rhône-Alpes
   d) la Provence-Côte d'Azur
2. Parmi la catégorie des cadres supérieurs et des professions libérales, on trouve
   a) les ingénieurs
   b) les professeurs
   c) les patrons d'entreprise
   d) les architectes
3. De nos jours, tous les salariés en France
   a) bénéficient d'une semaine de travail de 39 heures
   b) ont cinq semaines de congés payés
   c) ont droit à un salaire égal pour travail égal
   d) peuvent prendre la retraite à l'âge de 55 ans
4. Les TUC (travail d'utilité collective)
   a) offrent la possibilité d'un travail à mi-temps
   b) s'adressent aux jeunes de 16 à 21 ans
   c) offrent une possibilité d'emploi pendant un an
   d) permettent aux jeunes de travailler dans le secteur privé

V. Discussion

1. Dégagez les caractéristiques principales de la population active en France.
2. Discutez du rôle de l'Etat et des syndicats vis-à-vis des conditions de travail en France. Qui a eu le plus d'influence ? Justifiez votre point de vue.
3. Comparez la condition ouvrière en France et aux Etats-Unis.

Le temps libre

I. Répondez aux questions suivantes :

1. Quelle est l'attitude des Français vis-à-vis du travail et du temps libre ? Justifiez votre réponse par un exemple.
2. Quelle est la différence entre un jour « férié » et un jour « ouvrable » ? entre un jour férié et une « fête » ?
3. Que font beaucoup de Français si une fête comme la Toussaint a lieu un mardi ?
4. Donnez un exemple de fête « mobile ».
5. Quelles fêtes communes à la France et aux Etats-Unis n'ont pas lieu le même jour ?
6. Pourquoi le mois de juin est-il redouté par certains parents ?
7. En quel mois la moitié des entreprises françaises ferment-elles ? Pourquoi ?
8. Quel est le rôle de la campagne de « Bison futé » ?

II. Etes-vous d'accord ? Sinon, expliquez pourquoi :

1. Le mois de septembre représente le mois de la rentrée professionnelle.
2. Le mois d'octobre représente le mois de la rentrée universitaire.
3. Le mois de novembre est le mois de la rentrée littéraire.
4. La Saint-Sylvestre est fêtée en France.
5. Beaucoup d'écoliers français ont des vacances en février.
6. Les Français offrent du muguet à leurs amis au mois de mars.
7. Le Tour de France commence au mois de juin.

III. Discussion

1. Comparez les fêtes en France et aux Etats-Unis. En quoi diffèrent-elles ? En quoi sont-elles semblables ?
2. Comparez le travail et le temps libre en France et aux Etats-Unis. Donnez des exemples.
3. Y a-t-il des différences entre les loisirs des Français et ceux des Américains ?

Chapitre

LA PROTECTION SOCIALE

Il arrive dans la vie certains événements qui peuvent compromettre la sécurité financière des gens : la naissance des enfants, la mort d'un époux ou d'une épouse, la maladie, la perte d'un travail, etc. Ces événements peuvent entraîner des frais médicaux considérables, ou un manque de revenus, ou bien les deux en même temps. L'ensemble des mesures qui servent à garantir la sécurité financière des citoyens en les protégeant contre ces « risques » de la vie s'appelle la protection sociale. Comme tous les pays de la Communauté européenne, la France attache une grande importance, et accorde une grande partie de son budget, à la protection sociale. La protection sociale peut se définir comme la responsabilité collective de la part de l'Etat vis-à-vis des citoyens. Elle est donc basée sur le principe de la solidarité nationale.

Un peu d'histoire

Les premières mesures de protection sociale concernaient la classe ouvrière et relevaient du mouvement syndical pendant la révolution industrielle. Il s'agissait de protéger les ouvriers, qui vivaient dans la misère et dont la sécurité financière était très fragile. C'est la Troisième République, nourrie de doctrines socialistes, qui a pris ces premières mesures. Dès 1898 les frais encourus par les accidents du travail ont été mis à la charge des employeurs. En 1910 une loi a établi un système de retraite pour les ouvriers et les paysans, deux groupes qui n'avaient pas les moyens de pourvoir à leur subsistance pendant la vieillesse. Dans les années 20, la CGT s'est mobilisée contre le patronat en faveur de la protection sociale pour ses syndiqués. Pourtant, la notion moderne de protection sociale, liée à la politique nataliste, a ses origines dans les années 1930. Les raisons qui expliquent son développement à cette époque sont les suivantes :

(1) La Première Guerre mondiale : dans la guerre de 1914, la France a perdu plus d'un million d'hommes, et ce massacre a eu des consé-

quences désastreuses pour la population française. Les années 20 ont témoigné d'une baisse de la natalité à cause de la haute mortalité provoquée par la guerre. Il fallait faire quelque chose pour encourager la natalité. Le gouvernement a donc pris plusieurs mesures natalistes. Par exemple, la législation de 1920 a réprimé l'avortement.

(2) La crise économique des années 30 : celle-ci a provoqué une grande pauvreté et un taux élevé de chômage. Il y a eu une augmentation du nombre des personnes âgées, qui étaient souvent sans ressources. A cette époque-là il y a eu aussi une augmentation de la mortalité, à cause de certaines maladies graves, telle que la tuberculose, et à cause d'une forte mortalité infantile.

La dénatalité engendrée par la guerre et la misère provoquée par la crise économique sont donc les deux phénomènes qui ont contribué à la conviction en France qu'il fallait une protection sociale. Les gouvernements des années 30 ont compris qu'il fallait toute une série de lois sociales pour répondre à ces problèmes. En 1930 les premières assurances sociales ont été mises en place. Ces assurances couvraient la maladie, la maternité, l'invalidité, la vieillesse et le décès. L'année 1932 marque le début de la politique nataliste, avec les premières allocations familiales.

En 1945–46, après la guerre, les trois « branches » (les Assurances sociales, les Accidents du travail et les Allocations familiales) ont été réunies en un système compréhensif de protection sociale qui s'appelle la Sécurité sociale. Les buts de la Sécurité sociale étaient de créer une redistribution des revenus, pour aider les « économiquement faibles », et d'encourager la natalité. Le droit à la protection sociale figure dans la constitution de la Quatrième République comme dans celle de la Cinquième :

> La nation assure à l'individu et à sa famille les conditions nécessaires à leur développement. Elle garantit à tous, notamment à l'enfant, à la mère, au vieux travailleur, la protection de la santé, de la sécurité matérielle, le repos et les loisirs. Tout être qui, en raison de son âge, de son état physique ou mental, de la situation économique se trouve dans l'incapacité a le droit d'obtenir de la collectivité des moyens convenables d'existence.

Instituée d'abord pour les salariés uniquement, la Sécurité sociale a été peu à peu étendue, et depuis 1978 elle couvre l'ensemble de la population résidant en France. Depuis 1977 elle est dirigée par le Ministère de la Santé. Nous allons discuter de chaque branche séparément.

I. *Les Assurances sociales*

Cette branche comprend cinq sortes d'assurances :

(1) L'*Assurance maladie* est basée sur le principe que tout individu, quels que soient ses revenus, a droit à la santé et aux soins médicaux (principe qui n'existe pas encore aux Etats-Unis). Cette assurance est régie par trois doctrines fondamentales :

a) La médecine libérale : chaque médecin a le droit d'exercer librement sa profession, et chaque malade a le libre choix du médecin. Pourtant, les tarifs sont fixés par convention entre les syndicats des médecins et la Sécurité sociale. La grande majorité des médecins français (99%) sont « conventionnés », c'est-à-dire qu'ils adoptent les tarifs fixés. D'ailleurs, à l'échelle américaine, les tarifs ne sont pas chers : le tarif conventionné d'une consultation en 1990 était à 90 francs, et celui d'une visite à domicile était à 125 francs.

b) La participation financière des travailleurs : chaque travailleur « cotise », c'est-à-dire qu'il contribue une portion de son salaire pour financer les assurances. Cette contribution est obligatoire. Les patrons cotisent, eux aussi, pour chacun de leurs employés. Le taux des cotisations est proportionnel aux salaires, mais les prestations (c'est-à-dire les remboursements) sont les mêmes pour tous. Aux Etats-Unis, où les assurances sont privées, il faut cotiser pour être assuré. En France, même ceux qui ne peuvent pas cotiser (les orphelins, les étudiants, les chômeurs) sont assurés.

c) Le « ticket modérateur » : c'est la partie des frais restant à la charge de l'assuré, la partie qui n'est pas remboursée. (Au début c'était vraiment un ticket, que l'on achetait aux bureaux de la Sécurité sociale et que l'on remettait au médecin.) Le but du ticket modérateur est de modérer l'usage et d'empêcher les abus, puisque le malade doit payer une partie des frais lui-même. Normalement, chaque assuré doit payer les frais de la consultation et des médicaments directement au médecin ou au pharmacien. Ensuite, pour se faire rembourser (75% des frais en général), il doit remplir une feuille de soins, fournie par le médecin, et envoyer ce papier à la Sécurité sociale. Cependant, il peut éviter l'avance d'argent en achetant ses médicaments dans une pharmacie conventionnée. Dans ce cas-là il y a le « tiers payant », c'est-à-dire que les frais sont payés directement par la « Sécu » à la pharmacie, et l'assuré ne doit payer que le ticket modérateur. Pour les grands frais, tel que le séjour à l'hôpital, les opérations chirurgicales jugées nécessaires et les médicaments nécessaires pour certaines maladies graves comme le cancer et le SIDA, il n'y a pas de ticket modérateur. Tous les frais sont couverts par le tiers payant, et l'assuré ne doit rien avancer (voir Tableau).

(2) L'*Assurance maternité* prend en charge tous les frais d'accouchement (à 100%), et comprend quatre examens pré-nataux et un examen post-natal pour la mère (ces examens sont d'ailleurs obligatoires). En France, la santé de la mère et de son bébé est vraiment une affaire d'Etat. Si la mère doit prendre congé de son travail pour donner naissance, elle reçoit une indemnité de travail (90% de son salaire, jusqu'à un «plafond» ou somme maximum) pendant un maximum de 16 semaines (à partir du troisième enfant, c'est un congé de six mois). Si elle décide d'allaiter son bébé, elle reçoit aussi une prime d'allaitement pendant quatre mois, parce que l'allaitement est jugé très sain pour le bébé.

(3) L'*Assurance invalidité* prend en charge tous les travailleurs qui ne sont plus capables d'exercer leur profession à cause d'une maladie ou d'un accident. Tous les frais médicaux sont payés à 100%, et les invalides reçoivent une pension jusqu'à l'âge de 60 ans, âge où ils sont pris en charge par l'assurance vieillesse.

(4) L'*Assurance vieillesse* concerne les gens qui quittent le travail à 60 ans et qui prennent la retraite (comme la «Social Security» aux Etats-Unis). La retraite est calculée à partir de leur salaire, jusqu'à un plafond. Comme aux Etats-Unis, les cotisations de la population active servent à financer les retraites des personnes âgées. Cette assurance représente la partie la plus chère du système (37% des dépenses du budget social).

(5) L'*Assurance décès* verse une prestation mensuelle à un époux, une épouse ou des enfants qui dépendaient financièrement d'une personne qui est morte.

Les Assurances sociales sont la seule branche de la «Sécu» qui est financée par les cotisations des salariés et par celles du patronat. Les deux autres branches sont financées par le patronat seul.

● Tableau : La Securite Sociale ●

I. Assurances sociales (financées par les salariés et par le patronat)
   (1) Assurance maladie
        75% honoraires des médecins (fixés par convention)
        40–70% pharmacie (100% pour les médicaments indispensables, tiers payant)
        75% dentiste et oculiste
        80% hospitalisation (dans un hôpital public ou une clinique privée, tiers payant)
        100% opérations chirurgicales nécessaires, tiers payant
   (2) Assurance maternité
        3 examens pré-nataux et 1 examen post-natal
        100% tous les frais d'accouchement
        indemnité de travail (maximum 16 semaines, 6 mois à partir du 3e enfant)
        prime d'allaitement (4 mois)
   (3) Assurance invalidité (incapacité professionnelle pour une raison médicale)
        100% tous les frais médicaux
        pension jusqu'à l'âge de 60 ans
   (4) Assurance vieillesse
        retraite calculée à partir du salaire
        majoration de dix pour cent pour celles et ceux qui ont eu une famille nombreuse (trois enfants ou plus)
   (5) Assurance décès
        pension versée aux personnes dépendantes de la personne décédée

II. Accidents du travail (financé par le patronat seul)
    100% tous les frais médicaux
    indemnité de travail jusqu'à la récupération de la victime

III. Allocations familiales (financées par le patronat seul)
    (1) allocations pour compenser la naissance des enfants (non soumises à une condition de ressources)
    (2) allocation de frais de garde
    (3) allocation de rentrée scolaire
    (4) allocation parentale d'éducation
    (5) allocation d'éducation spéciale pour les handicapés
    (6) allocation de logement
    (7) allocation de parent isolé

(voir fin, page suivante)

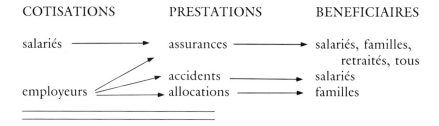

II. *Les Accidents du travail*

Cette assurance est entièrement payée par les employeurs (le salarié ne cotise donc pas). Tous les frais médicaux sont payés à 100%, en cas d'accident ou de maladie professionnelle. Il y a l'existence du tiers payant (les frais n'ont pas à être avancés). Pour compenser de la perte des revenus, la victime reçoit une indemnité de travail journalière jusqu'au moment de sa récupération.

III. *Les Allocations familiales*

Les allocations familiales sont des prestations payées en compensation de la naissance d'enfants. Certaines allocations sont versées sans conditions de ressources financières, c'est-à-dire que toutes les familles, riches ou pauvres, les reçoivent. Par exemple :

(1) Il y a une allocation pour chaque jeune enfant, payée à toutes les familles, que les parents soient mariés ou non. Celle-ci est payée à partir du cinquième mois de grossesse jusqu'au troisième mois de l'enfant (en 1992 cette allocation était 882 francs par mois);

(2) Une allocation est payée mensuellement à toute femme qui a à charge au moins deux enfants âgés de moins de 17 ans (voir le chapitre 7);

(3) Une allocation parentale d'éducation est payée au parent qui suspend son travail pour élever un enfant, pour compenser son manque de revenu; elle est payée à partir du troisième enfant et jusqu'à ses trois ans (2.738 F. par mois en 1992);

(4) Une allocation de frais de garde rembourse le coût de la garde des enfants âgés de moins de trois ans, quand les deux parents travaillent;

Dans une pharmacie conventionnée on ne paie que le « ticket modérateur ».

l'Etat se charge d'assurer une place à la garderie pour les enfants dont les parents travaillent.

Comme la politique familiale relève d'une inquiétude pour la natalité, les allocations familiales et tout un ensemble d'avantages ont été généralisés à toute la population. Le code reflète un idéal, celui de la famille comptant au moins trois enfants dont la mère reste au foyer. En plus, il y a d'autres prestations familiales qui dépendent du revenu. Par exemple :

(1) Une allocation de rentrée scolaire, payée une fois par an pour compenser les frais de la rentrée de chaque enfant à l'école (384 F. par enfant en 1992);

(2) Une allocation d'éducation spéciale, payée pour compenser les frais entraînés par un enfant handicapé (615 F./mois par enfant en 1992);

vraies questions
vraies réponses

AFLS - Agence **F**rançaise de **L**utte contre le **S**ida

COMITÉ FRANÇAIS D'ÉDUCATION POUR LA SANTÉ, CFES

(3) Une allocation de parent isolé, payée pour garantir un revenu au parent qui est seul pour élever ses enfants (2.881 F./mois plus 960 F. par enfant en 1992);

(4) Une allocation de logement, payée pour aider une famille à payer son loyer mensuel.

Toutes ces prestations sont exonérées d'impôts, mais elles ne sont payées qu'aux personnes dont les revenus sont au-dessous d'un certain plafond (11.620 F./mois en 1992). Il est important de noter que les prestations familiales égalent en moyenne 35% des revenus disponibles des familles, et jusqu'à 50% dans certaines catégories défavorisées. Depuis 1981, les Socialistes ont augmenté les bénéfices pour les handicapés et pour les personnes âgées.

Le budget social

Comment ce système est-il financé ? Nous avons déjà vu que chaque salarié cotise, et les patrons cotisent pour chaque salarié. Le taux de cotisation varie selon la profession et selon le salaire, mais nous pouvons dire qu'en général le salarié cotise 16–18% de son salaire, tandis que le patron cotise 38–44% du salaire qu'il verse à son employé. A titre d'exemple, prenons un salarié qui gagne sept mille francs par mois :

LES PRESTATIONS FAMILIALES

Allocation pour jeune enfant, allocation parentale d'éducation ou encore prestationassistante maternelle... Ce sont quelques-unes des aides auxquelles vous pouvez prétendre si vous attendez un enfant.

Quand bébé arrive

A. COX/FOTOGRAM STONE

1 L'allocation pour jeune enfant

L'objectif de cette allocation ? Aider les familles à faire face aux dépenses qu'entraîne automatiquement la venue d'un enfant.

Cette allocation concerne toutes les familles, que les parents soient ou non mariés, qu'il s'agisse d'un premier ou d'un deuxième enfant. D'un montant de 831 F par mois, elle est attribuée quelles que soient les ressources du cinquième mois de grossesse jusqu'au troisième mois de l'enfant. Sous condition de ressources à partir du quatrième mois de l'enfant jusqu'à son troisième anniversaire (reportez-vous à notre tableau).

▌ **Une déclaration de grossesse**

Pour obtenir cette aide, vous devrez faire une déclaration de grossesse auprès de votre organisme de Sécurité sociale ou d'allocations familiales avant la fin de la quinzième semaine de grossesse, puis communiquer les certificats correspondant aux examens obligatoires :

● pour la mère, avant la fin du troisième mois de grossesse, au cours du sixième et dans les quinze premiers jours du huitième ;

● pour l'enfant, dans les huit jours suivant sa naissance, au cours du neuvième ou dixième mois et au cours du vingt-quatrième ou vingt-cinquième mois.

Si vous êtes enceinte et percevez déjà une allocation pour jeune enfant, vous toucherez 1 662 F par mois jusqu'au troisième mois du dernier-né, puis 831 F par mois et tant que vous aurez à charge un enfant âgé de moins de trois ans.

Allocation pour jeune enfant : plafond des ressources	
Nombre d'enfants à charge	Revenus de l'année 1989 à ne pas dépasser (*)
1	84 070 F
2	100 884 F
3	121 061 F
4	141 238 F
par enfant en plus	+ 20 177 F

(*) Un abattement dont le montant est de 27 032 F est appliqué sur les ressources des personnes isolées et sur celles des ménages dont les deux conjoints exercent une activité professionnelle.

2 L'allocation parentale d'éducation

Elle est attribuée dès la venue du troisième enfant, et jusqu'à ses trois ans, lorsque l'un des deux parents n'exerce plus ou cesse son activité pour se consacrer à l'éducation de ses enfants.

L'allocation parentale d'éducation (APE) est versée sans conditions de ressources. Pour en bénéficier, il vous faut déposer une demande auprès de votre Caisse d'allocations familiales, et remplir certaines conditions : avoir travaillé au moins deux années dans les dix ans qui précèdent soit la naissance de votre troisième enfant, soit l'adoption ou l'accueil de l'enfant. Et bien entendu cesser totalement votre activité.

A taux plein ou réduit...

Une précision toutefois : vous pouvez prétendre à cette allocation si vous cessez votre activité après la naissance de votre troisième enfant. D'un montant mensuel de 2 578 E l'allocation parentale d'éducation peut être versée jusqu'aux trois ans de l'enfant. Dans ce cas, dès son deuxième anniversaire, le bénéficiaire (le père ou la mère) peut reprendre une activité à mi-temps. Dans ce cas, le montant de son allocation sera alors diminuée de moitié. ∎

3 Pour alléger les frais de garde

Pendant vos heures de travail, vous confiez votre bébé à une assistante maternelle ou vous le faites garder à domicile ? Dans ce cas, vous avez peut-être droit à une aide spéciale.

Pour alléger les frais de garde d'un enfant de moins de trois ans, la Caisse d'allocations familiales verse deux types d'aides : la prestation spéciale assistante maternelle et l'allocation de garde d'enfant à domicile.
Si ces deux prestations diffèrent par leur montant et les conditions d'attribution, elles se rejoignent dans une même condition : le versement d'un salaire à la personne responsable de la garde. Et le règlement à l'URSSAF de l'ensemble des cotisations sociales employeur : celles de la Sécurité sociale, d'un montant forfaitaire, celles du chômage et de retraite complémentaire calculées sur le salaire brut.

La prestation assistante maternelle

A quelle aide financière exactement avez-vous droit ? Si vous êtes déjà allocataire, et confiez à plein temps votre enfant à une assistante maternelle agréé par la DDASS, vous percevez, quelles que soient vos ressources, 1 384 F par trimestre : 692 F par trimestre si vous le faites garder régulièrement à mi-temps, 461 F par mois ou 23 F par jour, ou bien encore 11,50 F par demi-journée, si vous le confiez de manière irrégulière à sa nourrice.
Pour bénéficier de cette prestation, vous devrez remplir certaines formalités. Notamment demander votre immatriculation comme employeur à l'URSSAF dont dépend l'assistante maternelle. Aussitôt que vous aurez payé votre cotisation employeur, l'URSSAF enverra l'attestation d'emploi à votre Caisse, qui procédera au versement de la prestation. Cette dernière est due pour chaque enfant confié à une assistante maternelle.

L'allocation de garde d'enfant à domicile

Si vous optez pour la deuxième solution, vous pourrez bénéficier de l'allocation de garde d'enfant à domicile. Cette aide est attribuée sans condition de ressources à toute personne, allocataire ou non, qui exerce une activité professionnelle suffisante. Et verse chaque trimestre à l'URSSAF la totalité des cotisations sociales dûes sur le salaire de la personne employée.
Notez que le montant mensuel de l'allocation égale celui des cotisations sociales payées à l'URSSAF, dans la limite de 2 000 F par mois (1 000 F si vous bénéficiez déjà de l'allocation parentale d'éducation tout en exerçant une activité à temps partiel).
Pour percevoir cette allocation, vous devrez déposer une demande auprès de votre Caisse d'allocations familiales. Et adresser à l'URSSAF un imprimé spécial auquel vous aurez joint la déclaration nominative trimestrielle ainsi que le règlement des cotisations. Il vous suffira ensuite de renvoyer cet imprimé dûment rempli par l'URSSAF à votre caisse pour que celle-ci procède au règlement chaque trimestre.

A CHARGE... OU PAS ?

Pour les CAF, un enfant est considéré à charge jusqu'à ses dix-sept ans s'il n'exerce pas d'activité professionnelle ou, en cas d'activité, s'il ne gagne pas plus de 55 % du SMIC. Cette limite d'âge est reculée à vingt ans s'il poursuit des études, s'il est apprenti, s'il suit une formation professionnelle, s'il gagne moins de 55 % du SMIC, ou s'il est handicapé.

Evelyne d'Aleyrac

Lundi prochain : quand la famille s'agrandit

Employé :	salaire mensuel		7.000 F.
	cotisations	−	1.260 F. (18%)
	salaire imposable		5.740 F./mois
Employeur :	salaire versé		7.000 F.
	cotisations	+	3.083 F. (44%)
	coût total		10.083 F./mois

La cotisation totale pour cet employé est 4.343 F. par mois, dont plus de 70% est payé par l'employeur. Prenons comme autre exemple un cadre qui gagne dix-neuf mille francs par mois :

Cadre :	salaire mensuel		19.000 F.
	cotisations	−	3.003 F. (16%)
	salaire imposable		15.997 F./mois
Employeur :	salaire versé		19.000 F.
	cotisations	+	7.271 F. (38%)
	coût total		26.271 F./mois

La cotisation totale pour ce cadre est 10.274 F. par mois, dont 70% est payé par l'employeur. Comme ces exemples le montrent, près de trois quarts des cotisations sont à la charge des entreprises. Mais les cotisations ne suffisent jamais à financer le système, et l'Etat doit toujours y contribuer aussi. En réalité, les employeurs financent 55% des dépenses du budget social, les travailleurs 25%, et l'Etat paie le reste (20%).

Le budget social de la France est énorme. Il dépasse toutes les autres dépenses de l'Etat réunies, et il représente une somme égale à 30% du produit national brut—ce qui est à peu près la moyenne du budget social de l'ensemble des pays de la Communauté européenne. Les dépenses de la France pour la protection sociale sont plus importantes que celles de l'Allemagne et de l'Angleterre, et nettement supérieures à celles des Etats-Unis (presque tous les pays européens et le Canada ont un système de protection sociale; aux Etats-Unis il y a 35 millions de personnes qui n'ont même pas d'assurance-maladie). Le résultat est que le taux de mortalité infantile est bien inférieur en France qu'en Allemagne, en Angleterre et aux Etats-Unis. Pourtant, la protection sociale continue à poser des problèmes de financement en France, dûs surtout à l'augmentation progressive du coût des soins médicaux et aussi au vieillissement de la population. Depuis des années, le déficit de la «Sécu» devient un sujet des débats politiques. Pour les salariés, les cotisations constituent le prélèvement obligatoire le plus important, et les Français s'en plaignent. Mais pas trop : s'ils n'aiment pas les cotisations, ils estiment que les prestations sociales sont un droit, et ils y tiennent. Les sondages révèlent que les Français sont attachés de façon permanente à la Sécurité sociale et qu'ils croient à l'Etat-providence. Ils acceptent l'idée que le système est déficitaire, mais ils sont tout à fait hostiles à toute augmentation des cotisations et à toute baisse des prestations. Ils rêvent de maintenir le niveau de protection sans augmenter les cotisations : c'est l'Etat qui doit payer. Comme nous l'avons déjà vu, les Français critiquent souvent l'Etat, mais ils en attendent tous les avantages. Aucun homme ou femme politique, de droite ou de gauche, n'envisagerait de toucher à la sacrée «Sécu» : il y a un consensus politique sur la notion de protection sociale.

Le troisième âge

Tandis que la proportion des jeunes dans la population française diminue, la proportion des personnes du «troisième âge,» ceux qui ont plus de 65 ans, augmente grâce à une plus longue espérance de vie (81 ans pour les Françaises, 72 ans pour les Français). Le 3e âge représente actuellement sept millions de personnes, soit 14% de la population française. Cette augmentation du nombre de personnes âgées aggrave le déséquilibre entre la population active (43%) et non-active (57%), et la seconde doit être soutenue par la première. Malheureusement, ce sont les personnes âgées qui ont souvent les ressources financières les plus faibles. Voilà pourquoi l'Etat leur consacre 37% du budget social. En plus de l'assurance vieillesse (la retraite), les personnes âgées bénéficient de toute une série d'aide sociale. Titulaires de la «Carte Vermeil», qui prouve leur appartenance à ce groupe, les personnes du 3e âge reçoivent des réductions pour les transports publics. Ils sont exonérés de certaines taxes (si leurs revenus ne dépassent pas un certain plafond). Pour ceux qui n'ont pas de gros revenus, l'installation téléphonique est gratuite. Ceux-ci peuvent recevoir une allocation logement pour les aider à payer leur loyer, et une aide ménagère (se faire aider par quelqu'un qui fait les courses, prépare les repas, fait le ménage, etc.). Enfin, l'Etat et les collectivités locales ont créé des restaurants du 3e âge pour fournir des repas à frais réduits, et des clubs du 3e âge qui effectuent des activités de distraction artisanale, touristique, etc.

| CONTROLE CONTINU |

I. Répondez aux questions suivantes :
1. En quoi consistait la protection sociale à la fin du XIXe siècle et au début du XXe siècle ?
2. Quelles sont les raisons qui ont contribué à la mise en place d'un système de lois sociales ?
3. Quels étaient les buts de la Sécurité sociale ?
4. Qui peut bénéficier de la Sécurité sociale ? Depuis quelle année ?
5. Quels types de prestations les Assurances sociales comprennent-elles ?
6. En quoi consistent les allocations familiales ?
7. Quel est le but du ticket modérateur ?
8. Que veut dire le « tiers payant » ?

II. Eliminez la mauvaise réponse :
1. Dans le cas de l'assurance maladie, chaque assuré
   a) est remboursé à 100% en cas de maladie grave.
   b) doit aller chez un médecin conventionné.
   c) reçoit les mêmes prestations.
   d) doit normalement payer un ticket modérateur.
2. Comment le système des cotisations fonctionne-t-il ?
   a) Le taux des cotisations est proportionnel au salaire.
   b) Tout travailleur est obligé de cotiser à la Sécurité sociale.
   c) Tout patron est obligé de cotiser pour ses employés.
   d) Les personnes qui ne peuvent plus cotiser ne sont plus assurées.
3. Les prestations comme l'allocation de rentrée scolaire
   a) ne sont pas imposables.
   b) dépendent du revenu.
   c) sont uniquement versées aux familles d'au moins trois enfants.
   d) font partie de la branche des allocations familiales.
4. Les médecins conventionnés
   a) sont des fonctionnaires.
   b) peuvent exercer librement leur profession.
   c) adoptent les tarifs fixés par les syndicats et la Sécurité sociale.
   d) représentent la grande majorité des médecins français.

III. Etes-vous d'accord ? Sinon, expliquez pourquoi :
1. La solidarité nationale est à la base de la protection sociale. *oui*
2. Les allocations familiales datent des années 1930. *oui*

3. Dans une pharmacie conventionnée, on ne doit payer que le ticket modérateur. *Oui*
4. Les mères de famille qui prennent congé de leur travail pour donner naissance ont droit à une indemnité. *Oui*
5. La partie la plus chère du budget social est l'assurance maladie. *Non*
6. Les salariés et le patronat financent les trois branches de la Sécurité sociale. *Oui*
7. Le budget social de la France représente à peu près un tiers du produit national brut. *Oui*
8. Les Français estiment que le système de la Sécurité sociale est tout à fait normal. *Oui*

IV. Discussion

1. Discutez des grandes lignes de la Sécurité sociale.
2. Que signifie la phrase, «La protection sociale est basée sur le principe de la solidarité nationale»?
3. Que pensez-vous du système de la Sécurité sociale? Un tel système pourrait-il exister aux Etats-Unis? Pourquoi (pas)?

*Quatrième
Partie*

LA VIE
CULTURELLE

Chapitre

LES LANGUES DE FRANCE

Les langues régionales

Le titre de ce chapitre peut surprendre. La langue de la France c'est le français, n'est-ce pas ? Oui, bien sûr, mais ce n'est pas la seule. En fait, il y a sept autres langues ou dialectes qui se parlent en France depuis longtemps et encore aujourd'hui. Ceux qui parlent ces langues constituent des minorités linguistiques à l'intérieur de l'Hexagone. On les appelle quelquefois les minorités « hexagonales » pour les distinguer des immigrés. Les langues régionales sont parfois le prétexte que ces minorités hexagonales utilisent pour protester contre l'hégémonie parisienne et la centralisation jacobine. Les sept langues régionales de France sont les suivantes :

(1) L'*occitan* : Dans le sud de la France il y a un très grand nombre de personnes qui parlent occitan. L'occitan n'est pas un dialecte (une variation régionale) du français. C'est une langue romane, c'est-à-dire une langue dérivée du latin, au même titre que le français, l'italien et l'espagnol. Les Français du nord qui descendent par exemple dans le Midi ne comprennent pas du tout ce « patois », qu'ils considèrent très souvent être un français mal parlé. Beaucoup de Français du nord reconnaissent l'occitan comme la langue médiévale des troubadours, mais ils sont persuadés que cette langue ne se parle plus. Dans chaque province de la moitié sud de la France on trouve des dialectes de l'occitan, c'est-à-dire des variations régionales : par exemple, le gascon se parle en Gascogne, le languedocien en Languedoc, le provençal en Provence, etc.

(2) Le *catalan* : Une autre langue romane, le catalan, se parle dans la partie orientale des Pyrénées, en France aussi bien qu'en Espagne, à Perpignan aussi bien qu'à Barcelone. Le catalan se parle dans une province qui franchit la frontière espagnole et qui s'appelle « Catalunya » (la Cata-

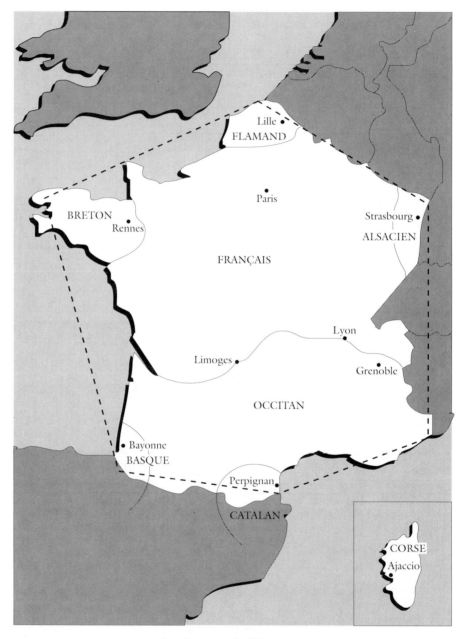

Les Langues de l'Hexagone

logne). La partie française de cette province, où se trouve Perpignan, s'appelle le Roussillon.

(3) Le *corse* : En Corse on parle corse, un dialecte de l'italien. La Corse était italienne jusqu'en 1768, année où elle a été annexée par la France. L'année suivante, en 1769, Napoléon Bonaparte est né à Ajaccio, capitale de la Corse, ce qui fait que le grand empereur de France ne fut français que par hasard. Il y a un mouvement autonomiste assez important dans cette île : cela veut dire que certains Corses, conscients de leurs différences culturelles, réclament leur indépendance. Comme le français, l'occitan et le catalan, le corse est d'origine latine.

(4) Le *basque* : Il y a aussi quatre langues non-romanes qui se parlent en France, et celles-ci se trouvent dans des régions excentriques, c'est-à-dire loin du centre, à la périphérie du pays. Dans la partie occidentale des Pyrénées, en France comme en Espagne, on parle basque. Le basque est une langue d'origine inconnue et qui n'est apparentée à aucune autre langue en Europe. Le pays basque en France se trouve dans la

Des graffiti en catalan à Perpignan.

province du Béarn, dont la plus grande ville est Bayonne. Les Basques appellent leur pays «Euzkadi», et certains Basques réclament une indépendance pour ce pays qui chevauche la frontière espagnole.

(5) Le *breton* : Dans la grande province de la Bretagne, et surtout dans l'extrême ouest de la presqu'île, autour de la ville de Brest, on parle breton. Le breton est une langue celtique, une langue apparentée à celles qu'on parle en Ecosse, au pays de Galles (en Grande-Bretagne) et aussi en Irlande. Les Bretons, venus de Grande-Bretagne, se sont installés en Gaule au Ve siècle, et pendant longtemps ils ont gardé leur civilisation celtique. La Bretagne est restée isolée de la France pendant tout le Moyen Age, et même aujourd'hui il y a des Bretons qui affichent leur différence et expriment un sentiment autonomiste vis-à-vis de Paris.

(6) Le *flamand* : Dans l'extrême nord de la France, autour de la ville de Dunkerque et près de la frontière belge, se trouve le «Westhoek», la Flandre maritime. Là, on parle flamand, un dialecte du néerlandais qui est une langue germanique apparentée à l'allemand et à l'anglais. Le flamand et le français sont les deux langues officielles de la Belgique.

(7) L'*alsacien* : L'Alsace est la province qui se trouve entre le Rhin et les Vosges. Elle a été annexée par les Allemands en 1870, rendue à la France en 1918 après la Première Guerre mondiale, et annexée de nouveau pendant la Deuxième Guerre mondiale. L'alsacien est un dialecte de l'allemand, et à Strasbourg on le parle aussi souvent que le français. Plus de la moitié des Alsaciens regardent la télévision allemande. Malgré l'histoire de cette province, ou peut-être à cause de celle-ci, il n'y a aucun mouvement autonomiste comme ceux qui existent en Corse, en Bretagne et dans le pays basque. Pour les Alsaciens, c'est peut-être le souvenir de la brutalité des Nazis, pendant la guerre, qui a renforcé leur sentiment d'être français (les Nazis leur avaient interdit de parler français). En tout cas, l'Alsace veut apparemment rester française. Et pourtant, les Alsaciens sont très fiers de leur différence, de leur culture particulière. Les dernières années ont vu un retour à une identité alsacienne dans les arts et dans la littérature (chansons, poèmes, pièces de théâtre).

Une des raisons qui explique la survivance de ces langues aujourd'hui, c'est que les provinces où elles se parlent encore sont devenues françaises assez tardivement. Tandis que la plupart des provinces ont été annexées par les Capétiens au Moyen Age, celles où d'autres langues coexistent avec le français sont restées séparées de la France plus longtemps. Le tableau suivant montre les époques de l'annexation des dernières provinces à la France.

XVIe siècle :	le Limousin
	l'Auvergne
	le Béarn
	la Bretagne
XVIIe siècle :	le Roussillon
	la Flandre
	l'Alsace (ensuite allemande entre 1870 et 1918, et entre 1940 et 1944)
XVIIIe siècle	la Corse
XIXe siècle	la Savoie

Dans la France contemporaine il y a beaucoup de gens qui parlent ou qui comprennent ces langues :

l'occitan	8 millions	le corse	200.000
l'alsacien	1,5 millions	le catalan	200.000
le breton	1 million	le basque	100.000
		le flamand	100.000

Mais ces personnes sont toutes bilingues, c'est-à-dire qu'elles parlent aussi français. Le français est depuis longtemps la langue officielle du pays, mais cela n'a pas toujours été le cas. Pour comprendre l'ascendant progressif du français en France, il faut remonter dans l'histoire.

Un peu d'histoire

Quand les Romains sont arrivés en France au premier siècle avant Jésus-Christ, ils ont trouvé ce pays (qu'ils appelaient la Gaule) habité par des tribus celtiques, de grands guerriers et, en temps de paix, de grands cultivateurs. La Gaule a été vaincue par les Romains et annexée à l'empire romain. Les Gaulois se sont assez rapidement assimilés à la civilisation romaine et ils ont adopté la langue de l'empire, le latin. Les Français aujourd'hui considèrent les Gaulois comme leurs ancêtres, mais en ce qui concerne leur langue ils sont bien plus redevables aux Romains, puisque le français est dérivé de la langue latine. Il subsiste, en français moderne, quelques mots de cette langue celtique que parlaient les Gaulois, et la plupart de ceux-ci ont rapport à la vie rurale et agricole : *bruyère, chêne, mouton, bouc, charrue*. Mais c'est la langue latine qui s'est imposée en Gaule.

Au Ve siècle le nord de la Gaule a été envahi par les Francs, des tribus germaniques. Les Francs ont établi une monarchie dans ce pays qu'ils appelaient la France. Un peuple guerrier, les Francs ont pu imposer leur pouvoir militaire, mais non pas leur pouvoir linguistique : ils ont fini par adopter la langue latine, telle qu'elle se parlait en Gaule à cette époque-là (les Bretons, qui se sont installés en Gaule à la même époque, n'ont pas adopté le latin mais ont gardé leur civilisation celtique). Voilà ce qui explique pourquoi le français moderne est une langue romane et non pas germanique. Néanmoins, il y a des mots français qui sont d'origine franque, et ceux-ci ont surtout rapport à la guerre : *maréchal, baron, garde, guerre, heaume* (et bien entendu, *France* et *Français*). La langue parlée dans le nord de la France pendant les cinq siècles de l'époque franque s'appelle le roman : c'est essentiellement le latin, mais légèrement influencé par la langue germanique des Francs.

Au IXe siècle l'empire de Charlemagne a été partagé entre ses trois petits-fils. Ce partage de l'empire a provoqué une guerre entre les trois frères. En 842, deux des frères (Charles, roi de France, et Louis, roi d'Allemagne) se sont réunis avec leurs armées à Strasbourg pour former une alliance contre leur frère Lothaire. Louis a prononcé son serment en langue romane, pour être compris par l'armée de Charles. Charles, pour être compris par l'armée de Louis, l'a répété en langue germanique. La ville de Strasbourg représentait donc, déjà à cette époque-là, une sorte de barrière linguistique entre la France et l'Allemagne. Le document de ces *Serments de Strasbourg*, écrit en roman en 842, constitue le premier texte « français » conservé. En voici un extrait, avec la traduction en français moderne :

Pro Deo amur et pro christian poblo et nostro commun saluament, d'ist di in avant, in quant Deus savir et podir me dunat, si salvarai eo cist meon fradre Karlo, et in aiudha et in cadhuna cosa....

Pour l'amour de Dieu et pour le salut commun du peuple chrétien et le nôtre, à partir de ce jour, autant que Dieu m'en donne le savoir et le pouvoir, je soutiendrai mon frère Charles de mon aide et en toute chose....

Les langues ne sont jamais statiques et elles continuent toujours à évoluer. Au début de l'époque féodale, le roman s'est morcellé en dialectes selon les provinces : on parlait francien en Ile-de-France, normand en Normandie, champenois en Champagne, etc. L'ensemble de ces dialectes qui se parlaient dans le nord s'appelle la langue d'oïl (« oïl » signifiait « oui »). Dans le sud de la France, où la langue n'avait pas subi les mêmes influences, l'ensemble des dialectes (le gascon, le languedocien, le provençal, etc.) s'appelle la langue d'oc (« oc » signifie « oui » en occitan). Ces deux langues étaient très différentes. La *Chanson de Roland*, texte écrit au XIIe siècle en langue d'oïl, ou en ancien français, commence ainsi :

> Carles li reis, nostre emperere magnes,
> Set anz tuz pleins ad estét en Espaigne.
> Tresqu'en la mer cunquist la tere altaigne.

> (Charles le roi, notre grand empereur,
> Sept ans tous pleins est resté en Espagne.
> Jusqu'à la mer il a conquis la terre hautaine.)

Vers la même époque, le troubadour Guillaume d'Aquitaine a écrit des chansons en langue d'oc, dont voici un extrait :

> Compaigno, non puosc mudar qu'eo no m'effrei
> De novellas qu'ai auzidas e que vei,
> Qu'une domna s'es clamada de sos gardadors a mei.

> (Compagnons, je ne peux me défendre de quelque effroi
> A propos des nouvelles que j'ai entendues et vues,
> Qu'une dame en appelle à moi de ses gardiens.)

La langue d'oc, « langue des troubadours », avait plus de prestige littéraire que la langue d'oïl jusqu'au XIIIe siècle. Elle a perdu de l'importance quand le Languedoc a été rattaché au royaume de France. C'est le francien, dialecte de l'Ile-de-France, qui est devenu le français standard, langue nationale du pays, au cours des siècles. Ce dialecte a gagné du terrain sur tous les autres, pour des raisons politiques et littéraires. Le francien était le dialecte des rois de France et de la capitale du royaume, Paris. L'Ile-de-France était le domaine royal, ainsi cette province avait un avantage politique sur les autres. Les écrivains du Moyen Age reconnaissaient un certain privilège des textes littéraires écrits en francien sur ceux qui étaient écrits en normand ou en champenois. Pour ces raisons, le dialecte qui se parlait en Ile-de-France jouissait d'un certain prestige au cours du Moyen Age. Au fur et à mesure que la monarchie devenait plus prestigieuse et plus puissante, la centralisation politique imposait le francien (devenu le français) comme langue du royaume. En 1539 le roi François Ier a décrété, par l'Ordonnance de Villers-Cotterêts, que la langue française serait désormais la langue officielle de la France, utilisée dans tous les documents du royaume.

C'est au cours du XVIIe siècle, époque de la littérature française «classique», que le français est devenu une langue uniforme et «standard». L'Académie française, fondée en 1635, a été chargée par le roi d'écrire une grammaire et un dictionnaire pour codifier la langue. Malgré l'Ordonnance de Villers-Cotterêts, la monarchie de l'Ancien Régime était assez tolérante envers la diversité linguistique. Ainsi, le français était la langue officielle du pays, mais les habitants du sud de la France continuaient à s'exprimer en occitan. Quand le dramaturge Jean Racine a fait un voyage dans le Languedoc au XVIIe siècle, il s'est étonné de ne pas pouvoir comprendre les habitants de cette province. Dans une lettre adressée à son ami Jean de la Fontaine, à Paris, Racine écrit : «Je vous jure que j'ai autant besoin d'interprète, qu'un Moscovite en aurait besoin dans Paris.» Au début de la Révolution, en 1789, cette situation n'avait pas changé : deux tiers des habitants de la France ne comprenaient pas le français. La Première République, par contre, était bien moins tolérante de cette diversité. Selon un député de la Convention, il fallait supprimer les langues régionales, «jargons barbares et idiomes grossiers qui ne peuvent servir que les contre-révolutionnaires». Ce sont les Jacobins qui ont cherché à imposer une unification linguistique, en déclarant que tous ceux qui ne parlaient pas français étaient des ennemis de la République. Au cours du XIXe siècle, le lycée, création de Napoléon, est devenu l'instrument de l'unification linguistique : peut-être plus que toute autre institution, le lycée, en dispensant une instruction uniquement en français, a créé une langue nationale en France. La progression du français dans toutes les régions a été renforcée, au cours du XXe siècle, par les médias. Ainsi, à la différence de Racine, le voyageur moderne pourra constater que le français est une langue universelle en France.

Il faut avouer aussi que l'Etat, avec ses tendances centralisatrices, n'a jamais regardé les langues régionales d'un œil favorable. Même au XXe siècle, sous la Troisième République, le «patois» était interdit dans les écoles («patois» signifiait les langues régionales). Quand l'Alsace a été rendue à la France en 1918, le gouvernement a autorisé le bilinguisme dans cette province mais pas ailleurs. Enfin en 1951, sous la Quatrième République, la loi Deixonne a autorisé l'enseignement facultatif des langues régionales dans les écoles et dans les universités.

Et qu'est devenue la langue d'oc ? Eclipsée par le français, elle n'a jamais cessé de se parler dans le Midi de la France. Une renaissance littéraire de l'occitan a commencé à la fin du XIXe siècle, avec un mouvement qui s'appelait le Félibrige. Le chef de ce groupe d'écrivains était Frédéric Mistral, à qui l'on a décerné le Prix Nobel de littérature en 1905 pour ses écrits en occitan. Le Félibrige n'a jamais réalisé son but de regagner le prestige littéraire des troubadours, mais la production littéraire d'ouvrages occitans depuis la

Deuxième Guerre mondiale est impressionnante. Aujourd'hui le centre de ce mouvement est un groupe de linguistes qui travaillent à l'Institut d'Etudes Occitanes, à Toulouse.

La renaissance des langues régionales

On voit donc que depuis près de deux siècles, la République jacobine a tout mis en œuvre pour supprimer les langues régionales. Pour construire une nation unifiée, il fallait imposer la langue française. Même pendant une vingtaine d'années après le vote de la loi Deixonne, l'enseignement de ces langues est resté inexistant. Il n'est donc pas surprenant que les minorités linguistiques aient longtemps vu la langue française comme un symbole de l'oppression de l'Etat. Enfin, à partir des années 1970, avec la création des Régions et l'encouragement d'une identité régionale chez les Français, il y a eu une renaissance de l'intérêt des Français pour leur langue d'origine, accompagnée d'une recherche de leurs «racines» culturelles. Cet intérêt a commencé dans les écoles secondaires. Les élèves peuvent actuellement opter pour une langue régionale plutôt que pour une deuxième langue étrangère comme l'anglais ou l'allemand, et ils peuvent passer une épreuve facultative dans ces langues au baccalauréat. Aujourd'hui, des milliers d'élèves en France suivent des cours dans la langue de leur région. En ordre d'importance, ils étudient l'occitan, le breton, le corse, le catalan et le basque (le flamand et l'alsacien sont considérés comme des variétés de langues étrangères, le néerlandais et l'allemand). Ainsi, depuis les années 70, les élèves peuvent apprendre ces langues à l'école, tandis que leurs grands-parents étaient punis pour avoir parlé ces «patois» pendant la récréation.

La renaissance des langues régionales a aussi des ramifications dans la culture populaire et s'accompagne d'un mouvement vers la décentralisation administrative. De nos jours il y a des chanteurs folkloriques qui font enregistrer leurs disques en occitan, en corse et en alsacien. Il y a un public de plus en plus avide de lire des œuvres littéraires et d'assister à des pièces de théâtre écrites en langues régionales. On peut lire des bandes dessinées en breton ou en occitan. A cela il faut ajouter les efforts de la télévision et surtout de la radio, qui diffusent des émissions en langues régionales.

Dans sa campagne présidentielle de 1981, François Mitterrand a soutenu le régionalisme, «le droit à la différence». Il a préconisé la libre expression de la diversité linguistique et culturelle, tout en s'opposant aux mouvements autonomistes. De la part des pouvoirs publics, il y a encore une certaine méfiance envers ce nouveau régionalisme. Beaucoup de fonctionnaires et de personnalités politiques continuent à penser que la recon-

Statue de Frédéric Mistral à Arles.

naissance de la différence culturelle entraînerait la remise en question de l'Etat, et même l'idée de la France en tant qu'unité culturelle. Il est vrai que l'antagonisme qui existe historiquement entre les collectivités locales et l'Etat centralisé est encore plus exacerbé dans les régions où la langue et la culture ne sont pas celles de Paris. Mais la grande majorité des «régionalistes» ne souhaitent pas la désintégration de la France. Il faut distinguer entre les autonomistes qui vont jusqu'à des actes de terrorisme et les régionalistes, plus nombreux, qui réclament seulement le droit à la différence linguistique et culturelle. Selon ces derniers, on peut être à la fois Basque, ou Breton, ou Alsacien, et Français. La diversité linguistique s'affirme de plus en plus, mais le français reste la langue la plus parlée dans l'Hexagone.

La francophonie

Si la langue française n'est pas la seule qui se parle dans l'Hexagone, toujours est-il que cette langue a largement dépassé les frontières de la France. Le français est parlé aujourd'hui par environ 120 millions de personnes dans une quarantaine de pays sur cinq continents (ceux qui parlent français s'appellent des «francophones»). Pour quelques 100 millions de ces francophones, le français est la langue maternelle, et les autres l'ont appris comme deuxième langue. En Europe, au XVIIIe siècle, le français était devenu une langue internationale. C'était la langue de l'aristocratie dans de nombreux pays, ainsi que celle de la diplomatie et de la culture : Frédéric II, roi de Prusse, et Catherine II de Russie parlaient et écrivaient en français. A cette époque-là, de nombreuses familles aristocratiques en Europe apprenaient le français à leurs enfants et parlaient uniquement français en famille. De nos jours, le français a été largement remplacé par l'anglais comme langue internationale, mais il est indéniable que le français, qui se parle sur tous les continents, demeure une des grandes langues mondiales. Avec l'anglais, le français est utilisé dans les domaines de la diplomatie, du commerce et des arts. C'est une des langues officielles de plusieurs grandes organisations internationales : la Communauté européenne, l'Organisation des Nations Unies (l'ONU), l'Organisation du Traité de l'Atlantique Nord (l'OTAN) et le Comité International des Jeux Olympiques. En Europe, le français est une langue officielle en Belgique, en Suisse, au Luxembourg et dans les principautés d'Andorre et de Monaco. Pour près de six millions d'habitants de ces pays, le français est la langue maternelle.

Le français s'est étendu sur les autres continents à cause du colonialisme. Dès les XVIe et XVIIe siècles, des explorateurs français tels que Cartier, Champlain, Marquette, Joliet et La Salle ont fondé des colonies dans le

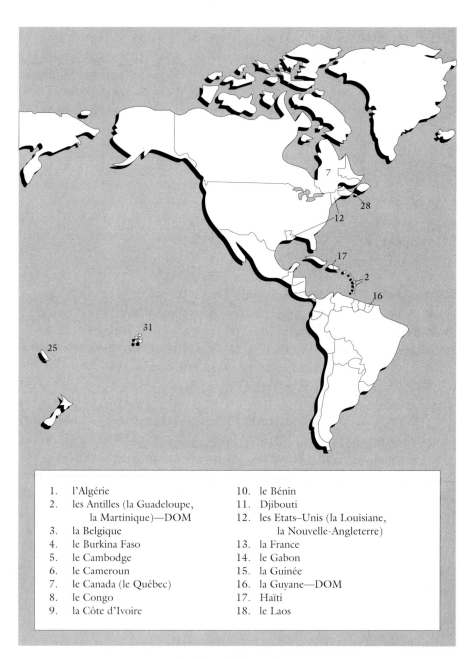

1. l'Algérie	10. le Bénin
2. les Antilles (la Guadeloupe, la Martinique)—DOM	11. Djibouti
	12. les Etats–Unis (la Louisiane, la Nouvelle-Angleterre)
3. la Belgique	
4. le Burkina Faso	13. la France
5. le Cambodge	14. le Gabon
6. le Cameroun	15. la Guinée
7. le Canada (le Québec)	16. la Guyane—DOM
8. le Congo	17. Haïti
9. la Côte d'Ivoire	18. le Laos

Le Monde francophone

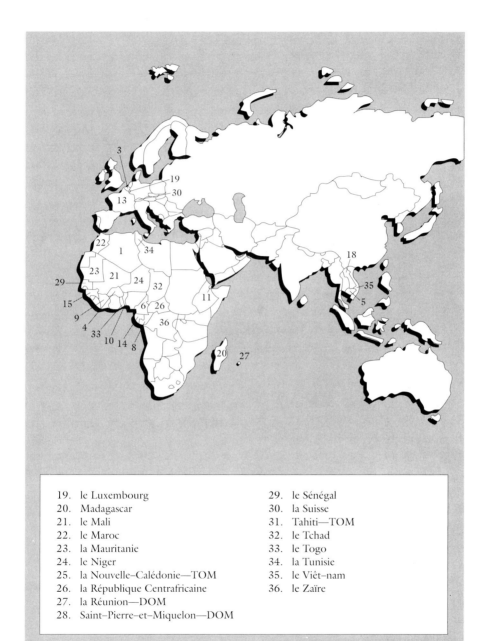

19. le Luxembourg	29. le Sénégal
20. Madagascar	30. la Suisse
21. le Mali	31. Tahiti—TOM
22. le Maroc	32. le Tchad
23. la Mauritanie	33. le Togo
24. le Niger	34. la Tunisie
25. la Nouvelle–Calédonie—TOM	35. le Viêt–nam
26. la République Centrafricaine	36. le Zaïre
27. la Réunion—DOM	
28. Saint–Pierre–et–Miquelon—DOM	

Nouveau Monde—au Canada, en Louisiane (qui comprenait toute la partie centrale des Etats-Unis), en Guyane et dans les Antilles. Mais la France a perdu la plus grande partie de son premier empire colonial : le Canada a été cédé aux Anglais en 1763; Napoléon a vendu la Louisiane aux Etats-Unis en 1803; Haïti est devenue indépendante en 1804. Une deuxième époque d'expansion coloniale a commencé au XIXe siècle, ce qui explique l'implantation de la langue française en Indochine, en Polynésie et surtout en Afrique (dans les pays arabes du Nord et dans l'Afrique « noire » au sud du Sahara). Ce deuxième empire colonial ne s'est pourtant pas accompagné d'une émigration massive de Français. Voilà pourquoi le français est moins une langue maternelle dans ces pays qu'une deuxième langue, c'est-à-dire la langue de l'administration mais non pas la première langue des habitants.

La plupart des pays d'Afrique étaient d'anciennes colonies françaises. La Constitution de 1958 a créé la Communauté française, une association entre la France et ses colonies africaines. Le président Charles de Gaulle a demandé à chaque pays de choisir, par référendum populaire, de faire partie de la Communauté. Seule la Guinée a refusé. Dans les années 1960, pourtant, les colonies africaines ont acquis leur indépendance et la Communauté française a cessé d'exister, mais un grand nombre de ces nouveaux pays ont signé des accords de coopération avec la France. Aujourd'hui le français est la langue officielle de 22 pays d'Afrique au sud du Sahara, et celle des DOM-TOM, qui font toujours partie de la France et qui représentent les seuls vestiges de son ancien empire colonial. Mais ce n'est pas la langue maternelle de la plupart des habitants de ces pays-là. Dans certains pays du Proche-Orient (l'Egypte, le Liban, la Syrie), du Nord de l'Afrique (le Maroc, la Tunisie, l'Algérie) et de l'Asie du Sud-Est (le Viêt-nam, le Cambodge, le Laos), le français n'est pas une langue officielle mais il a un statut privilégié dans l'enseignement.

C'est au Canada qu'on trouve la plus grande concentration de francophones hors de France. Le Canada est officiellement bilingue. Six millions d'habitants (sur 25 millions) sont francophones. Ils se trouvent surtout au Québec et dans les provinces maritimes. Montréal est, après Paris, la plus grande ville francophone du monde, plus grande que Lyon ou Marseille. Aux Etats-Unis, la langue et la culture françaises subsistent encore en Louisiane et en Nouvelle-Angleterre (surtout dans le Maine et le Vermont).

Le terme « Francophonie » désigne l'ensemble des intérêts partagés par les personnes dans le monde qui parlent français, et par conséquent il représente le rayonnement de la culture française. La Francophonie constitue le seul regroupement international au monde qui soit basé uniquement sur la langue. C'est une notion que les Français prennent très au sérieux et dont ils sont très fiers. La France encourage la coopération parmi les associations et les pays francophones. Un ministre du Gouvernement est chargé de la Francophonie. La France fournit une assistance technique, une aide financière et une protection militaire à de nombreux pays francophones, dont la plupart sont en voie de développement. Ces pays bénéficient également de milliers d'enseignants volontaires que la France leur envoie. Entre ces pays et la France il y a des relations privilégiées au plan économique, militaire et culturel. Une organisation privée, l'Alliance française, créée en 1883, a pour objectif la diffusion de la langue et de la civilisation françaises dans le monde au moyen d'associations locales. En 1985, le président François Mitterrand a inauguré à Paris la première réunion du Haut Conseil de la Francophonie, composé de 28 chefs d'Etat de divers pays ayant en commun l'usage de la langue française (dont Léopold Senghor, ancien président du Sénégal et membre de l'Académie française). Le but de cet organisme, qui s'est réuni de nouveau en 1987 au Québec, en 1989 au Sénégal et en 1991 au Zaïre, est de préciser le rôle de la Francophonie dans le monde et de favoriser la coopération interfrancophone. Enfin, il y a la présence de Radio-France Internationale, «la voix de la France», qui propage la langue et la culture françaises sur tous les continents.

CONTROLE CONTINU

I. Répondez aux questions suivantes :

1. Quelles sont les langues régionales qui se parlent en France ?
2. Où ces langues se parlent-elles ?
3. Lesquelles ne sont pas d'origine latine ?
4. Pour quelles raisons les langues régionales ont-elles survécu ?
5. Comment s'appelle l'ensemble des dialectes qui se parlaient dans le nord de la France au début de l'époque féodale ?
6. Comment s'appelle l'ensemble des dialectes qui se parlaient dans le sud à la même époque ?
7. En quoi l'Ordonnance de Villers-Cotterêts a-t-elle eu une importance linguistique ? Expliquez.
8. Quelle a été l'attitude de la Première République vis-à-vis des langues régionales ? Expliquez.
9. En quoi consistait la loi Deixonne ? Sous quelle République a-t-elle été promulguée ?
10. Quel rapport y a-t-il entre les mouvements autonomistes et les langues régionales ?
11. En quoi les médias et l'éducation contribuent-ils à la renaissance des langues régionales ?
12. Quelle a été l'importance linguistique du Félibrige ?
13. En quoi le français est-il une langue internationale ? Pour quelles raisons ?
14. Quelle est l'attitude de la France vis-à-vis des pays francophones ? Expliquez.
15. Citez quelques pays d'Afrique et d'Asie où le français a un statut privilégié dans l'enseignement.

II. Etes-vous d'accord ? Sinon, expliquez pourquoi :

1. L'occitan est un dialecte du français.
2. Le corse est un dialecte de l'espagnol.
3. Le français est la langue officielle de la Belgique.
4. La Corse est une des dernières provinces à être devenue française.
5. Les mots *bouc* et *charrue* sont d'origine celtique.
6. *La Chanson de Roland* est le premier texte « français ».
7. La langue parlée dans le nord de la France pendant l'époque franque s'appelle le roman.
8. Le francien est devenu le français standard.

9. La Troisième République a permis l'enseignement des langues régionales dans les écoles.
10. L'écrivain Frédéric Mistral a contribué à la renaissance de l'occitan.

III. A part le français, quelle langue se parle dans les villes suivantes :
1. Bayonne
2. Strasbourg
3. Ajaccio
4. Brest
5. Dunkerque
6. Toulouse
7. Perpignan

IV. Discussion
1. Pour quelles raisons le dialecte de l'Ile-de-France est-il devenu le français standard ?
2. Discutez la situation des langues régionales depuis les années 70.
3. Expliquez ce que c'est que la « Francophonie » et son origine historique.

Chapitre

LES RELIGIONS EN FRANCE

«La fille aînée de l'Eglise»

Comme on le dit souvent et depuis longtemps, la France est un pays catholique. On appelle la France «la fille aînée de l'Eglise», parce qu'elle a été le premier pays à devenir officiellement catholique. Partout où l'on va en France, on voit des témoignages de la religion catholique qui sont indissolublement associés à son passé historique et culturel : les magnifiques cathédrales gothiques (Notre-Dame de Paris, Reims, Chartres, parmi beaucoup d'autres), les calvaires en Bretagne, la grotte de Lourdes dans les Pyrénées qui attire des millions de pèlerins, et même le nom des rues (le boulevard Saint-Michel, la rue Saint-Nicolas, la place Sainte-Geneviève, etc.). Tous les petits villages en France ont une église. De nombreux écrivains (Pascal, Chateaubriand, Claudel, Mauriac) se sont inspirés du catholicisme dans leurs ouvrages littéraires, et l'on ne peut pas étudier la littérature française sans tenir compte de la culture catholique. En un mot, la religion catholique constitue une des plus riches influences culturelles dans la société française.

● Tableau : Les croyants en France aujourd'hui ●

catholiques baptisés	45.000.000
catholiques pratiquants	8.000.000
musulmans	3.000.000
protestants	950.000
juifs	750.000

Le christianisme

La religion chrétienne a commencé à se propager en Gaule pendant l'époque gallo-romaine. Dès le IVe siècle, St. Martin a évangélisé les campagnes près de Tours, et au Ve siècle Ste. Geneviève a organisé la résistance des Parisiens catholiques contre Attila et les envahisseurs païens. C'est pendant l'époque franque, en 496, que le roi Clovis s'est converti au christianisme et s'est fait baptiser à Reims. A ce moment-là, la France est devenue officiellement un pays catholique, et elle l'est restée, pendant plus de mille ans, jusqu'à la Révolution. En 800, Charlemagne, roi des Francs, s'est fait couronner, par le pape, empereur de tous les chrétiens. Par ce geste, il a institué le principe de la monarchie de droit divin : c'est-à-dire que le roi des Francs était aussi le chef des chrétiens, choisi par Dieu pour gouverner. Il y avait désormais, et jusqu'à la Révolution, une association étroite entre la monarchie française et l'Eglise catholique.

Les premières menaces contre cette hégémonie catholique sont venues du Midi de la France. D'abord, au XIIIe siècle, c'est l'hérésie albigeoise qui s'est manifestée dans le Languedoc et qui a donné aux rois capétiens l'occasion de mener une croisade contre les « hérétiques », de les exterminer et enfin d'annexer le Languedoc au royaume de France. Plus tard, au XVIe siècle, c'est encore le Midi qui a posé une menace à l'Eglise en se ralliant à la Réforme protestante. Toute l'Europe était alors déchirée entre les catholiques qui restaient fidèles à l'Eglise romaine et ceux qui rejetaient certaines de ses doctrines, c'est-à-dire les protestants. Entre 1562 et 1598, la France elle-même a souffert des guerres de religion, qui opposaient les catholiques aux protestants. A la mort d'Henri III de Valois en 1589, la succession royale devait passer à Henri de Navarre, mais celui-ci était protestant. Cette situation a provoqué une guerre civile entre protestants et catholiques, parce que la noblesse ne voulait pas qu'un protestant soit reconnu comme roi de France. Après plusieurs années de guerre sans pouvoir entrer dans Paris, Henri de Navarre, de la famille Bourbon, a décidé de se convertir au catholicisme pour pouvoir accéder à la couronne de France. Il a compris que le royaume de France restait catholique dans sa grande majorité : « Paris vaut bien une messe, » a-t-il dit. Afin de rétablir la paix et la stabilité, le nouveau roi, proclamé Henri IV de Bourbon, a promulgué en 1598 l'Edit de Nantes qui garantissait la liberté religieuse en France. L'Edit de Nantes a accordé aux protestants (appelés les « Huguenots ») la liberté de conscience et l'égalité civile avec les catholiques. Cependant, cette liberté n'a pas empêché leur déclin numérique : le culte protestant ne s'est jamais répandu en France. Pendant le premier siècle de la dynastie des Bourbon, les Huguenots ont été plus ou moins tolérés en France, jusqu'au moment où Louis XIV a révoqué l'Edit de Nantes en 1685. A partir de ce moment-là, plus de 200.000 Huguenots, dont beaucoup étaient des artisans, se sont expatriés en Hollande, en Suisse, en Angleterre, en Prusse et même aux colonies américaines (dans l'état de New York et en Caroline du Sud). Cette émigration a représenté une perte économique pour la France (l'implantation de l'industrie des horloges en Suisse, par exemple, est un résultat de la révocation de l'Edit de Nantes). Voilà des raisons historiques qui expliquent le nombre réduit de protestants en France aujourd'hui (950.000). La plus grande concentration se trouve en Alsace, région qui a été longtemps dans la sphère d'influence allemande.

Ainsi, l'histoire de l'Ancien Régime a été dominée par la présence de l'Eglise catholique. La première grande crise de l'Eglise date de l'époque de la Révolution. Comme l'Eglise s'était toujours associée à la monarchie, elle était automatiquement hostile à la République, et les républicains ont manifesté la même hostilité envers la noblesse et l'Eglise. Même avant l'exécution de Louis XVI, l'Assemblée nationale a vendu la propriété—considérable—de l'Eglise, a aboli les ordres monastiques et a décrété que la religion catholique n'était plus la religion officielle de l'Etat. Plus tard (1793), sous l'influence des Jacobins, la Convention a poursuivi ses projets pour déchristianiser la France. Le calendrier catholique a été remplacé par un calendrier républicain. Beaucoup d'églises ont été saccagées et détruites. Le culte catholique a été remplacé par le culte de l'Etre suprême, une religion non-chrétienne qui reconnaissait l'existence d'un Dieu créateur, et dont Robespierre s'est proclamé le Grand Prêtre. Le peuple français est pourtant resté attaché au christianisme. Une dizaine d'années plus tard, en 1801, le Consul Napoléon Bonaparte a signé un Concordat avec le Vatican : le catholicisme est redevenu la religion officielle de la France (mais la propriété de l'Eglise n'a pas été restituée). En 1804, quand Napoléon s'est fait proclamer empereur de France, il a fait sanctionner son empire par le pape, ainsi que Charlemagne l'avait fait mille ans auparavant. Selon le Concordat, cependant, l'Eglise était clairement subordonnée à l'Etat.

Au cours du XIXe siècle, l'Eglise est demeurée pro-monarchique et anti-républicaine. Voilà pourquoi elle était en bonnes grâces pendant le Premier Empire (Napoléon Ier), la Restauration des rois Bourbon et le Second Empire (Napoléon III). Les catholiques les plus conservateurs étaient hostiles à la Troisième République pendant les vingt premières années du régime (1870–1890). Cette situation a changé en 1890 quand le pape a ordonné aux catholiques français de se rallier à la République. A partir de cette date et jusqu'à nos jours, le sentiment monarchiste n'existera pratiquement plus en France. Si les catholiques français ont commencé à se rallier à la République, les gouvernements de la Troisième République, cependant, ont évolué de plus en plus vers une politique anticléricale (anti-Eglise). D'abord, parce que l'Eglise prendra le parti de la bourgeoisie contre la classe ouvrière (et celle-ci va gagner une grande importance politique pendant la révolution industrielle à la fin du XIXe siècle). Ensuite parce que l'Eglise va se trouver, au tournant du siècle, du mauvais côté d'une controverse célèbre au sujet d'un militaire juif, Alfred Dreyfus.

Le judaïsme

Il y a des juifs en France depuis le Moyen Age, et ils ont toujours été plus ou moins exclus de la société française, et parfois persécutés. En 1791 la Révolution avait proclamé l'émancipation civique et politique des juifs, mais c'est au XIXe siècle que la communauté juive s'est vraiment intégrée à la société française. Les juifs français considéraient la France comme leur patrie. Ils étaient d'ailleurs tellement patriotiques que, quand l'Alsace a été perdue en 1870, un grand nombre de juifs qui habitaient en Alsace sont partis pour la France. Cependant, de nombreux catholiques français ne considéraient pas les juifs comme leurs compatriotes et les traitaient plutôt comme des étrangers, comme un peuple à part. L'antisémitisme a toujours existé en France, mais il a pris un caractère dramatique en 1898 avec l'affaire Dreyfus, une des affaires judiciaires les plus célèbres de l'histoire moderne.

La France avait été vaincue par les Allemands en 1870, et la réputation de l'armée française avait été ternie par cette défaite militaire humiliante. En 1894, le capitaine Alfred Dreyfus a été faussement accusé d'avoir vendu des secrets militaires aux Allemands. En raison d'un document forgé, Dreyfus a été condamné par un conseil de guerre à l'emprisonnement perpétuel en Guyane. Sa famille et ses amis ont crié à l'injustice et n'ont pas cessé de militer en sa faveur, mais l'armée, qui voulait protéger son prestige à tout prix, est restée intransigeante. En 1898, le célèbre romancier Emile Zola a publié dans le journal *L'Aurore* une lettre ouverte au Président de la République. Dans cette lettre intitulée « J'accuse », Zola dénonçait l'antisémitisme des officiers de l'armée, ainsi que l'illégalité du procès de Dreyfus. A cause de cette publication, Zola a été poursuivi par la justice, dans un procès qui a passionné la France. A partir de ce procès, l'affaire Dreyfus est devenue une affaire publique et nationale. Il était d'autant plus facile de croire que Dreyfus était coupable de trahison, que beaucoup de catholiques considéraient que les juifs n'étaient pas de vrais Français. La droite (les antidreyfusards) a traité les non-catholiques de « mauvais Français », donc traîtres : un juif, disaient-ils, ne peut pas vraiment être français. L'Eglise a pris parti pour les antidreyfusards : le journal catholique *La Croix* a entrepris une

campagne contre les juifs. La gauche (les dreyfusards) a défendu le capitaine et a traité ses accusateurs d'antisémites, en disant que Dreyfus avait été jugé coupable, contre toute évidence, uniquement parce qu'il était juif. Après le procès de Zola, le colonel Henry, qui avait forgé le document, a tout avoué puis s'est suicidé. Au bout de plusieurs années et de nombreux procès, la Cour de cassation a renversé en 1906 le jugement du conseil de guerre. Dreyfus a été ramené en France et enfin réhabilité, mais cet événement a rangé l'Eglise dans le camp des antisémites et a polarisé la société française.

La réaction à l'affaire Dreyfus a favorisé l'arrivée de la gauche au pouvoir en 1902, et ce nouveau gouvernement a poursuivi une politique nettement anticléricale. En 1905 une nouvelle loi a proclamé la séparation de l'Eglise et de l'Etat. Selon cette loi, toujours en vigueur aujourd'hui, « la République ne reconnaît, ne salarie ni ne subventionne aucun culte ». Cette loi garantit pourtant, comme l'avait fait l'Edit de Nantes, le libre exercice des cultes. Le Concordat de 1801 a cessé d'exister et la République française n'a plus de religion officielle. Aujourd'hui l'Etat est laïque (sauf dans les départements « concordataires » d'Alsace et de Lorraine, qui ne sont rentrés en France qu'en 1918). Ce principe de la séparation de l'Eglise et de l'Etat s'appelle la *laïcité*. Celle-ci va jouer un grand rôle au cours du XXe siècle.

L'antisémitisme était encore très fort pendant les premières décennies du XXe siècle. La vie politique de cette époque a été profondément influencée par l'Action Française, organisation catholique et antisémite (qui publiait un journal du même titre). Mais en 1926 le pape a condamné l'Action Française d'une façon absolue. Il a interdit aux catholiques de participer à cette organisation et de lire ses publications, sous peine d'excommunication. Peu de temps après, l'Action Française a disparu, au moment où des mouvements antisémites grandissaient ailleurs en Europe. En 1936, le Front Populaire, une coalition de la gauche, a gagné une majorité à l'Assemblée nationale et Léon Blum, un juif, a été nommé chef du gouvernement. A la veille de la Deuxième Guerre mondiale, à l'époque où les voisins de la France (l'Espagne, l'Allemagne et l'Italie) étaient dominés par des mouvements fascistes et antisémites, la France avait donc un Premier Ministre juif et un gouvernement de gauche. Cela n'a pas empêché l'antisémitisme de reprendre le dessus pendant l'occupation allemande (1940–44). Les collaborateurs, dans la France occupée ainsi que dans la France « libre, » ont continué la persécution des juifs qu'avaient initiée les Nazis, et des milliers de juifs français ont été arrêtés et déportés. Mais il est significatif qu'après la guerre, très peu de juifs français sont partis pour le nouvel état d'Israël, créé en 1948 pour les réfugiés juifs d'Europe. La majorité d'entre eux ont décidé de rester en France. Aujourd'hui il n'y a plus que 750.000 juifs en France, mais c'est quand même la plus grande communauté juive de l'Europe occidentale.

Le catholicisme et la laïcité

Jusqu'à la Révolution, le pouvoir politique soutenait et défendait l'Eglise et celle-ci soutenait et défendait la monarchie. La position anticatholique prise par la Révolution a divisé le pays en deux camps et a profondément influencé la situation politique en France aux XIXe et XXe siècles. L'unité religieuse était à jamais brisée et remplacée par une dualité entre la droite catholique et la gauche laïque. L'histoire du XIXe siècle est l'histoire d'un conflit entre l'esprit monarchiste et catholique, d'une part, et l'esprit républicain d'autre part. La laïcité, idéal de la Troisième République, était le principe qui devait réconcilier les citoyens français et faire coexister les diverses croyances religieuses. La laïcité devait reléguer la religion dans le domaine privé, mais elle était vue comme un mouvement antichrétien par de nombreux catholiques, d'où leur ressentiment envers la République. Dès 1881, la République a voté la laïcisation des écoles, l'instauration du divorce et la suppression des prières publiques à l'ouverture des sessions parlementaires. Cet esprit séculier est devenu encore plus marqué avec la Séparation en 1905. Précipitée par la polarisation politique engendrée par l'affaire Dreyfus, la Séparation a achevé le cycle ouvert par la Révolution un siècle auparavant. Les prêtres ne sont plus salariés de l'Etat, ils dépendent de la générosité des fidèles. La religion devient une affaire personnelle et privée. Il faut remarquer que la Séparation, grande offensive laïque, a été approuvée par la majorité des Français.

Pendant la première moitié du XXe siècle, l'Eglise a continué à s'identifier avec la haute bourgeoisie, avec le maintien du *statu quo* social, en somme avec la droite. Le résultat, c'est qu'une grande partie de la classe ouvrière, qui s'identifiait avec la gauche, s'est donc opposée à l'Eglise. Cette dualité a commencé à se réduire après la Deuxième Guerre mondiale. Dans les années 50 et 60, des groupes de militants catholiques ont fondé des mouvements en faveur de réformes sociales. Ces groupes disaient que c'était leur devoir, en tant que chrétiens, de s'occuper du bien-être de la classe ouvrière et de militer pour l'action sociale, valeurs qu'ils partageaient avec la gauche. Le mouvement le plus connu était celui des prêtres-ouvriers, d'après lequel un prêtre prenait également un travail d'ouvrier afin de mieux comprendre les gens de cette catégorie socioprofessionnelle et de leur faire comprendre à leur tour que le catholicisme n'était pas incompatible avec leur mode de vie. Les prêtres-ouvriers cherchaient à montrer qu'il y avait des ressemblances entre les valeurs marxistes et celles du christianisme. Ces groupes catholiques d'action sociale n'avaient pas toujours l'approbation de la hiérarchie ecclésiastique (le mouvement des prêtres-ouvriers a été condamné par le Vatican en 1959), mais ils sont parvenus à réduire la distance entre le christianisme et la gauche. Aujourd'hui, beaucoup de catholiques votent pour le Parti Socialiste, y compris un grand nombre de jeunes prêtres qui mettent plus l'accent sur l'action sociale que sur les traditions de l'Eglise.

La crise du catholicisme

La religion catholique reste majoritaire en France. Les deux dernières décennies, cependant, ont vu une transformation du catholicisme. L'Eglise est en train de subir une nouvelle crise (une crise terminale, selon certains) due au changement de valeurs chez les Français.

Il est difficile d'interpréter les sondages sur la religion parce que les Français considèrent leurs pratiques et croyances religieuses comme une affaire très personnelle dont ils ne parlent pas publiquement. Voilà ce qui explique peut-être pourquoi les sondages se contredisent souvent. Selon un sondage, 80% de la population française se déclare catholique (il y a, en effet, plus de 45 millions de catholiques baptisés en France). Selon un autre, en revanche, une légère majorité de la population se dit athée (c'est-à-dire qu'ils ne croient pas en Dieu). Parmi les croyants, ceux qui assistent régulièrement à la messe du dimanche constituent seulement 14% de la population (environ huit millions). A ceux-ci, il faut ajouter les catholiques qui vont à la messe deux ou trois fois par an : pour les grandes fêtes (Noël, Pâques) ou pour certains événements familiaux (les baptêmes, les premières communions, les mariages et les enterrements). Et puis, il y a ceux qui se disent croyants mais qui ne donnent aucun signe extérieur de religion. Au grand maximum, il y a quelques 17 millions de Français qu'on peut considérer catholiques, sur une population de 57 millions; c'est tout de même quantitativement important. Mais l'attachement des Français à l'Eglise diminue d'année en année. Les statistiques témoignent du déclin de l'Eglise et d'une diminution régulière de la pratique religieuse des catholiques français, surtout chez les jeunes. Même dans les régions très catholiques comme la Bretagne, les séminaires ferment leurs portes et il y a de moins en moins de prêtres. Beaucoup de paroisses n'ont plus de prêtre, et certains prêtres sont obligés de se déplacer dans trois ou quatre paroisses chaque dimanche. Financièrement, l'Eglise catholique en France est assez pauvre parce que le nombre de fidèles ne cesse de diminuer. Chaque année il y a de moins en moins de mariages religieux, de moins en moins d'enfants baptisés.

Pourquoi cette nouvelle déchristianisation de la France ? Certains spécialistes l'attribuent à l'indépendance croissante des Français vis-à-vis de l'autorité cléricale, surtout dans le domaine de la vie privée. Le Vatican a toujours été intransigeant dans sa condamnation de l'IVG (interruption volontaire de grossesse), des contraceptifs, des relations sexuelles hors du mariage, des relations homosexuelles et du divorce. Or, toutes ces pratiques sont admises par le Code civil depuis les années 70. Autrefois, le curé d'une paroisse exerçait une grande influence sur la vie sexuelle de ses fidèles. Aujourd'hui, beaucoup de Français se passent de ses conseils et ne tiennent pas compte de ses interdictions. L'autorité de l'Eglise est en train de s'effondrer, peut-être parce que ses doctrines ne correspondent plus au comportement actuel des Français.

Cette crise du catholicisme a provoqué, dans les années 70, une réaction conservatrice : le mouvement *intégriste* de Marcel Lefebvre. Pour Lefebvre et ses adhérents « traditionalistes », l'Eglise est menacée par les innovations modernes (les messes dites en français, les prêtres-ouvriers, etc.), et il faut retourner à l'Eglise traditionnelle pour garantir l'intégrité de la foi chrétienne (d'où le terme « intégriste »). L'intégrisme catholique est aussi une condamnation de la société moderne et un retour à la mentalité dominante du XIXe siècle. Mais il s'agit ici d'une petite minorité de catholiques ultra-conservateurs. D'ailleurs, la campagne intégriste a été condamnée par le Vatican parce que Lefebvre avait critiqué la politique de Rome. Lefebvre a été excommunié en 1988 et son Eglise traditionnelle a été déclarée schismatique. Il est mort en 1991.

Ce qui paraît pourtant évident, c'est que pour la plupart des Français la religion est une question personnelle qui n'a rien à voir avec la politique. Les journalistes ne posent jamais de questions personnelles sur la religion aux candidats politiques, et les politiciens ne parlent jamais de Dieu dans leurs discours politiques. En plus, la religion est rarement une affaire sociale, comme elle l'est souvent aux Etats-Unis, avec des clubs, des pique-niques, etc. Si la croyance chrétienne est difficile à mesurer, toute l'évidence montre que l'institution de l'Eglise ne représente plus la majorité des Français. Les catholiques traditionnels, croyants et pratiquants, sont en voie de devenir, eux aussi, une minorité.

L'islam

La deuxième religion en France est l'islam, qui n'est pas uniquement une religion d'immigrés. Sur trois millions de musulmans en France, il y a un million de Français d'origine maghrébine (nord-africaine). Le nombre de mosquées (lieux de culte musulman) a doublé depuis 1980. La présence de cette religion sur le territoire français doit pourtant ses origines au phénomène de l'immigration.

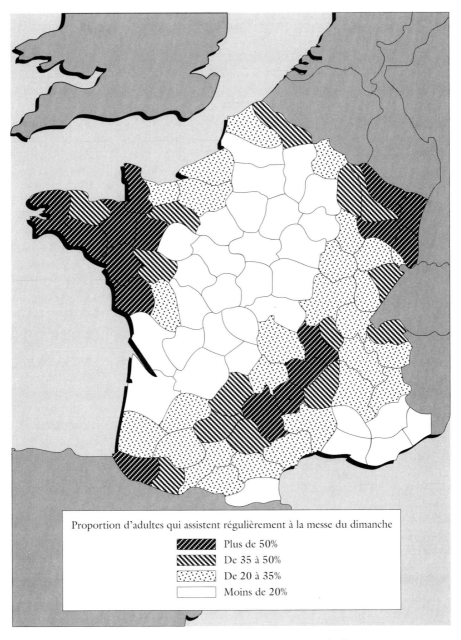

Proportion d'adultes qui assistent régulièrement à la messe du dimanche

- Plus de 50%
- De 35 à 50%
- De 20 à 35%
- Moins de 20%

Distribution géographique des pratiquants catholiques

Nous avons vu qu'en 1905 la Troisième République a voté la séparation de l'Eglise et de l'Etat et a adopté la laïcité comme principe fondamental. Ce qui peut sembler paradoxal, c'est que l'Assemblée nationale a approuvé, en 1920, une subvention pour faire construire une mosquée à Paris. La France métropolitaine comptait alors peu de pratiquants du culte musulman, mais elle possédait un immense empire colonial où les musulmans étaient très nombreux. Ces musulmans de l'empire avaient combattu pour la France pendant la Première Guerre mondiale, sans bénéficier pourtant de la nationalité française. L'islam était donc devenu un enjeu politique : la France coloniale avait besoin de la loyauté de ses sujets musulmans.

Dans les années 1970, la France n'avait plus d'empire colonial, mais l'islam a commencé à exercer une influence importante à cause des travailleurs immigrés du Maghreb. Entre 1975 et 1980 la religion musulmane s'est manifestée dans les usines, sur les chantiers et dans les HLM (logements subventionnés par l'Etat). Des associations musulmanes se sont mises en place et ont commencé à ouvrir des salles de prière et des écoles islamiques dans les usines et dans les HLM. Ce mouvement a été encouragé par les autorités françaises, qui cherchaient à assurer la paix sociale dans la Métropole où s'étaient installés trois millions de musulmans. Comme l'inflation de cette époque s'accompagnait du chômage, qui touchait surtout les manœuvres (les ouvriers non-spécialisés), le gouvernement ne voulait pas que les immigrés se tournent vers des mouvements syndicaux ou communistes. Pour le gouvernement, l'islam paraissait un recours contre la toute-puissante CGT (syndicat d'inspiration marxiste). Au début des années 80, la construction de nouvelles mosquées a été projetée, et l'islam est devenu très visible en France. Bien que visible, l'islam est néanmoins une religion qui a mauvaise presse. Les Français s'en méfient souvent, à cause de la révolution islamique en Iran, à cause de la prise d'otages occidentaux par des terroristes palestiniens, à cause de l'affaire Salman Rushdie, à cause de Saddam Hussein et l'invasion du Koweit, et à un moindre degré, à cause du souvenir de leur propre guerre en Algérie. Bien des événements ont contribué à la perception dégradée de l'islam dans l'opinion française. Mais la grande majorité des musulmans en France cherchent à y vivre paisiblement.

Tandis que les traditions catholiques sont enracinées en France depuis près de deux mille ans, la présence de l'islam est toute récente. Le contact avec la société française a produit un déracinement culturel pour les immigrés musulmans et a provoqué un conflit de générations quand leurs enfants sont entrés à l'école. Ce conflit est plus marqué chez les filles que chez les garçons. D'après les traditions musulmanes, les jeunes filles n'ont pas les mêmes droits que leurs frères. Elles doivent se couvrir le visage d'un voile en public. Elles tiennent une place soumise de second rang dans la maison paternelle. A la différence des jeunes Françaises non-musulmanes, elles n'ont pas le droit de porter une jupe courte, de se maquiller, d'aller au cinéma ou de danser avec un garçon. Toutes ces pratiques sont interdites par la religion musulmane. A l'école française, pourtant, les filles apprennent qu'elles peuvent mener une vie professionnelle et qu'elles ne doivent plus obéissance à leur futur mari. Bref, elles sont libérées de la tutelle de leur père, sinon de leur religion. Pour certaines Maghrébines donc, l'école est un lieu de révolte, de libération et d'espérance : elles y rencontrent un autre monde, le monde de la société occidentale.

L'affaire du voile islamique

En septembre 1989 le principal d'un collège de la banlieue parisienne a refusé d'admettre trois jeunes filles musulmanes, âgées de 13 et 14 ans, parce que celles-ci ne voulaient pas ôter le foulard qu'elles portaient sur la tête. Cet événement a déclenché une grande querelle médiatique, dite « l'affaire du voile » ou bien « l'affaire du foulard ». En France, l'éducation, la religion et l'immigration sont des domaines passionnels. Quand un événement comme celui du foulard réunit tous les trois, le résultat est explosif.

Le principal du collège a défendu sa prise de position au nom de la laïcité de l'école publique. Il a été vivement critiqué pour son intolérance et sa discrimination raciale, par les médias, par un cardinal de l'Eglise, par un rabbin, par SOS Racisme (une organisation antiraciste) et même par Madame Danielle Mitterrand (l'épouse du Président). Toutes ces critiques ont été lancées parce que les droits individuels de ces jeunes filles n'avaient pas été respectés. L'affaire du voile a créé une opposition entre les défenseurs et les ennemis de la laïcité. Dans cette nouvelle guerre de religion on peut distinguer trois grands groupes d'opinion publique :

(1) Les antilaïcs, ceux qui voulaient affirmer leur différence, comme le cardinal et le rabbin, et qui s'opposaient à la laïcité au nom des droits individuels. Composé de catholiques et de juifs aussi bien que de musulmans, ce groupe revendiquait le droit des jeunes filles de porter le foulard à l'école. La solidarité de ce groupe venait de leur haine de la laïcité.

(2) Les laïcs tolérants, ceux qui défendaient la laïcité en général (au moins une certaine définition de celle-ci) mais qui ne voulaient pas exclure les minorités et qui préconisaient leur intégration, comme SOS Racisme. Ce groupe comprenait les Français pour qui les signes extérieurs

de conviction religieuse ne remettent pas en question les notions de l'Etat républicain et l'école laïque.

(3) Les laïcs doctrinaires, ceux qui s'opposaient au port du foulard au nom d'une doctrine anticléricale militante. Ce groupe comprenait les Français pour qui la religion est une affaire privée et devrait rester telle, aussi bien que ceux pour qui toute pratique religieuse est archaïque et rétrograde. Certains des doctrinaires avaient aussi un objectif féministe : combattre la pression religieuse qui tient la femme en position d'infériorité. Pour ceux-ci, l'école doit être l'endroit de l'égalité sociale et sexuelle. Refuser le port du voile à l'école, disaient les doctrinaires, c'est montrer aux jeunes filles qu'elles ont et doivent avoir les mêmes droits que les garçons. Même SOS Racisme était divisé : des filles dans ce groupe normalement solidaire refusaient catégoriquement le port du voile au nom de l'égalité des sexes.

Mais, ont répondu les laïcs tolérants, comment reconnaître la différence entre les filles qui réclament le droit de porter le voile, et celles qui sont obligées de le porter par leur famille ? Quel est le devoir de la République ? Il est peut-être temps, disaient-ils, de changer la conception de la laïcité. Au départ c'était un esprit de combat qui militait pour la République et contre l'influence catholique sur la politique. Cette « guerre » a été gagnée en 1905 avec la Séparation, et la dualité n'existe plus. L'idéologie militante doit laisser place au respect des différences dans une société pluraliste. A beaucoup d'égards, la laïcité est comprise aujourd'hui comme une neutralité respectueuse de la diversité, une tolérance qui permet à chacun de penser ce qu'il veut. L'école doit être un instrument d'intégration sociale qui ne dérange et n'influence personne dans ses croyances. Reconnaître l'islam, publiquement et officiellement, est sans doute une étape nécessaire vers cette intégration.

Après de longs débats acharnés, le gouvernement Rocard a donné raison au principal, tout en faisant un compromis : les jeunes filles auront le droit de porter le voile à l'école mais devront l'ôter dans les salles de classe, autant par respect pour l'enseignement laïque qu'au nom de l'égalité des sexes.

SUPPLEMENT AU NUMERO 297 NE PEUT ETRE VENDU SEPAREMENT

L'EVENEMENT
du Jeudi

L'Enseignement de Liberté

QUELLE LAÏCITÉ
AUJOURD'HUI ?

¦ **CONTROLE CONTINU** ¦

I. Répondez aux questions suivantes :
 1. Pourquoi appelle-t-on la France « la fille aînée de l'Eglise » ? *le premier pays à devenir oficiellement catholique*
 2. En quoi le Midi de la France a-t-il menacé la religion catholique ?
 3. Qu'a fait Henri de Navarre pour pouvoir accéder au trône de France ?
 4. En quoi consistait l'Edit de Nantes ?
 5. Quelle a été la conséquence de la révocation de l'Edit de Nantes ?
 6. Quelles crises l'Eglise a-t-elle traversées pendant la Révolution ?
 7. Quelle a été l'attitude de la Troisième République envers l'Eglise ?
 8. En quoi consistait l'affaire Dreyfus ?
 9. Quelles ont été les conséquences de cette affaire ?
10. Quelle loi a été promulguée en 1905 ? Pourquoi ?
11. Pourquoi l'Alsace et la Lorraine sont-elles « concordataires » ?
12. Quel était le rôle des prêtres-ouvriers dans les années 50 ?
13. Quel mouvement catholique conservateur a vu le jour dans les années 70 ?
14. Quelles étaient les raisons de ce mouvement ?
15. Les Français parlent-ils souvent de leur religion ? Expliquez.
16. La construction d'une mosquée à Paris a-t-elle été approuvée sous la Troisième République ? Pourquoi (pas) ?
17. Pour quelles raisons les autorités françaises ont-elles soutenu le mouvement musulman dans les années 70 ?
18. Qu'est-ce que « l'affaire du foulard » ?

II. Etes-vous d'accord ? Sinon, expliquez pourquoi.
 1. La religion catholique a eu peu d'importance sur la culture française.
 2. La France est devenue officiellement catholique à partir du Ve siècle.
 3. La monarchie de droit divin date de l'époque du roi Clovis.
 4. La plupart des protestants habitent dans le Midi de la France.
 5. Napoléon s'est fait sacrer empereur par le pape comme Clovis l'avait fait avant lui.
 6. L'affaire Dreyfus a exacerbé l'antisémitisme en France.
 7. La République française n'a plus de religion officielle depuis 1905.
 8. Beaucoup de juifs français sont partis en Israël après la Deuxième Guerre mondiale.
 9. Le mouvement des prêtres-ouvriers a été condamné par le pape.
10. L'islam est la deuxième religion en France.

III. Associez les événements à gauche avec les personnages historiques à droite. Expliquez brièvement en quoi chaque événement consiste :

1. l'Edit de Nantes
2. le culte de l'Etre suprême
3. le Concordat de 1801
4. l'affaire Dreyfus
5. le mouvement intégriste

a. Marcel Lefebvre
b. Emile Zola
c. Louis XIV
d. Napoléon Ier
e. Maximilien Robespierre

IV. Discussion :

1. Discutez du catholicisme et de la laïcité en France depuis la Troisième République. Illustrez avec des exemples.
2. Pourquoi parle-t-on d'une crise du catholicisme en France ? Justifiez votre réponse avec des exemples.
3. Discutez des religions minoritaires en France.
4. Comparez l'attitude des Français envers la religion avec celle des Américains.

Chapitre

LES IMMIGRES EN FRANCE

Quand on parle des minorités en France, on ne pense généralement ni aux minorités linguistiques comme les Alsaciens, ni aux minorités religieuses comme les juifs, mais plutôt aux minorités étrangères. Il y a quatre millions d'étrangers en France, qui sont venus s'y installer pour trouver du travail. Ces immigrés représentent 8% de la population française, et 16% de la population parisienne. Ils sont concentrés dans les régions les plus peuplées et industrialisées : dans l'Ile-de-France, sur la côte méditerranéenne, dans la région Rhône-Alpes, en Alsace et dans le Nord. Ce sont les ressortissants de certains pays de la Communauté européenne (le Portugal, l'Italie, l'Espagne) qui constituent le plus grand groupe d'immigrés. Les autres groupes comprennent les ressortissants des anciennes colonies françaises : dans le Maghreb ou le nord de l'Afrique (l'Algérie, le Maroc, la Tunisie), en Afrique noire (le Sénégal, le Mali, le Togo, la Côte d'Ivoire, entre autres), et en Indochine (le Viêt-nam, le Laos, le Cambodge). Bien que les Européens soient plus nombreux, ces autres groupes d'immigrés sont plus visibles, précisément parce qu'ils viennent de cultures non-européennes et qu'ils introduisent en France des différences raciales. Les chiffres actuels sont les suivants, par nationalité ou groupe ethnique :

Portugais	860.000	
Algériens	780.000	
Marocains	520.000	
Italiens	425.000	
Espagnols	380.000	
Tunisiens	215.000	
Africains noirs	200.000	(Sénégalais, Maliens, Togolais, Ivoiriens, etc.)
Turcs	145.000	
Indochinois	105.000	(Viêtnamiens, Laotiens, Cambodgiens)

Le nombre des travailleurs immigrés est à peu près stable depuis 1975 : non pas parce que les immigrés ne viennent plus en France, mais parce que beaucoup d'étrangers sont devenus français, soit par naturalisation soit par la naissance en France de la deuxième génération.

Un peu d'histoire

L'immigration en France n'est pas un phénomène nouveau. Depuis longtemps la France, pays libéral, offre un asile aux réfugiés politiques, suivant une longue tradition. Avant les années 1980 les Français jouissaient d'une assez bonne réputation en ce qui concerne leur conduite vis-à-vis des étrangers : un peu chauvins peut-être, mais tolérants et non racistes. Même les Allemands, malgré trois guerres d'agression en moins de cent ans, étaient bien accueillis en France. En plus, l'Etat français dépense d'énormes sommes d'argent pour aider les pays en voie de développement, surtout les anciennes colonies d'Afrique. Dès les années 1930, années de crise économique, la France a été submergée par des milliers de travailleurs venus des pays voisins plus pauvres (l'Espagne, l'Italie et plus tard le Portugal). A cette époque-là,

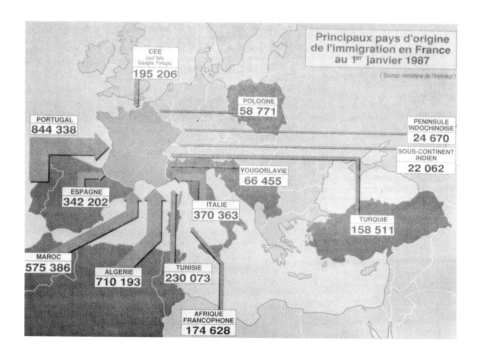

le taux d'immigration en France était proche de celui des Etats-Unis. A la veille de la Deuxième Guerre mondiale, la France était, après les Etats-Unis et le Canada, le seul pays industrialisé dont une bonne partie de la population était d'origine étrangère. Ces immigrés n'ont pas tardé à s'intégrer dans la société française, malgré quelques hostilités. En effet, la France a toujours su assimiler ses minorités européennes, qui ont fini par adopter la culture de leur nouvelle patrie. La République jacobine a tout absorbé. Mais est-ce souhaitable ? Aujourd'hui certains demandent le respect des particularismes culturels, et ils critiquent l'Etat destructeur des cultures minoritaires. En tout cas, l'immigration a commencé à poser de nouveaux problèmes sociaux pour la France à partir des années 60, c'est-à-dire après l'effondrement de son empire colonial. A cette époque-là, à cause de l'expansion économique, la France manquait de main-d'œuvre, surtout pour le travail manuel. Ce manque était comblé par des travailleurs qui arrivaient des anciennes colonies. Ces immigrés non-européens posent, de nos jours, des difficultés particulières pour une société qui se voudrait homogène.

Parmi les immigrés non-communautaires nous pouvons distinguer trois grands groupes raciaux : (1) les Asiatiques, (2) les Noirs et (3) les Maghrébins.

Les Asiatiques

Les Asiatiques se composent surtout des réfugiés de l'ancienne colonie française de l'Indochine. Ils sont souvent propriétaires de restaurants et de boutiques qui attirent une grande clientèle. A Paris il y a tout un quartier « chinois » dans le treizième arrondissement. Les Indochinois jouissent d'une opinion publique globalement favorable : ils ont la réputation d'être travailleurs et polis, et l'on apprécie la prospérité qu'ils apportent au pays. Les enfants indochinois sont souvent vantés pour leur succès scolaire. On compare souvent la conduite des Indochinois, favorablement, à celle des Maghrébins qui, selon certains, provoquent des troubles qui nécessitent l'intervention de la police.

Les Noirs

Parmi les Noirs qui habitent dans la Métropole, il faut distinguer entre deux groupes bien différents. D'abord, il y a des Noirs qui ne sont pas immigrés du tout parce qu'ils sont français. Ce sont les Antillais, originaires des Antilles (la Martinique et la Guadeloupe), et par extension, de tous les DOM-TOM. Juridiquement, ce sont des citoyens français. En venant dans la Métropole, ils n'ont fait que changer de département. Les Antillais sont instruits comme tous les Français, et ils travaillent surtout dans la fonction publique. Ensuite, il y a les Africains immigrés, originaires des anciennes colonies françaises en Afrique occidentale. Certains de ces immigrés ne sont pas instruits et ils travaillent surtout comme manœuvres. D'autres, par ailleurs, sont étudiants dans les universités françaises. A la différence des immigrés non instruits, les étudiants africains retournent généralement dans leur pays après la fin des études.

La nationalité française ne garantit pas une grande considération de la part des Métropolitains pour leurs compatriotes antillais. Les Noirs se plaignent, par exemple, de la discrimination dans le logement. Ils sont souvent relégués aux HLM les plus délabrées. Certains étudiants africains racontent que les chambres à louer qui sont disponibles au téléphone ne le sont plus, mystérieusement, quand ils se présentent en personne. Mais les Noirs ne sont pas mal vus par tous. Au contraire, les années 80 ont témoigné d'une nouvelle mode « black » dans la musique, dans l'habillement et dans les arts en France. En politique, il y avait en 1991 vingt députés noirs, sept sénateurs noirs, et un ministre noir dans le Gouvernement d'Edith Cresson (bien entendu, ceux-là sont tous Français). En 1983, dans le petit village de Saint-Coulitz en Bretagne, Kofi Yamgnane, un Togolais naturalisé français en 1975, a été élu conseiller municipal au premier tour, et maire socialiste de la commune en 1989. Les médias français ont beaucoup parlé de ce village, qui a donné une leçon de tolérance et d'intégration à la nation. En 1991 Edith Cresson a nommé Yamgnane au poste de Secrétaire d'Etat à l'Intégration.

Les Maghrébins

Ce sont les Maghrébins qui constituent le plus grand groupe d'immigrés non-communautaires (près de 40% des étrangers en France). Plus visibles parce que plus nombreux, ils posent aussi le cas le plus problématique en ce qui concerne l'intégration dans la société française. La première vague d'immigration maghrébine en France a eu lieu dans les années 50, à l'époque où l'Algérie faisait partie de la France. Ces immigrés algériens étaient donc français, mais pour la plupart ils parlaient uniquement arabe et ils n'étaient pas instruits. Ils sont venus vivre à plusieurs dans les HLM des grandes villes, et ils travaillaient comme manœuvres dans les usines et sur les chantiers. L'Algérie est devenue un pays indépendant en 1962, à la suite d'une longue guerre coloniale. Les soldats algériens qui avaient servi dans l'armée française sont venus s'installer en France avec leurs familles. Le Maroc et la Tunisie

Kofi Yamgnane est maire de St.-Coulitz et Secrétaire d'Etat à l'Intégration.

ont obtenu leur indépendance peu de temps après, mais bien des travailleurs de ces pays ont continué à venir en France avec leurs familles, attirés par l'espoir de trouver un emploi lucratif.

Aujourd'hui ces travailleurs occupent les postes les moins qualifiés et les moins bien payés. En plus, ils sont très touchés par le chômage. Le chômage entraîne la pauvreté, qui provoque à son tour des problèmes sociaux tels que la criminalité dans les quartiers pauvres, le trafic de drogue et la délinquance des jeunes. Bref, les Maghrébins se trouvent souvent marginalisés. La situation est encore aggravée par le fait que les Maghrébins sont presque toujours de religion musulmane, religion qui exige un mode de vie qui est peu compatible avec celui de la société occidentale. Cela pose des problèmes particuliers pour leurs enfants nés en France, les Franco-Maghrébins qu'on appelle les «Beurs». Ces enfants mènent souvent une vie dure, et ils doivent faire face aux conflits qui existent entre la culture islamique à la maison et la culture française à l'école. Les jeunes Franco-Maghrébins constituent une bonne partie des classes sociales les plus basses. Chez eux comme chez tous les enfants de cette condition sociale, le taux de délinquance et des échecs scolaires est très élevé.

La crise économique des années 70 a rendu tous ces problèmes sociaux encore plus aigus. La France est devenue péniblement consciente de la présence des immigrés sur son territoire, et cette conscience a provoqué un sentiment de malaise. En 1975, les frontières françaises ont été fermées aux immigrés non-communautaires. L'immigration a donc été restreinte officiellement, mais depuis lors des centaines de milliers d'immigrés clandestins sont malgré tout entrés en France. Non content de restreindre toute immigration nouvelle, le Gouvernement de Valéry Giscard d'Estaing a voulu réduire le nombre d'immigrés qui se trouvaient déjà sur le territoire. En 1977 les autorités ont proposé une « aide au retour volontaire et définitif » : c'est-à-dire, tout étranger qui voudrait bien retourner définitivement dans son pays recevrait une prime de 10.000 francs. Cette mesure, qui d'ailleurs a eu peu de succès, a suscité de nombreuses critiques de la part de la gauche contre le Gouvernement. Quand les socialistes sont venus au pouvoir en 1981, le nouveau Gouvernement s'est prononcé pour une politique d'intégration, et a commencé par régulariser la situation des immigrés clandestins (qu'on appelait les « sans papiers »). Le nouveau régime de François Mitterrand a dû faire face à une société qui était polarisée autour de la question des immigrés.

L'immigration est devenue un grand sujet de débat dans les médias. La France avait perdu son visage tolérant et accueillant. Un grand nombre de Français commençaient à avoir peur de ces « envahisseurs. » Le taux élevé du chômage, l'impression d'insécurité dans les grandes villes, et une méfiance générale envers l'islam : tous ces facteurs ont profondément influencé les attitudes des Français vis-à-vis des Maghrébins. Les années 80 ont témoigné de la montée du racisme et de la xénophobie. L'importance numérique de ces immigrés a été jugée inquiétante. Selon les sondages, 50% des Français pensent qu'il y a trop de travailleurs immigrés en France. Un grand nombre de Français les tiennent pour responsables du chômage et aussi de la délinquance (20% des travailleurs immigrés sont au chômage, contre 10% des Français). « Trois millions de chômeurs, trois millions d'immigrés en trop » : c'était le slogan de ceux qui, au début de cette décennie, remettaient en cause la présence des immigrés en France. Ces gens-là semblaient ignorer que les immigrés occupent pour la plupart des postes parmi les moins bien rémunérés, qui ne sont pas recherchés par les chômeurs français. C'est la France qui a fait venir les immigrés pour occuper ces postes, et elle a besoin de cette main-d'œuvre. Le véritable problème n'est pas le chômage mais le racisme. La même erreur existe à propos de la criminalité : seulement 16% des crimes commis en France sont imputables aux étrangers, quoique ce pourcentage soit nettement supérieur dans les grandes villes.

L'immigration et la politique

Ces attitudes n'ont pas tardé à avoir des conséquences politiques, notamment la montée spectaculaire de l'extrême-droite, raciste et xénophobe. Cette tendance politique est représentée par le Front National et incarnée par son chef, Jean-Marie Le Pen. Selon Le Pen, l'identité nationale est menacée par la présence des immigrés en France. L'intégration des Maghrébins dans la société est impossible, dit-il, à cause de leur refus obstiné d'abandonner leurs mentalités et leurs habitudes, tandis que les minorités européennes partagent les valeurs de la civilisation occidentale et chrétienne, comme les « Français de souche ». Encore une fois, cette position est simpliste. Comme nous l'avons déjà vu, les Maghrébins constituent seulement la vague d'immigration la plus récente. Le « creuset » français accueille des étrangers depuis très longtemps. Les expressions popularisées par le FN (« la France aux Français » et « les Français de souche ») sont donc vides de sens. En plus, la seconde génération, les Beurs (plus d'un million et demi de jeunes) ne sont pas étrangers mais Français. Leur présence en France est désormais durable et irréversible. Toujours est-il que la campagne du FN a fait appel aux craintes de beaucoup de gens, surtout ceux qui se sentaient les plus menacés économiquement par la présence des immigrés.

Le Front National a remporté un grand succès dans les élections municipales de 1983, et aussi dans les élections européennes de 1984. Ces victoires ont provoqué une grande réaction anti-raciste et anti-Le Pen, surtout chez les jeunes. En 1983 a eu lieu à Paris une grande manifestation en faveur de l'égalité des droits et contre le racisme. Cette manifestation a été baptisée la « Marche des Beurs » par les médias, mais beaucoup de jeunes Français y ont aussi participé. Le cri des manifestants était « J'y suis, j'y reste », pour montrer la présence durable des Beurs dans la société française. Le terme « Beur » a été largement répandu par les médias pour désigner les Franco-Maghrébins, ceux qui étaient de deuxième génération, de religion musulmane et résidant en France.

Une deuxième marche a été organisée en 1984, et c'est dans celle-ci qu'apparaît pour la première fois SOS Racisme. SOS Racisme est une organisation anti-raciste, fondée par un groupe de jeunes à la suite d'un incident raciste qui a eu lieu dans le métro parisien. La victime de cet incident, un Sénégalais, était un de leurs amis, leur copain, leur « pote ». Le président et co-fondateur est Harlem Désir, un jeune Noir de père antillais et de mère alsacienne, donc de nationalité française. Les fondateurs de SOS Racisme ont compris l'urgence qu'il y avait à assimiler les jeunes Beurs à la société française, et ils croyaient que l'intégration des juifs français pouvait servir d'exemple et de modèle. SOS Racisme s'oppose donc aux intégristes mu-

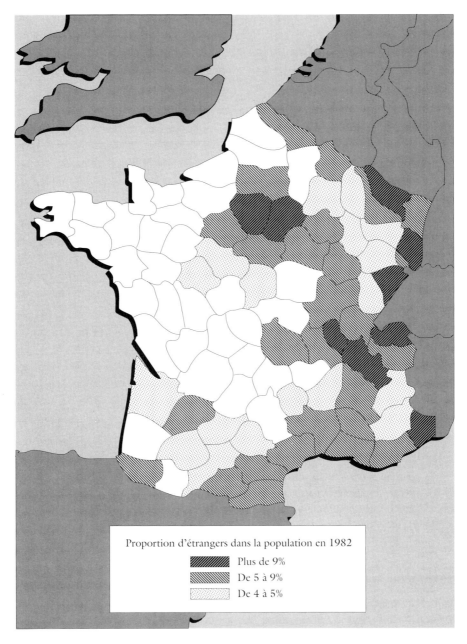

Proportion d'étrangers dans la population en 1982

Plus de 9%

De 5 à 9%

De 4 à 5%

L'Immigration en France

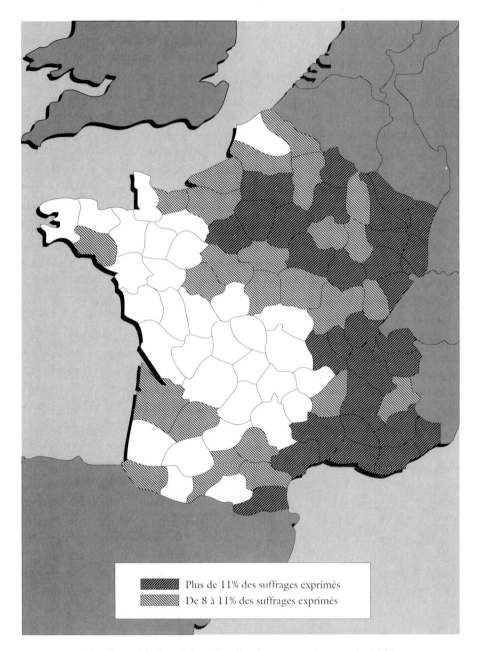

Plus de 11% des suffrages exprimés
De 8 à 11% des suffrages exprimés

Le Front National dans les élections européennes de 1984

sulmans, c'est-à-dire aux «puristes» qui tiennent à l'islam intégral et qui refusent de s'adapter à la vie en France. Mais l'intégration des Beurs n'est qu'un but secondaire de l'organisation. SOS Racisme a été créé pour lutter contre la xénophobie en général et pour préconiser une société tolérante et multiculturelle. Sa devise est «Touche pas à mon pote», et son badge, porté par beaucoup de jeunes dans les années 80, est une main ouverte avec le slogan inscrit dans la paume. Harlem Désir croit que les jeunes sont mieux équipés que les adultes pour résister au racisme. A la différence des adultes, qui ont été nourris de préjugés, les jeunes peuvent et doivent s'entendre, qu'ils soient Européens ou Noirs, Beurs ou juifs, chrétiens ou musulmans. «Touche pas à mon pote» est devenu un idéal d'amitié, un grand mouvement de solidarité de la jeunesse qui milite pour une politique d'intégration. SOS Racisme s'est répandu très rapidement en France et a eu un grand succès chez les jeunes. Des volontaires du mouvement ont visité de nombreuses écoles primaires pour prêcher la tolérance et l'intégration. Dans de nombreux lycées, des jeunes ont fait grève pour montrer leur opposition au racisme. Aujourd'hui, SOS Racisme et Harlem Désir tiennent le devant de la scène médiatique.

La situation est devenue plus intense et plus aiguë pendant les années de la «cohabitation» (1986–88), quand la droite avait une majorité à l'Assemblée nationale. Dans le nouveau Gouvernement de Jacques Chirac, le Ministre de l'Intérieur était Charles Pasqua. Pasqua affirmait que le RPR partageait des valeurs communes avec le FN, notamment en ce qui concerne le statut des immigrés. Il maintenait que les immigrés maghrébins jouaient un rôle majeur dans la criminalité, dans le trafic de la drogue et dans la transmission épidémique du SIDA. Il a fait adopter, en 1986, la fameuse «loi Pasqua» sur les étrangers, qui autorisait l'expulsion de tout étranger dont la présence en France constituait une menace pour l'ordre public. Evidemment, cette loi a conféré des pouvoirs arbitraires aux autorités policières et judiciaires, et elle a été très controversée. Elle a aussi donné lieu à un scandale en 1986, lors de l'expulsion de France de 101 Maliens en situation irrégulière, dont 75% étaient, selon Pasqua, des trafiquants de drogue. Pasqua, de même que Le Pen, a été traité de fasciste par les partisans de SOS Racisme, et à Paris on voyait partout des graffiti qui comparaient Pasqua et Le Pen à Hitler et au nazisme. La loi Pasqua a été abrogée en 1989, après le retour des Socialistes au pouvoir à l'Assemblée nationale.

Mais les incidents touchant au racisme ont continué à dominer les médias et à préoccuper les Français. En novembre 1989 l'affaire du voile islamique a déclenché un débat sur la laïcité des écoles. Ensuite, le maire d'une ville de la région parisienne a refusé de scolariser les enfants étrangers, et le Ministre de l'Education nationale a dû intervenir pour rappeler à ce

Une manifestation contre le racisme en 1984.

Harlem Désir, président de SOS Racisme.

maire ses devoirs. En 1990 plusieurs agressions ont été commises contre des Maghrébins, résultant dans la mort des victimes. Enfin, un cimetière juif à Carpentras, le plus ancien de France, a été saccagé et profané, un événement qui a choqué la France et qui a attiré l'attention de la presse internationale. Le Front National a été accusé d'avoir provoqué cet acte antisémite. En réaction contre cet acte, une nouvelle manifestation a été organisée à Paris, et la participation était massive. Cette fois-ci le Président de la République (François Mitterrand lui-même) a marché pour indiquer son opposition au racisme, à l'antisémitisme et à la xénophobie. Quelques mois plus tard, l'Assemblée nationale a adopté (par 308 voix contre 265) une loi réprimant tout acte ou propos raciste, antisémite ou xénophobe, de la part des autorités publiques. Le Parti Socialiste et le Parti Communiste ont voté pour, le RPR, l'UDF et le FN ont voté contre.

On peut dire que la question de l'immigration est devenue une importante ligne de partage entre la gauche et la droite. Le statut des étrangers constitue l'enjeu politique par excellence pour la France de demain. Depuis longtemps les minorités protestantes et juives sont plutôt fidèles à la gauche, mais c'est la minorité maghrébine qui compte maintenant, et les partis politiques ne l'ignorent pas. Pour l'instant, seuls les Français ont le droit de vote. Mais qui est Français ? Selon le Code civil, un(e) Français(e) est une personne née de parents français (le droit du sang), ou bien une personne née en France d'un parent lui-même né en France (le droit du sol). Ce dernier est le cas de beaucoup d'enfants de parents algériens puisque l'Algérie était un territoire français jusqu'en 1962. Le Code civil précise encore que toute personne née en France peut acquérir la nationalité française à sa majorité. Sur une population franco-maghrébine de près de trois millions, il y en a donc un million et demi qui sont déjà français, et encore un million et demi qui sont destinés à le devenir. Il y a plus de 100.000 naturalisations par an, et l'on ne doit pas traiter d'étrangers ces nouveaux citoyens. Un autre facteur qui contribue à l'intégration est le phénomène des mariages mixtes (8% en 1989, contre 1% aux Etats-Unis). En revanche, il est vrai que certains Beurs affichent leur différence, et d'autres éprouvent une crise d'identité, ne se sentant ni Français ni Arabes. Radio-Beur, une station de radio lancée à Paris en 1981, a contribué à la recherche d'une identité culturelle franco-maghrébine. Pourtant, la grande majorité de jeunes Beurs veulent être des « Français comme tout le monde ». Les Beurs qui ont plus de 18 ans sont désormais en âge de participer aux élections. On les voit aujourd'hui dans les universités, et ceux qui sont encore plus âgés commencent à former une élite intellectuelle et à exercer une profession dans le journalisme, dans l'enseignement, dans le droit et dans la médecine. A l'image du travailleur immigré se substitue, peu à peu, celle du Français d'origine maghrébine.

● Tableau : Quelques Dates ●

1975	Les frontières françaises sont fermées aux immigrés non-communautaires.
1977	Le Gouvernement de Giscard d'Estaing propose une «aide au retour volontaire et définitif» de 10.000 francs (peu de succès).
1981	Le premier Gouvernement de François Mitterrand régularise la situation des immigrés clandestins (les «sans papier»).
1983	Grand succès du Front National aux élections municipales. Première «marche des Beurs».
1984	Grand succès du Front National aux élections européennes. Création de SOS Racisme. Deuxième manifestation contre le racisme.
1986	La «cohabitation» commence : la loi Pasqua permet l'expulsion de tout étranger dont la présence en France constitue une menace pour l'ordre public (cette loi a été abrogée en 1989).
1989	«L'affaire du foulard» déclenche un débat sur la laïcité dans les écoles publiques.
1990	Profanation du cimetière juif à Carpentras. Le président Mitterrand participe à une manifestation antiraciste à Paris. L'Assemblée nationale vote une loi réprimant tout discours raciste de la part des autorités publiques.
1991	Création du Ministère à l'Intégration par Edith Cresson.

En 1989 les Beurs ont marqué leur entrée dans la scène politique française. Aux élections municipales il y avait 1 000 candidats d'origine maghrébine, dont 500 qui ont été élus aux conseils municipaux. La même année, deux jeunes femmes beurs ont été élues comme députés au Parlement européen. Etant donné la conduite générale de la droite vis-à-vis des immigrés, on ne doit pas s'étonner de voir que la majorité des Beurs favorisent la gauche. D'ailleurs, certains politiciens de droite ont accusé le Parti Socialiste d'avoir courtisé les immigrés pour gagner un avantage politique. Le grand débat en 1990 concernait le droit de vote pour les immigrés qui ne sont pas encore Français : faut-il permettre à ces étrangers, qui composent parfois jusqu'à

30% de la population d'une commune et qui paient des impôts locaux, de participer aux élections municipales? Le Danemark et les Pays-Bas ont déjà accordé le droit de vote municipal à tous les étrangers habitant sur leur territoire. Certains socialistes préconisent cette mesure pour la France. Le Parlement européen a déjà approuvé, en 1989, un projet similaire, mais seulement pour les ressortissants communautaires vivant dans un pays autre que le leur. La droite s'y oppose et favorise le *statu quo*, qui exige qu'un étranger soit naturalisé avant de pouvoir voter en France. Certaines communes ont trouvé un compromis, en instaurant des conseillers municipaux « associés, » qui sont élus par les habitants étrangers et qui représentent ceux-ci au Conseil municipal. Par exemple, une petite ville près de Lille a, depuis 1985, trois conseillers associés : un Algérien, un Marocain et un Laotien. Selon les partisans de la droite, les partisans de la gauche préconisent le droit de vote pour les étrangers parce qu'ils pensent que ceux-ci voteront à gauche. En effet, un sondage récent montre que les immigrés sont fortement orientés à gauche (surtout les Maghrébins et les Africains; les Asiatiques, moins nombreux, sont orientés à droite). Même s'ils votaient pour le maire actuel de leur commune, déjà en place, ce serait un avantage pour les socialistes. Selon le même sondage, les immigrés manifestent un grand désir d'intégration. Ils veulent rester en France, et en général ils trouvent que les Français ne sont pas racistes. Un autre sondage révèle, cependant, que les Français sont massivement hostiles à l'obtention du droit de vote par ceux qui n'ont pas la nationalité française. Le débat continue, mais on peut en conclure que les immigrés s'intègrent à la société française mieux qu'on ne le pense. La République, respectueuse des différences culturelles, continue à les absorber.

CONTROLE CONTINU

I. Répondez aux questions suivantes :

1. Dans quelles régions de France trouve-t-on le plus d'immigrés ? *Île de France, côte méd, le nord, l'alsace*
2. Quels sont les deux groupes principaux d'immigrés ? De quels pays viennent-ils ? *De la communauté Européen - portugal, espagne, italie. De les colonies anciens français - le maroc, l'algerie, le Viêt-nam.*
3. Quel groupe d'immigrés réussit le mieux en France ? Pourquoi ? *les immigrés européen.*
4. En quoi le statut des Noirs antillais et celui des Noirs africains sont-ils différents ? En quoi se ressemblent-ils ? Expliquez.
5. Quel groupe d'immigrés est très touché par le chômage ? Pourquoi ? *Maghrébins*
6. Pourquoi la vie des jeunes Maghrébins est-elle plus complexe que celle de leurs parents ? *parce-qu'il y a 2 mondes: l'islamique et le français*
7. Quelles mesures le Gouvernement de Valéry Giscard d'Estaing a-t-il prises dans les années 1970 ? *fermé les frontières français*
8. Quelle a été la réaction du Gouvernement socialiste à ce propos dans les années 80 ?
9. Pourquoi les années 80 ont-elles vu la montée du racisme et de la xénophobie en France ? Expliquez.
10. Quel mouvement politique le Front National représente-t-il ? Qui est à la tête de ce parti ?
11. Quel est le but principal de l'organisation SOS Racisme ?
12. Pourquoi les problèmes liés à l'immigration ont-ils été accrus pendant la « cohabitation » de 1986–88 ?
13. Pour quelles raisons l'Assemblée nationale a-t-elle voté une loi contre tout acte ou discours raciste au début des années 90 ?
14. Quelle est l'attitude des partis de droite et de gauche vis-à-vis du droit de vote pour les immigrés ? Expliquez.

II. Etes-vous d'accord ? Sinon, expliquez pourquoi :

1. En France, la population est composée de huit pour cent d'immigrés.
2. Avant la Deuxième Guerre mondiale, les immigrés avaient autant de mal à s'intégrer que maintenant.
3. Il y a plus d'immigrés algériens que d'immigrés portugais.
4. La moitié des Français pensent qu'il y a trop d'immigrés en France.
5. Harlem Désir a organisé la « Marche des Beurs » en 1983.
6. Jean-Marie Le Pen a été nommé au poste de Secrétaire d'Etat à l'Intégration en 1991.
7. La plupart des immigrés soutiennent les partis de gauche.

III. Identifiez en une phrase les slogans ou termes suivants :
1. « J'y suis, j'y reste. »
2. L'aide au retour volontaire et définitif.
3. Les Beurs.
4. Les « sans papier ».
5. « La France aux Français. »
6. « Touche pas à mon pote. »
7. La loi Pasqua.
8. Le droit du sang et le droit du sol.

IV. Discussion :
1. Quel groupe d'immigrés possède le plus de différences culturelles par rapport à la culture française ? En quoi ces différences sont-elles importantes ?
2. Quelle était l'attitude du gouvernement français vis-à-vis des immigrés dans les années 70 ? Illustrez avec des exemples.
3. Quelle est l'attitude des Français vis-à-vis des immigrés depuis les années 80 ? Citez quelques exemples.
4. Décrivez la deuxième génération d'immigrés maghrébins.
5. A propos de quoi la gauche et la droite diffèrent-elles en particulier vis-à-vis des immigrés ? Illustrez avec des exemples.
6. En quoi l'attitude du gouvernement français diffère-t-elle de celle du gouvernement américain vis-à-vis des immigrés ? En quoi est-elle semblable ?

Chapitre

L'EDUCATION EN FRANCE

Le plus grand service public

L'Education Nationale est le premier service public en France. Elle emploie 920.000 personnes, dont 780.000 enseignants (professeurs). Elle consomme une énorme part du budget national et constitue une des plus grandes responsabilités de l'Etat. Le système scolaire et universitaire est à la fois très uniforme et très centralisé. Aux Etats-Unis, ce n'est pas du tout le cas : chaque état a son propre département d'éducation, et chaque municipalité a un ou plusieurs districts scolaires qui sont gérés par un conseil élu. Tout cela permet une certaine variété dans les niveaux, dans les programmes d'études, dans les salaires du personnel enseignant, etc. En France, par contre, toutes les écoles publiques (maternelles, primaires et secondaires) ainsi que toutes les universités d'Etat sont sous la tutelle du Ministère de l'Education Nationale, situé rue de Grenelle à Paris. Tous les programmes d'études sont fixés par décret ministériel, et tous les diplômes sont accordés par l'Etat, d'où une grande uniformité dans les établissements scolaires et universitaires. On ne s'étonnera pas d'apprendre que le système éducatif français est hautement centralisé et ressemble à cet égard à l'administration préfectorale des départements (les deux ont été créés par Napoléon). Suivant une politique de décentralisation au début des années 80, le gouvernement socialiste a transféré la responsabilité de l'entretien des bâtiments scolaires aux collectivités locales. Mais toutes les décisions concernant les questions pédagogiques et le personnel enseignant dépendent du Ministère. Pour l'administration scolaire, la France métropolitaine est divisée en 26 districts qui s'appellent des académies. En général il y a une académie par Région, avec le siège de celle-ci dans la plus grande ville (l'Académie de Bordeaux, l'Académie de Strasbourg, etc.). Les Régions les plus peuplées, l'Ile-de-France, Rhône-Alpes et la Provence-Côte d'Azur, contiennent plusieurs académies. Il y a aussi deux académies pour les DOM-TOM. Chaque académie est dirigée par un recteur qui représente l'Etat et qui est responsable auprès du Ministre de l'Education Nationale. Celui-ci est un ministre très important dans le gouvernement, un ministre qui est toujours très visible dans les médias et très connu du public français. Mais il y a une autre raison expliquant cette prééminence médiatique : les Français se passionnent pour l'éducation. Tout ce qui se passe rue de Grenelle figure à la une des journaux et provoque des débats parfois très animés. Toute réforme appliquée par le Ministre de l'Education Nationale est susceptible de mobiliser l'opinion publique contre le Gouvernement, comme nous allons le voir.

Un peu d'histoire

Sous l'Ancien Régime toutes les écoles étaient dirigées par l'Eglise, notamment par l'ordre des Jésuites. Quand les Jésuites ont été expulsés de France en 1762, à la suite d'un conflit entre Louis XV et le Vatican, leurs écoles ont été fermées, et l'on a commencé à parler du besoin d'une éducation séculière et nationale. Après la Révolution, l'Assemblée nationale a proclamé le droit de tous les citoyens à un enseignement public et gratuit. La Révolution a donc fixé, pour la première fois, les principes de l'enseignement ouvert à tous, sans pouvoir pourtant les réaliser.

Après la Révolution, Napoléon Bonaparte a laissé à l'Eglise le monopole de l'enseignement primaire, mais s'est assuré celui de l'enseignement secondaire et supérieur en créant en 1808 deux établissements publics, le lycée et l'université d'Etat. Ces établissements devaient assurer une éducation séculière aux enfants, peu nombreux encore, qui poursuivaient leurs études au-delà du niveau primaire. En 1833 la loi Guizot a créé une école primaire publique pour garçons dans chaque commune. En revanche, en 1850, sous la Deuxième République, la loi Falloux a autorisé l'existence des écoles privées et confessionnelles (religieuses) à tous les niveaux, mettant fin au monopole de l'Etat. C'est à partir de cette loi que les écoles publiques et privées coexisteront. En outre, la loi Falloux a décrété la création dans chaque commune d'une école primaire pour filles (aujourd'hui presque toutes les écoles de France sont mixtes).

C'est en 1881 et 1882, sous la Troisième République, qu'ont été votées les lois scolaires de Jules Ferry, Ministre de l'Education Nationale à l'époque. La Troisième République a finalement réalisé les promesses de la Première : l'enseignement public en France est laïque, gratuit et obligatoire. Voilà les trois grands principes :

(1) L'école publique doit être laïque, c'est-à-dire séparée de la religion, parce qu'elle doit former des citoyens libres et développer l'autonomie

de leur jugement. La religion n'est pas enseignée à l'école, mais une journée est réservée à l'instruction religieuse (c'est-à-dire qu'il n'y a pas de cours le mercredi pour que les enfants puissent assister à des cours de catéchisme si les parents le désirent). La laïcité n'a jamais été appliquée en Alsace, où les écoles publiques sont toujours confessionnelles, bien que, depuis 1974, l'enseignement religieux n'y soit plus obligatoire.

(2) Dès que l'accès à l'enseignement est considéré comme un droit, l'école doit être gratuite. Au début les lois Jules Ferry appliquaient ce principe seulement à l'enseignement primaire, mais l'enseignement secondaire est également devenu gratuit en 1932. Les manuels scolaires sont « gratuits », dans la mesure où ils sont prêtés aux élèves, comme aux Etats-Unis, et les frais du ramassage scolaire (transport des élèves) sont pris en charge par l'Etat.

(3) L'enseignement remplit une fonction sociale. Etre instruit est un devoir que chacun doit à la société. Voilà pourquoi l'école doit être obligatoire. A l'époque des lois Jules Ferry, l'école était obligatoire de six ans à treize ans. Depuis 1959 la scolarité est obligatoire jusqu'à seize ans.

Les principes des lois Jules Ferry sont en vigueur depuis plus d'un siècle. Avant de parler des développements plus récents, il faut d'abord expliquer le système actuel d'éducation.

L'organisation de l'enseignement

L'enseignement en France est organisé selon plusieurs « degrés » et « cycles » suivant l'âge de l'enfant : l'enseignement préscolaire (2 à 5 ans); le premier degré ou le primaire (6 à 11 ans); le second degré ou le secondaire, qui comprend deux cycles : le premier cycle (12 à 15 ans) et le second cycle (16 à 18 ans); et enfin le supérieur (les universités), qui comprend trois cycles et dont nous parlerons plus loin.

L'enseignement préscolaire, facultatif, est dispensé dans les écoles maternelles. Bien que la scolarité ne soit obligatoire qu'à partir de l'âge de six ans, à l'âge de deux ans un enfant sur trois est à l'école. Près de 92% des enfants en France sont scolarisés dès l'âge de trois ans, et tous les enfants le sont à l'âge de quatre ans. Dans ces écoles les enfants font du chant, du dessin, des travaux manuels et des jeux éducatifs. Les professeurs des écoles maternelles doivent avoir la même formation que les enseignants des écoles primaires.

L'enseignement du premier degré est dispensé dans une école primaire. Pendant la première année, les élèves apprennent la lecture, l'écriture et le calcul. Ensuite, ils suivent 27 heures de cours par semaine, et ils font du français, des mathématiques, de l'histoire, de la géographie, des sciences naturelles, du chant, du dessin, de l'instruction civique et de l'éducation physique (voir Tableau I). Pour être maître ou maîtresse dans une école

● Tableau I: Heures de Cours Hebdomadaires ●

Ecole primaire (6 à 11 ans): 27 heures par semaine

Français	8 h	Chant/Dessin	2 h
Maths	6 h	Instruction civique	1 h
Sciences naturelles	3 h	Education physique	5 h
Histoire/Géographie	2 h		

Collège (12 à 15 ans): 27 heures par semaine

Français	5 h	Art/Musique	2 h
Maths	3 h	Education manuelle	
Langue vivante	3 h	et technique	2 h
Histoire/Géographie	3 h	Education physique	3 h
Sciences expérimentales	3 h	Options	3 h

Lycée (16 à 18 ans)   Terminale A: 25 heures par semaine

Philosophie	8 h	Education physique	2 h
Maths	2 h	2e Langue	3 h
Histoire/Géographie	4 h	3e Langue	3 h
Langue vivante	3 h		

Terminale C: 26 heures par semaine

Philosophie	3 h	Sciences physiques	5 h
Maths	9 h	Sciences naturelles	2 h
Histoire/Géographie	3 h	Education physique	2 h
Langue vivante	2 h		

primaire, il faut deux ans de formation dans un institut universitaire de formation des maîtres.

L'enseignement secondaire est divisé en deux cycles, qui correspondent à deux sortes d'établissements. Le premier cycle est dispensé dans un CES (Collège d'Enseignement Secondaire), ou tout simplement un collège. Le collège comprend les classes de sixième, de cinquième, de quatrième et de troisième (à l'inverse du système de progression américain). Au collège les élèves ont un «tronc commun» d'études, c'est-à-dire qu'ils suivent tous plus ou moins les mêmes cours. Il y a quelques options à choisir, mais il n'y a pas de filières (branches) qui répartissent les élèves dans des catégories différentes, selon leur succès scolaire. A la fin du premier cycle les collégiens passent un examen de contrôle qui confère le brevet des collèges, un diplôme qui ne conditionne pas le passage au second cycle. L'orientation des élèves se fait alors par le conseil de classe: les professeurs, en tenant compte des succès scolaires de l'élève et des vœux de sa famille, donnent leur avis sur l'arrêt ou la poursuite des études, et sur le choix d'un second cycle long ou court. Pour chaque élève il y a donc trois possibilités:

(1) Si l'élève a reçu de mauvaises notes et s'il a atteint l'âge de seize ans parce qu'il a redoublé une ou plusieurs fois, le conseil de classe peut recommander l'arrêt des études. 50% des élèves finissent leurs études à seize ans et entrent dans la vie professionnelle.

(2) Si l'élève a démontré des aptitudes plutôt techniques, le conseil de classes peut recommander le second cycle court (deux ans), qui est dispensé dans un LEP (lycée d'enseignement professionnel). Ce cycle conduit à deux diplômes, un BEP (Brevet d'Etudes Professionnelles) ou bien un CAP (Certificat d'Aptitude Professionnelle). Ces diplômes préparent un élève pour un métier dans une usine ou dans le secteur tertiaire. Il est vrai que les LEP doivent accueillir les moins bons élèves. Mais l'enseignement dans les LEP est souvent plus efficace parce que les élèves voient la perspective d'un métier comme un but de leurs efforts.

(3) Si l'élève a démontré des capacités intellectuelles, le conseil de classe peut recommander le second cycle long (trois ans), dispensé dans un lycée «classique», dans les classes de seconde, de première et de terminale.

Les classes de seconde sont communes à tous les lycéens. Dès le passage en première, les élèves doivent choisir une filière, en fonction de l'examen de fin d'études qu'ils comptent passer. Jusqu'en première, le français est la discipline la plus importante pour tous les élèves, et à la fin de l'année de première ils doivent se présenter aux épreuves de français. L'année de terminale est entièrement consacrée à la préparation du baccalauréat, examen et diplôme qui sanctionne la fin du secondaire et qui donne accès à l'université. Depuis 1992, le baccalauréat général a trois grandes filières :

L	filière littéraire—langues, philosophie, histoire, géographie
ES	filière économique et sociale—sciences économiques et sociales
S	filière scientifique—sciences physiques et naturelles, mathématiques

En plus, il y a de nombreuses options techniques, par exemple l'électronique, le génie civil, la construction mécanique, les études commerciales, les études agricoles, la musique et les arts plastiques, qui mènent au baccalauréat de technicien (BTn) ou au brevet de technicien (BT).

Il est difficile d'expliquer l'importance du baccalauréat (appelé le « bac » ou le « bachot ») dans la conscience nationale française. On a même créé le verbe « bachoter », qui signifie « travailler pour préparer le bachot », et un titre, « bachelier », pour désigner une personne qui le possède. Tous les ans, au mois de juin, les médias parlent du bac et spéculent sur le nombre d'élèves qui seront reçus. Quelle que soit l'option choisie, le baccalauréat a toujours mis l'accent sur la culture générale. Il a donc un grand prestige, et même les élèves qui n'ont aucune intention d'entrer à l'université tiennent souvent à le réussir. Cet examen, auquel plus de 500.000 candidats se présentent par an, pose de nombreux problèmes pratiques au Ministère. Le taux de réussite est en général de 75%, ou trois quarts des candidats. Près de 50% des élèves d'une tranche d'âge obtiennent le bac chaque année. Ceux qui ne réussissent pas du premier coup ont la possibilité de se présenter une deuxième fois, après avoir redoublé l'année terminale.

Le baccalauréat a été créé en 1808 par Napoléon. Cet examen a longtemps servi de barrière qui distinguait l'élite bourgeoise du prolétariat, mais il a été démocratisé progressivement : tandis qu'en 1935 on ne délivrait encore que 12.000 diplômes de bachelier, en 1991 on en a accordé plus de 400.000. Toujours est-il que le baccalauréat est investi des aspirations sociales et économiques de la société française. Au fur et à mesure que le pourcentage des réussites augmente, et c'est là justement l'ambition du Ministère, le bac se banalise et être bachelier ou bachelière aura moins de distinction à l'avenir. En revanche, ne pas avoir le bac aura une signification très grave : comme il est impossible d'entrer à l'université sans le baccalauréat, les « sans-bac » seront relégués au sous-prolétariat. Le bac opérera ainsi une sorte de sélection négative.

Au cours des dernières années l'enseignement français a été marqué par deux grands conflits qui montrent à quel point l'éducation en France est une affaire politique. Le premier est le conflit entre la sélection et l'égalité. Le deuxième est celui de la lutte entre l'Eglise et l'Etat. Nous allons examiner ces conflits.

La sélection au niveau secondaire

La sélection est d'abord la distinction entre les bons et les mauvais élèves, entre ceux qui réussissent dans leurs études et ceux qui échouent. Les bons élèves prolongent leurs études jusqu'à l'université, tandis que les mauvais abandonnent plus tôt et commencent à travailler plus jeunes. Quoi de plus normal ? Mais en France le concept de la sélection scolaire a depuis longtemps une résonance sociale et politique, dans la mesure où les enfants

de la classe bourgeoise, plus avantagés, réussissent plus facilement que les enfants de la classe ouvrière. Ces derniers échouent plus souvent et ils sont obligés de rester dans la classe ouvrière parce qu'ils n'ont pas les diplômes requis pour monter l'échelle sociale. Un écart se développe, déjà à l'école primaire, entre les enfants des familles culturellement privilégiées et les enfants de celles qui ne le sont pas. Ceux-ci redoublent plus souvent et sont moins nombreux à parvenir aux classes terminales du secondaire. Près de 75% des enfants de cadres supérieurs atteignent la classe terminale, contre seulement 15% des enfants d'ouvriers ou de salariés agricoles. Les enfants d'immigrés sont encore plus handicapés. Cette sélection signifie donc un système officiel qui perpétue les divisions sociales. Pendant longtemps, elle a été vivement critiquée par la gauche, qui préconisait un système plus démocratique et moins élitiste. De plus, le système éducatif français aggravait cette sélection, disaient les critiques, en orientant les élèves trop tôt et en les dirigeant vers des filières classiques ou techniques correspondant à leur classe sociale. Autrement dit, les enfants d'ouvriers étaient orientés trop tôt vers les métiers techniques avant d'apprendre s'ils avaient d'autres talents. Un enfant de plombier ou d'éboueur, disaient-ils, pourrait devenir journaliste ou professeur s'il recevait la formation convenable. Les partis politiques de gauche et les syndicats d'enseignants dénonçaient donc ces injustices scolaires : le genre d'études que faisait un élève était décidé trop tôt, selon sa classe sociale, et ce choix engageait tout son avenir; il serait plus juste de faire ce choix plus tard, en fonction des talents de l'élève et de sa maturité.

René Haby, Ministre de l'Education Nationale sous le président Giscard d'Estaing, a proposé des réformes qui remettaient la sélection à un âge plus tardif. La « réforme Haby » (1977) a créé un « tronc commun » d'études dans un « collège égalitaire » où il n'y a plus de filières et où tous les élèves reçoivent la même formation. Elle a aussi prévu des « classes de soutien » pour les élèves qui ont des difficultés à suivre le rythme scolaire. L'orientation des élèves vers l'instruction intellectuelle ou pratique était remise à la fin du premier cycle. Cette réforme égalitaire, qui représentait une grande rupture avec la tradition de sélection, a mis les professeurs en désarroi et a créé des divisions entre eux. Il s'agissait d'un conflit entre l'égalité sociale et les critères de sélection. D'une part, la majorité des professeurs étaient de tendance gauchiste, et ils figuraient donc parmi les critiques de la sélection. Ils voulaient que tous les élèves, quelle que soit leur classe sociale, aient les mêmes possibilités de choisir leurs études. D'autre part, le plus grand syndicat des enseignants, la Fédération de l'Education Nationale (la FEN), est très réticente en ce qui concerne les réformes imposées par le Ministère à Paris. La FEN s'est opposée à ce que les bons élèves soient mélangés avec les mauvais dans les mêmes classes, pour des motifs pédagogiques. La réforme Haby a donc créé une situation curieuse : ceux qui soutenaient la réforme pour des raisons d'égalité sociale s'y opposaient pour des raisons d'excellence scolaire. Haby a été obligé de donner sa démission en 1978, mais sa notion de « collège égalitaire » existe toujours, et la sélection continue à provoquer des débats.

La laïcité

Depuis les lois Jules Ferry de 1881–82, renforcées par la Séparation de l'Eglise et de l'Etat (1905), jusqu'à la Cinquième République, la démarcation entre les écoles publiques et les écoles catholiques était restée nette. Les écoles dites « libres » (presque toujours catholiques) ne recevaient aucune subvention de l'Etat et avaient donc des difficultés financières. Pendant la Troisième et la Quatrième Républiques, la tendance laïque s'opposait à toute subvention : « A écoles privées, fonds privés; à écoles publiques, fonds publics. » En 1959 le président Charles de Gaulle et son ministre Michel Debré ont fait voter une loi qui accordait une aide financière aux écoles libres (privées). Cette « loi Debré » a offert aux écoles privées le choix entre plusieurs statuts; chacun de ces statuts supposait un rapport étroit entre l'aide financière de l'Etat et un contrôle de celui-ci sur le fonctionnement des écoles. Les professeurs des écoles privées sont désormais payés par l'Etat, en tant que fonctionnaires. Ces écoles doivent appliquer les programmes de l'enseignement public. Pour contrôler la qualité des programmes, les diplômes ne seront accordés que par l'Etat. La loi Debré, adoptée d'une façon un peu arbitraire par le président de Gaulle, a été très controversée par les partisans de la Séparation. Mais elle est restée largement incontestée pendant vingt-cinq ans.

En 1984, Alain Savary, Ministre de l'Education Nationale sous le président Mitterrand, a rouvert le débat sur l'école laïque. Sous la pression de la puissante FEN, Savary a proposé une loi qui aurait abrogé la loi Debré et qui aurait retiré l'aide financière aux écoles libres. Ce projet de loi visait à l'unification du système scolaire. Bien qu'il n'y ait que 20% des élèves français scolarisés dans les écoles privées, la loi Savary a provoqué une énorme réaction au nom de la liberté de choix. En juin 1984, les défenseurs de l'enseignement libre ont réagi. Il y a eu des manifestations d'abord en province (à Bordeaux, à Rennes, à Lille, à Lyon, à Versailles) et enfin un million de Français ont défilé dans les rues de Paris. Ce défilé a été une des plus grandes manifestations jamais organisées en France. Peu de Français choisissent l'école confessionnelle, payante, plutôt que l'école publique et gratuite, mais ils tiennent clairement à leur droit de choisir et ils voyaient dans cette décision de la part du gouvernement un attentat à la liberté. Le président Mitterrand a mis fin à ce projet de loi. Savary a donné sa démission d'abord, suivi par l'en-

LA FEN
SYNDIQUE

les
**personnels
de
l'éducation**

mais aussi

les
**personnels
de
la culture**

mais encore

les
**personnels
de
la recherche**

c'est
une organisation
syndicale
unitaire

48 RUE LA BRUYERE
75440 PARIS CEDEX 09
téléphone : 42.85.71.01
télex : FENTELX 648 356 F
télécopie : 40.16.05.92

semble du Gouvernement de Pierre Mauroy. Mitterrand a été obligé de former un nouveau Gouvernement.

La querelle de l'école laïque n'est sûrement pas encore finie. Le dernier épisode de cette querelle concerne le calendrier scolaire. Actuellement, les élèves français n'ont pas vraiment de week-end. Ils ne sont libres que le mercredi et le dimanche. Il y a beaucoup de pression exercée sur le Ministère par les parents, qui voudraient que leurs enfants soient libres le samedi et non pas le mercredi, afin d'avoir un week-end en famille. Les évêques en France ont vivement attaqué cette idée comme une menace contre l'instruction religieuse, programmée le mercredi. Le Ministère hésite.

L'enseignement supérieur : un peu d'histoire

Il y a 1.300.000 étudiants en France, soit un taux de scolarisation universitaire de 24 pour 1000 habitants (aux Etats-Unis 52 et au Canada 49, le double). La majorité des étudiants sont inscrits dans les universités d'Etat, avec un nombre bien plus restreint dans les Grandes Ecoles. Les universités privées, catholiques pour la plupart, attirent seulement deux pour cent des étudiants.

L'Université de Paris a été fondée en 1200 par le roi Philippe-Auguste. C'était une des premières universités en Europe. Il y avait des facultés (écoles) de droit et de médecine, mais la grande mission de l'Université était de préparer les étudiants (uniquement les hommes) pour une carrière ecclésiastique. Les étudiants venaient à l'Université de tous les coins d'Europe, et leur seule langue commune était le latin, langue de l'Eglise. Le quartier de l'Université était donc connu comme le Quartier latin, et ce nom est resté jusqu'à nos jours. En 1257 Robert de Sorbon a fondé une pension pour loger les étudiants pauvres dans la faculté de théologie, et l'on a commencé à appeler celle-ci « la Sorbonne ». Au bout d'un certain temps, la Sorbonne était devenue synonyme de l'Université de Paris. Au cours du Moyen Age, il s'est également développé de grandes universités en province, à Poitiers, à Toulouse et à Montpellier. Ces établissements catholiques ont été abolis, bien entendu, à l'époque de la Révolution. En 1808 Napoléon a créé l'université d'Etat, qui comprenait cinq facultés (droit, médecine, pharmacie, sciences et lettres).

Le système universitaire a été restructuré à la fin des années 60, à la suite des événements de mai 1968, qui ont été provoqués en partie par un mécontentement dans le milieu estudiantin. Ainsi, la révolte des étudiants a résulté dans la loi d'orientation de l'enseignement supérieur, dite la loi Faure (1968). Pour comprendre cette transformation, il sera utile de comparer les domaines administratifs et pédagogiques avant et depuis 1968 (voir Tableau II).

(1) Administration : avant 1968 il existait seize universités en France, toutes situées au siège des académies. Chacune était administrée par le recteur, nommé par le Ministre. Chacune comprenait plusieurs facultés, et celles-ci étaient isolées les unes des autres. Au lieu de dire qu'ils étudiaient à l'université de Dijon, par exemple, les étudiants disaient plutôt qu'ils faisaient leurs études à la « fac » de lettres ou à la « fac » de droit. Depuis 1968 il y a 75 universités et centres universitaires en France (y compris trois dans les DOM-TOM), dont la majorité sont récentes. La Loi d'orientation leur a accordé une certaine autonomie administrative et financière, bien qu'elles dépendent toujours largement du Ministère. L'énorme Université de Paris a été divisée en treize universités autonomes, situées dans Paris *intra muros* et en banlieue. La gestion de chaque université est maintenant assurée par un conseil d'administration, composé de professeurs, d'administrateurs, de personnel de service et d'étudiants (la représentation des étudiants a été réclamée lors des événements de 1968). En plus, la Loi d'orientation a supprimé les facultés et a créé les Unités de Formation et de Recherche (UFR), qui regroupent les disciplines de plusieurs facultés, rigoureusement séparées avant.

(2) Pédagogie : le résultat de la création des UFR a été la possibilité de faire des études pluridisciplinaires. L'étudiant a désormais le droit de

● Tableau II : Changements dans le Système ●
de l'Enseignement Supérieur

avant 1968	depuis 1968
16 universités	75 universités
gestion par le recteur	gestion par le conseil d'administration
facultés (isolées)	UFR, études pluridisciplinaires
cours magistraux	séminaires, TD
examens de fin d'année	contrôle continu, examens partiels, UV
un seul examen par an	double session d'examens (juin et septembre)

choisir plusieurs disciplines dans le premier cycle universitaire. La Loi d'orientation visait à établir un contact plus proche entre les étudiants et les professeurs. Avant 1968 les professeurs faisaient des cours magistraux, c'est-à-dire qu'ils enseignaient dans un amphithéâtre devant quelques centaines d'étudiants. Depuis 1968 le cours magistral tend à faire place aux séminaires par petits groupes et aux travaux dirigés (TD). Un autre résultat de 1968, réclamé par les étudiants, est un système de contrôle continu et des examens partiels. Pourtant, les étudiants ne sont pas obligés d'assister aux cours pour pouvoir se présenter aux examens de fin d'année et pour avoir les unités de valeur (UV).

L'organisation de l'enseignement supérieur

Les études universitaires sont organisées en cycles. Pour les études de lettres, de sciences, de droit et d'économie il existe trois cycles. Le premier cycle conduit en deux ans au Diplôme d'Etudes Universitaires Générales (le DEUG). Pour obtenir un DEUG en anglais, par exemple, il faut avoir douze UV :

4 UV obligatoires d'anglais de première année
4 UV obligatoires d'anglais de deuxième année
1 UV de littérature française
3 UV libres d'option (par exemple, littérature anglaise ou américaine)

Ce qui frappera les étudiants américains dans ce système est l'absence relative de cours obligatoires autres que l'anglais. Dès la première année à l'université, l'étudiant suit presque exclusivement des cours dans son domaine de spécialisation. C'est dans le premier cycle qu'on voit le plus grand nombre d'étudiants. Le taux d'échec est très élevé (50%), c'est-à-dire qu'un étudiant sur deux ne termine pas la première année. Après le DEUG l'étudiant peut entrer dans le deuxième cycle où la formation est approfondie. Les études de première année sont sanctionnées par la licence, celles de deuxième année par la maîtrise. Le troisième cycle est consacré à la recherche et à la rédaction d'une thèse conduisant en trois ans au doctorat.

Le deuxième cycle est important pour le recrutement des professeurs de l'enseignement secondaire parce que les deux diplômes de ce cycle donnent accès aux concours, épreuves qu'on peut passer une fois par an, au printemps. A la différence d'un examen, auquel théoriquement tous les candidats peuvent réussir, un concours est compétitif : seul un nombre fixe de candidats y réussiront. Le nombre de postes accordés par le concours est déterminé chaque année par le Ministère, en fonction du nombre de professeurs qu'il faut recruter. Pour être professeur dans un collège ou un lycée, un étudiant a deux options. Il peut d'abord obtenir la licence et puis passer le CAPES (Certificat d'Aptitude au Professorat de l'Enseignement du Second Degré). Ou bien, il peut continuer jusqu'à la maîtrise et puis passer un concours plus difficile, l'agrégation. Le taux de réussite de ces concours dépend du nombre de postes qui sont disponibles dans les écoles. Par exemple, en 1988, 1045 candidats ont passé l'agrégation d'histoire, et il n'y avait que 106 postes en histoire dans toute la France ! Il y a des étudiants courageux qui passent un concours plusieurs fois avant d'y réussir ou d'abandonner. Avec 13 millions d'élèves actuellement inscrits dans les écoles secondaires, il y a un manque de professeurs, mais personne ne veut baisser le niveau de sélection pour admettre plus de candidats aux concours. Pour répondre à cette situation le Ministère a été obligé d'embaucher en 1990 40.000 maîtres et maîtresses auxiliaires (ceux et celles qui ont déjà la maîtrise mais qui n'ont pas encore réussi aux concours).

Les études universitaires peuvent être schématisées de la façon suivante :

durée		diplôme		accès au concours
premier cycle :	2 ans	le DEUG		
deuxième cycle :	1 an	la licence	→	le CAPES
	+ 1 an	la maîtrise	→	l'agrégation
troisième cycle :	3 ans	le doctorat		

Les bacheliers désirant une filière plus technique peuvent entrer dans un Institut Universitaire de Technologie. Créés en 1966, les IUT donnent une formation scientifique et technique plus pratique que celle des universités. Une bonne partie des enseignants dans les IUT viennent des entreprises et apportent une expérience pratique. Les études dans les IUT forment les ingénieurs de toute sorte et sont sanctionnées, après deux ans, par un Diplôme Universitaire de Technologie (DUT). Si un étudiant décide de continuer ses études, le DUT lui permet, comme le DEUG, de passer dans le deuxième cycle.

Rattachée à l'université est une autre institution qu'il faut mentionner, celle du Centre Hospitalier et Universitaire. Le CHU est pour les études conduisant aux professions de santé : la médecine (6 ans), la chirurgie dentaire (5 ans) et la pharmacie (5 ans).

Les Grandes Ecoles sont des établissements gérés par l'Etat mais indépendants des universités. Il y en a environ 150, et elles forment l'élite pour les professions scientifiques, littéraires et commerciales. Les Grandes Ecoles sont très prestigieuses, et leur système d'excellence est admiré et envié par le monde entier. Une des plus anciennes, l'Ecole Normale Supérieure (qui forme les professeurs), a été fondée en 1794 pendant la Première République. L'Ecole Polytechnique, qui forme à la fois des officiers militaires et des ingénieurs, date de la même époque. Un grand nombre d'hommes politiques, de diplomates, d'ambassadeurs et de hauts fonctionnaires ont été formés à l'Ecole Nationale d'Administration, fondée en 1945 (on appelle les anciens élèves de l'ENA des « énarques »; Valéry Giscard d'Estaing, Jacques Chirac et Michel Rocard sont des énarques). L'accès aux Grandes Ecoles se fait par un concours très difficile qui se prépare en deux ans dans des classes préparatoires. Les bacheliers qui ont les meilleurs résultats sont choisis pour suivre les cours de ces classes préparatoires. Il est difficile d'y entrer et encore plus difficile d'en sortir avec un diplôme. On a souvent critiqué l'esprit élitiste qui règne dans les Grandes Ecoles. Il faut noter pourtant qu'elles sont théoriquement ouvertes aux enfants de toutes les classes sociales, pourvu qu'ils soient intelligents et travailleurs.

La sélection au niveau universitaire

Chaque année, de plus en plus d'élèves réussissent au bac. Comme tous les bacheliers ont le droit de s'inscrire aux programmes d'études supérieures, les universités sont de plus en plus surpeuplées, et elles débordent d'étudiants. Par exemple, il y a 34.000 étudiants à Lille pour 16.500 places; 21.000 à Caen pour 13.000 places; 19.000 à Tours pour 10.000 places, et ainsi de suite. Partout en France, les étudiants se plaignent du manque de places dans les salles de classes, dans les bibliothèques, dans les laboratoires. A la rentrée de 1988 il y avait plus de 40.000 étudiants supplémentaires par rapport à l'année précédente. Selon les médias, les universités « craquent ». Ce problème inquiète le Gouvernement depuis une dizaine d'années. En plus, il y a le problème des locaux : bien des bâtiments universitaires sont délabrés et vétustes. Il faut les réparer et en construire de nouveaux, et pour cela il faut trouver des milliards de francs. Le Ministère a déclaré qu'il faut doubler la surface universitaire avant l'an 2000.

En 1986, pendant la « cohabitation », le Ministre délégué aux universités, Alain Devaquet, a cru trouver une solution. Il a fait un projet de loi qui aurait permis aux universités de limiter le nombre d'étudiants entrant dans le premier cycle, mettant fin à la longue tradition d'admettre tous les bacheliers. Selon le projet Devaquet, chaque université aurait le droit de fixer les barèmes d'admission au premier et au deuxième cycle. En plus, pour permettre une plus grande autonomie et une plus grande compétitivité, chaque université aurait le droit de fixer les frais d'inscription entre 475 francs et 800 francs par an. Ce projet de loi a provoqué la colère des jeunes. Elle a déclenché des manifestations massives dans toute la France, avec la bénédiction de la FEN. Il y a eu de nombreuses grèves, et la majorité des lycées et des universités ont été paralysés pendant trois semaines. Devaquet a donné sa démission, et Chirac a retiré le projet de loi. Pourquoi toute cette colère ? Que contestaient les jeunes ? Premièrement, ils marchaient dans les rues pour défendre l'égalité des chances. Si cette loi avait été votée, les conditions d'accès à l'université auraient été basées sur les dossiers scolaires et non pas sur le bac, dévalué. Cette loi aurait donc enlevé le *droit* traditionnel de faire des études supérieures. Devaquet n'avait pas compris à quel point les jeunes tiennent à cet idéal démocratique, une conviction qui est d'ailleurs soutenue par la droite comme la gauche : l'enseignement doit être ouvert à tous. Ils protestaient contre la sélection et l'exclusion. Deuxièmement, ils protestaient contre le nouveau système des frais d'inscription, non pas tellement contre l'augmentation des frais, mais contre la différence entre les frais d'une université à l'autre. Selon les critiques, un tel système créerait deux catégories d'universités, les «facs d'élite» et les «facs poubelles». Les diplômes accordés par les universités les plus chères, celles qui auraient des critères d'admission plus élevés, auraient une plus grande valeur dans le marché. «Nous ne voulons pas d'universités coca-cola» était le slogan du jour, signifiant un refus de la tradition commerciale des universités américaines. Voilà le grand paradoxe français : la passion de l'égalité, oui, mais en même temps le goût du privilège, et la peur des réformes.

La sélection reste donc un grand tabou. Le résultat est qu'il n'y a pas assez de place dans les universités. Mais si la sélection à l'entrée est interdite, il existe une sélection impitoyable par l'échec au bout du cycle, ce qui aboutit au même résultat. Beaucoup d'étudiants abandonnent, tandis que d'autres échouent après deux ou trois ans. Selon certains critiques, ils perdent leur temps et ils coûtent cher à l'Etat. Il faut maintenir l'égalité des chances, disent-ils, mais il faut accepter aussi la sélection académique. Les étudiants devraient être admis à l'université en fonction des notes obtenues pendant leur scolarité et non plus seulement en fonction du bac. Même la FEN reconnaît que tous les bacs ne conviennent pas à n'importe quelle formation supérieure (mais elle a toujours milité contre la sélection !).

En revanche, l'insatisfaction du système universitaire augmente. Malgré la réaction au projet Devaquet en 1986, aujourd'hui beaucoup d'étudiants se disent prêts à payer plus cher leurs droits universitaires pour avoir des conditions de travail améliorées. Mais quel ministre osera le leur demander ? Il faut dire que les universités françaises sont parmi les moins chères d'Eu-

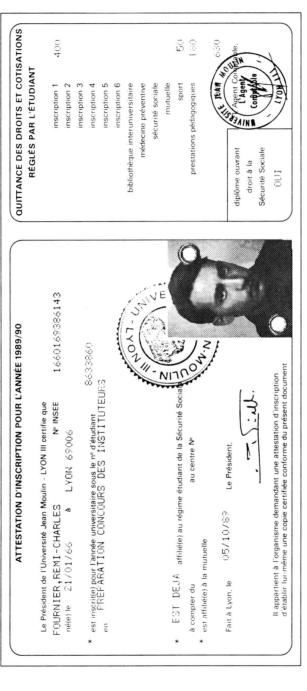

rope. Il faut dire aussi qu'en France la part du produit intérieur brut (PIB) réservée aux universités (0,5%) est la moitié de celle des Etats-Unis (1%) et inférieure à celles du Japon, de l'Angleterre et de l'Allemagne. Le Ministre de l'Education Nationale se demande d'où viendra l'argent nécessaire pour améliorer la situation : de l'Etat, des entreprises ou des collectivités locales ? Cela reste à voir.

La vie scolaire et universitaire

Les élèves français ont plus de vacances que les élèves américains : 158 jours de classe en France contre 180 aux Etats-Unis. La rentrée scolaire, toujours très médiatisée, a eu lieu le 10 septembre en 1990. En 1990–91, à titre d'exemple, les élèves ont eu une semaine de vacances pour la Toussaint (en novembre), deux semaines pour Noël (en décembre), deux semaines de vacances d'hiver (février-mars) et deux semaines de vacances de printemps (avril-mai). Les grandes vacances commencent au mois de juillet et durent jusqu'en septembre. Les élèves sont libres le mercredi (jour du catéchisme), mais ils doivent aller à l'école le samedi matin. Leurs journées à l'école sont longues, et le soir ils ont de nombreux devoirs à faire. En plus, ils ont les examens de fin d'année à préparer. La grande majorité des lycéens ne travaillent pas parce qu'ils n'ont pas le temps. Ils ne conduisent pas non plus, parce qu'il faut avoir 18 ans en France pour passer un permis de conduire. En revanche, plus de 500.000 collégiens et lycéens (27% du total) bénéficient de bourses d'études secondaires, qui sont accordées aux familles les moins favorisées.

A l'université, les cours ne reprennent qu'au mois d'octobre. 35% des étudiants ont un travail, à mi-temps ou à plein temps, mais la majorité d'entre eux consacrent tout leur temps aux études. En ce qui concerne l'aide financière fournie aux étudiants, il faut mentionner les bourses et les chambres à prix réduits accordées aux familles à revenu modeste, et les repas aux restaurants universitaires (« resto U ») ouverts à tous les étudiants.

Ce qui distingue la vie scolaire et universitaire française de sa contrepartie américaine, c'est l'absence des activités extracurriculaires, notamment les sports. A l'école secondaire et surtout à l'université, l'étudiant américain peut participer à toutes sortes de clubs suivant ses intérêts. En plus, il y a des équipes sportives qui représentent l'image de l'école ou de l'université aux yeux du grand public. En France, il n'y a rien de tout cela, ce qui explique peut-être pourquoi un étudiant s'identifie assez peu avec son lycée ou son université.

CONTROLE CONTINU

I. Répondez aux questions suivantes :

1. Pourquoi peut-on dire que le système de l'éducation en France est très uniforme ? Expliquez. *sous le contrôle d'État*

2. Qui dirigeait l'éducation sous l'Ancien Régime ?

3. Quels sont les trois grands principes des lois scolaires de Jules Ferry ?

4. Comment l'entrée dans le second cycle de l'enseignement secondaire est-elle déterminée ?

5. Quelles sont les différences entre le second cycle court et le second cycle long de l'enseignement secondaire ?

6. En quoi consistait la « réforme Haby » ? Quel cycle d'études touchait-elle ? *le premier cycle a créé un "tronc commun"*

7. Quelle a été la réaction des enseignants vis-à-vis de cette réforme ? *N'aime pas*

8. En quoi la loi Debré était-elle liée au concept de la laïcité ? *—donne l'aide financier à les écoles privées*

9. En quoi consistait le projet de loi d'Alain Savary ? *a retiré l'aide fi. pour les écoles publiques*

10. Quelles ont été les réactions à ce projet de loi ? Expliquez. *un grand réaction ; le peuple veux leur liberté du choix*

11. Quels sont les grands traits de la Loi d'orientation de l'enseignement supérieur de 1968 ? *·augmentation d'universités ·écoles pluridisciplinaires ·indépendence d'administratif et financier*

12. Quelles sont les différences entre un concours et un examen ?

13. Quels sont les différents types d'universités qui existent en France ? *IUF, CHU, GE*

14. Qu'est-ce qu'une Grande Ecole ? Expliquez.

15. En quoi consistait le projet de loi d'Alain Devaquet ?

16. Quelle a été la réaction des jeunes vis-à-vis de ce projet de loi ?

II. Etes-vous d'accord ? Sinon, expliquez pourquoi :

1. L'enseignement en France est laïque depuis la Révolution.

2. La scolarité est obligatoire de 6 à 16 ans.

3. Le Recteur d'une académie est responsable devant le Ministre de l'Education Nationale.

4. Chaque académie est dirigée par un recteur.

5. Les enseignants des écoles maternelles n'ont pas la même formation que ceux des écoles primaires.

6. 50% des élèves n'entrent pas dans le deuxième cycle de l'enseignement secondaire.

7. 50% des étudiants ne terminent pas leur première année universitaire.

8. Depuis les lois Jules Ferry, les écoles privées ont toujours été subventionnées par l'Etat.

9. Les écoles privées ont leurs propres diplômes.
10. L'Université de Paris date du début du XIIIe siècle.
11. C'est Napoléon qui a créé les universités d'Etat.
12. Les universités françaises sont parmi les plus chères d'Europe.

III. Choisissez la meilleure réponse :
1. Les écoles primaires publiques pour garçons et pour filles datent :
   a) de la Révolution.
   b) du Premier Empire.
   c) de la Deuxième République.
   d) de la Troisième République.
2. Lequel de ces établissements scolaires permet à un élève de continuer ses études jusqu'au baccalauréat ?
   a) un CES.
   b) un LEP.
   c) un lycée « classique ».
   d) un IUT.
3. Lequel de ces diplômes est un diplôme universitaire ?
   a) le baccalauréat.
   b) le brevet de collège.
   c) le CAP.
   d) le DEUG.
4. La gestion de chaque université est assurée par
   a) le Ministre de l'Education Nationale.
   b) un recteur.
   c) un comité de professeurs, d'administrateurs et d'étudiants.
   d) le président de l'université.

IV. Identifiez brièvement les noms suivants :
1. une académie
2. un lycée d'enseignement professionnel (LEP)
3. le baccalauréat
4. la Fédération de l'Education Nationale (FEN)
5. le Quartier latin
6. un cours magistral
7. un maître / une maîtresse auxiliaire
8. l'Ecole Normale Supérieure
9. L'Ecole Polytechnique
10. L'Ecole Nationale d'Administration

V. Discussion

1. Discutez les problèmes de la sélection au niveau de l'enseignement secondaire et de l'enseignement universitaire : les solutions proposées par le Gouvernement, et la réaction des jeunes et du public en général.
2. Dégagez les grands traits du système de l'éducation en France : les différents cycles, les examens, etc.
3. Quels sont les problèmes et les ambiguïtés liés à la coexistence des écoles privées et des écoles publiques en France ? Illustrez avec des exemples.
4. Comparez la vie scolaire et universitaire des élèves français et américains.
5. Quel système universitaire préférez-vous, le systeme français ou américain ? Pourquoi ?

Chapitre

14

LES MEDIAS FRANÇAIS

Si l'éducation est un moyen important de transmettre la culture aux jeunes, des informations de toutes sortes sont diffusées à tous les Français, jeunes et adultes, par les médias. La presse écrite et les médias audiovisuels (la radio et la télévision) tiennent une grande place dans la vie culturelle de la France.

La presse écrite

Les périodiques existaient déjà en France, à Paris et en province, pendant les derniers siècles de l'Ancien Régime. Les premières «gazettes», comme la *Gazette de France*, ont commencé à paraître régulièrement au XVIIe siècle. Celles-ci étaient consacrées aux événements politiques et à l'actualité. A l'imitation de ces gazettes politiques on a commencé à publier des gazettes littéraires, qui annonçaient les nouveaux livres et les nouvelles pièces de théâtre et qui donnaient des comptes rendus des ouvrages littéraires. Au XVIIIe siècle le journalisme est devenu une activité importante, mais les journaux restaient chers, accessibles seulement aux nobles et aux riches bourgeois. Le premier journal quotidien français, le *Journal de Paris*, a commencé à paraître en 1777 (un *quotidien* paraît tous les jours). Avant la Révolution, la liberté de la presse n'existait pas encore : les journaux étaient sujets à la censure et les journalistes étaient surveillés par la police. Mais à côté des gazettes officiellement approuvées il existait une presse clandestine, qui évitait la censure et qui distribuait des nouvelles de la cour et de la ville.

La Révolution a réagi contre la censure de l'Ancien Régime. La liberté de la presse est inscrite dans la *Déclaration des droits de l'homme et du citoyen* : «La libre communication des pensées et des opinions est un des droits les plus précieux de l'homme; tout citoyen peut donc parler, écrire, imprimer librement, sauf à répondre de l'abus de cette liberté dans les cas déterminés par la loi. » Grâce à cette nouvelle liberté d'expression, de nombreux journaux d'opinion politique ont proliféré pendant les premières années de la Révolution. Mais cette liberté n'a pas toujours été respectée par les diverses formes de gouvernement (monarchies et empires) qui lui ont succédé. Autrement dit, il n'a pas été possible de critiquer la politique du gouvernement pendant la majeure partie du XIXe siècle, avant l'établissement de la Troisième République vers la fin du siècle. Pourtant, la montée de la bourgeoisie pendant cette époque-là, ainsi que le progrès de l'éducation, ont favorisé le développement du journalisme en créant un grand public lettré et avide d'informations. C'est au XIXe siècle qu'ont paru les premiers journaux quotidiens tels que nous les connaissons aujourd'hui : une presse d'information à la fois populaire, moderne et bon marché grâce à la publicité. *Le Figaro*, par exemple, a été fondé en 1866 pour représenter les valeurs et les intérêts de la nouvelle classe bourgeoise.

En 1881, sous la Troisième République, une nouvelle loi votée par l'Assemblée nationale a rétabli la liberté de la presse. Cette loi est restée en vigueur jusqu'au moment de l'Occupation de la France par les Allemands en 1940. La Troisième République a donc été « l'âge d'or » de la presse libre en France. A côté de la presse d'information il s'est développé une presse d'opinion : de nombreux journaux s'engageaient dans des débats politiques et reflétaient des idéologies diverses (monarchiste, conservatrice, républicaine, socialiste, etc.). A partir de cette époque-là, la presse a commencé à exercer une grande influence sur l'opinion publique en France. Pendant l'affaire Dreyfus, à la fin du XIXe siècle, c'est la presse qui a mobilisé les opinions des « dreyfusards » et celles des « anti-dreyfusards ». C'est dans le journal *L'Aurore* qu'Emile Zola a publié sa fameuse lettre « J'accuse, » qui a ouvert un débat national sur l'antisémitisme et sur le nationalisme. Comme nous l'avons déjà vu, le journal *Action Française* a exprimé, au début du XXe siècle, des opinions conservatrices et nationalistes, jusqu'à sa condamnation par le Vatican. A l'autre bout de la gamme politique, *L'Humanité* est devenue, en 1920, le porte-parole du communisme. Mais la presse n'avait pas seulement une voix politique et idéologique : elle a continué, au cours du XIXe et du XXe siècle, à jouer un grand rôle dans la diffusion de la culture. A cet égard il faut citer deux grandes revues littéraires qui ont exercé une énorme influence : la *Revue des Deux Mondes*, à laquelle des écrivains comme Honoré de Balzac et Victor Hugo ont collaboré, et la *Nouvelle Revue Française*, fondée en 1909 par André Gide.

La censure de la presse a été rétablie par les Allemands pendant l'Occupation, et une presse clandestine est apparue de nouveau, surtout dans la « zone libre » (le sud de la France). Certains journaux parisiens ont collaboré avec les Nazis et ont même soutenu la politique fasciste d'Hitler, tandis que d'autres journaux se sont établis dans la zone libre et ont soutenu la Résistance. Avec la Libération en 1944, les journaux « collaborationistes » ont disparu, et seuls les journaux qui n'ont pas paru sous le contrôle des Nazis ont été autorisés à reprendre la publication (parmi ceux-ci il faut noter *Le Figaro* et *L'Humanité*). Sous la Quatrième République il y a eu encore des tentatives, de la part de l'armée française, de censurer la presse pendant la guerre d'Indochine et celle d'Algérie, parce que certains journalistes ont critiqué sévèrement la politique du Gouvernement dans ces guerres coloniales. Mais l'existence d'une presse libre est désormais jugée nécessaire dans toute société démocratique. La liberté de la presse a été réaffirmée dans la Constitution de la Cinquième République. Selon la devise du *Figaro*, « sans la liberté de blâmer il n'est pas d'éloge flatteur » (une phrase prononcée par le personnage Figaro dans la comédie de Beaumarchais). De nos jours, il n'y a pas de censure. La presse est indépendante, et elle peut être très critique du Gouvernement.

La presse en France est libre, mais depuis vingt ans elle est atteinte de faiblesses économiques. La presse écrite est en concurrence avec les médias audiovisuels, pour les informations comme pour les distractions (un Français sur deux regarde le journal télévisé, les « informations »). Il y a de moins en moins de Français qui lisent un journal tous les jours. Pour certains, ils n'ont pas le temps; pour d'autres, surtout les jeunes, ils préfèrent la radio ou la télévision. En plus, les grandes entreprises trouvent souvent que la télévision fournit un véhicule plus efficace que les journaux pour la publicité de leurs produits. Cette diminution de ressources est compensée en partie par une aide financière de l'Etat : les journaux sont exonérés d'impôts, et ils bénéficient de réductions des tarifs postaux et des tarifs SNCF pour la distribution (généralement, les journaux ne sont pas livrés à domicile par des porteurs, comme c'est souvent le cas aux Etats-Unis). Pourtant, ces subventions ne renversent pas le déclin de la presse écrite. Il y a moins de lecteurs, moins de ressources publicitaires, et donc moins de journaux. Le nombre de quotidiens parisiens diminue progressivement depuis la Deuxième Guerre mondiale : en 1949 il y avait 32 quotidiens à Paris; aujourd'hui il n'y en a plus qu'une dizaine. Il y a sept quotidiens parisiens d'informations générales qui ont plus de 100.000 lecteurs. Voici la liste, en ordre décroissant de diffusion :

1) *Le Figaro*—Journal quotidien le plus ancien de France, et celui qui a le plus grand tirage parmi les quotidiens parisiens. Il a réapparu peu de temps après la Libération, avec le même titre qu'avant la guerre. De tendance centre-droite, il fait appel à la bourgeoisie conservatrice. Traditionnellement, ses éditorialistes sont des membres de l'Académie française.

2) *Le Monde*—Journal très sérieux et prestigieux. *Le Monde* a été fondé quelques mois après la Libération (1944). On y trouve des articles très

approfondis, pas de photos et peu de publicité. Très objectif, il fait appel aux intellectuels. C'est un journal très respecté par les médias internationaux.

3) *France-Soir*—Journal populaire qui traite surtout des faits-divers (meurtres, accidents, drogue, scandales). Fondé en 1944, il contient des articles à sensation et beaucoup de photos. En vingt ans il a perdu la moitié de ses lecteurs.

4) *Le Parisien*—Journal populaire d'Ile-de-France, dont l'intérêt est plutôt régional que national. Fondé en 1944, il publie des éditions départementales différentes pour Paris et pour la banlieue.

5) *Libération*—Journal qui a le plus progressé en vente dans les années 80. Fondée en 1973 et de tendance gauche, «Libé» plaît aux jeunes adultes.

6) *L'Humanité*—Organe officiel du Parti Communiste depuis 1920. Il fait appel à la classe ouvrière et s'occupe des conflits entre les ouvriers et le patronat. Son tirage est en baisse.

7) *La Croix*—Journal catholique, fondé en 1883. C'est le seul quotidien parisien qui soit vraiment national, parce qu'il se vend surtout en province, par abonnement postal.

En plus, il y a deux autres quotidiens parisiens dont le tirage dépasse 100.000 numéros : *L'Equipe*, fondée en 1944, et le plus récent *Paris-Turf*. Comme ces journaux sont consacrés aux sports, ils font partie d'une autre catégorie, la presse spécialisée.

Par rapport aux Etats-Unis, la presse d'information générale en France est plus marquée par l'opinion politique. Mais il faut constater que depuis un certain temps la presse d'opinion disparaît progressivement. En effet, la place accordée à la politique, et surtout à l'opinion politique, a régulièrement diminué dans les quotidiens, et plus de place est accordée aux faits divers, aux sports et à la publicité.

Certains des grands quotidiens parisiens, tels que *Le Figaro* et *Le Monde*, sont considérés comme des journaux nationaux, dans la mesure où ils sont distribués et vendus en province. En réalité, en dehors de l'Ile-de-France, la presse quotidienne nationale a une diffusion nettement inférieure à la presse quotidienne régionale. Seuls *La Croix, L'Equipe* et *Paris-Turf* diffusent plus de la moitié de leurs exemplaires en province (où habite la plus grande partie de la population). En général, les Français préfèrent lire un journal publié dans leur région. La presse régionale doit sa croissance à l'époque de l'Occupation (1940–44), époque où les restrictions sur le transport gênaient la distribution des journaux parisiens en province. Aujourd'hui il y a environ 80 quotidiens régionaux. Certains sont très importants, comme *Ouest-France*, qui a le plus grand tirage en France, nettement supérieur à celui des journaux parisiens. Voici les onze quotidiens régionaux qui ont un tirage supérieur à 200.000 :

1) *Ouest-France (Rennes)*

2) *La Voix du Nord* (Lille)

3) *Le Sud-Ouest* (Bordeaux)

4) *Le Dauphiné libéré* (Grenoble)

5) *Le Progrès* (Lyon)

6) *La Nouvelle République* (Tours)

7) *Nice-Matin* (Nice)

8) *La Montagne* (Clermont-Ferrand)

9) *La Dépêche du Midi* (Toulouse)

10) *L'Est Républicain* (Nancy)

11) *Les Dernières Nouvelles d'Alsace* (Strasbourg)

La presse régionale ne connaît pas la crise que traverse la presse parisienne, peut-être parce qu'elle est extrêmement différente. Elle a un public moins homogène que la presse parisienne, c'est-à-dire que ses lecteurs habitent tous dans la même région mais ils ne partagent pas les mêmes idées politiques. Dans ces quotidiens on trouve peu d'opinions politiques, mais beaucoup d'informations locales. La presse régionale fournit des renseignements utiles à la population des villes et des villages : la météo, le programme des spectacles, des films et de la télévision, les sports, les horaires de cinéma, les fêtes locales, les mariages et les enterrements. Ces journaux sont largement financés par la publicité locale (et ils sont donc moins menacés par la télévision). La presse régionale représente plus de deux tiers de la vente des journaux en France.

La crise des quotidiens parisiens a également contribué à la naissance de magazines hebdomadaires, magazines d'informations et magazines spécialisés (un *hebdomadaire* paraît toutes les semaines). A la différence des quotidiens, les magazines nationaux d'information générale se portent très bien. Leur dynamisme est sûrement dû en partie à leur format plus attirant, avec des photos et des graphiques en couleurs, mais aussi parce qu'ils répondent aux lecteurs pressés qui préfèrent lire les informations une fois par semaine. Il y en a plusieurs qui connaissent un grand succès :

1) *L'Express*—En 1964 cet hebdomadaire a adopté le format du magazine américain *Time*, et aujourd'hui il a un très grand tirage. C'est peut-être le magazine français le plus connu hors de France.

2) *Le Point*—Fondé en 1973 par un groupe de journalistes venus de *L'Express*, il cherche à être plus indépendant du point de vue politique. Mais il ressemble beaucoup à *L'Express* (comme *Newsweek* ressemble à *Time*).

3) *Le Nouvel Observateur*—Fondé en 1963, il représente la gauche socialiste, et son journalisme est d'une très haute qualité. « Le Nouvel Obs » plaît surtout aux intellectuels, aux professeurs et aux jeunes.

4) *Paris-Match*—Magazine à très grand tirage, modelé d'après le magazine américain *Life*. C'est le plus populaire des grands magazines, peut-être parce qu'il rapporte l'actualité à travers des photos. Pas très intellectuel, il est pourtant considéré comme le meilleur magazine à photos d'Europe.

A côté de ces magazines d'information générale, il faut mentionner *Le Canard Enchaîné*, la principale publication satirique en France (un « canard » est un vieux mot qui signifie « journal populaire »). C'est un hebdomadaire, mais comme il constitue une parodie du journalisme, il prend le format d'un journal quotidien. On l'appelle un journal de gauche, mais ses articles se moquent de tout le monde et surtout du Gouvernement, que celui-ci soit de gauche ou de droite. Unique dans la presse française, *Le Canard Enchaîné* n'a pas de publicité. Son ton est sarcastique et drôle, mais aussi très critique, et il plaît surtout aux étudiants et aux cadres moyens. Il a un très grand tirage.

Quand on passe devant un kiosque à journaux sur les trottoirs de Paris, ou quand on entre dans une maison de la presse dans une ville de province, on constate tout de suite que la presse française est en très bonne santé. On y voit l'étalage d'une centaine de périodiques, hebdomadaires et mensuels

(un *mensuel* paraît une fois par mois). L'ensemble de ces publications s'appelle la presse populaire, et il y a toutes sortes de catégories. En première place viennent les guides audiovisuels qui fournissent les programmes de radio et surtout de la télévision. La publication la plus importante de cette catégorie est *Télé 7 Jours* qui, avec un tirage de plus de trois millions, est le périodique le plus acheté de France. L'ensemble des magazines hebdomadaires consacrés aux programmes de « télé » se vendent à huit millions d'exemplaires par semaine. Les autres catégories de la presse populaire sont presque innombrables. Il y a des périodiques consacrés aux styles de vie et aux professions (l'agriculture, les syndicats, l'informatique); aux groupes sociaux (presse pour les enfants, pour les jeunes, pour le troisième âge, presse familiale, presse féminine et masculine); à la maison (l'architecture, la couture, le jardinage, les arts décoratifs, la gastronomie et la cuisine); aux arts (le cinéma, la musique, la littérature); aux sports et aux passe-temps (le tennis, l'alpinisme, la photographie, la chasse, la pêche, le football); et même aux moyens de transport (les automobiles, les bateaux, le chemin de fer, les avions). Si l'on ne veut pas acheter ces périodiques au kiosque ou dans une librairie, on peut s'y abonner, c'est-à-dire qu'on les reçoit par abonnement postal, et en général on bénéficie d'un tarif réduit.

La radio

Les médias audiovisuels ont eu plus de mal à se libérer du contrôle de l'Etat, peut-être parce qu'ils sont souvent considérés comme plus puissants que la presse écrite. Pendant les quatre décennies depuis la Deuxième Guerre mondiale, ces médias relativement récents se sont trouvés au centre du vieux conflit entre le jacobinisme et l'opposition contestataire : doivent-ils être contrôlés par l'Etat (et donc par le Gouvernement au pouvoir), ou doivent-ils avoir la même indépendance accordée à la presse écrite ?

Le 18 juin 1940, quelques jours après la défaite de la France par les Allemands, le général Charles de Gaulle, réfugié à Londres, a prononcé un discours très célèbre pour encourager les Français à résister à l'occupant et pour leur promettre que la France serait libérée. Cet « appel du 18 juin » a été diffusé par la BBC, réseau radiophonique britannique, et il a été entendu par les Français à l'aide de leurs postes de radio. De Gaulle a compris le rôle que la radio pouvait jouer pour rallier les Français à sa cause. Il ne devait pas oublier la puissance de ce média : après la Libération il a nationalisé tous les réseaux radiophoniques de France, c'est-à-dire qu'il a mis toutes les stations de radio sous le contrôle de l'Etat, en créant Radio-France. Pour justifier cette action, de Gaulle a prétendu qu'il fallait contrecarrer l'opposition de la presse écrite. Les journaux pouvaient critiquer la politique du Gouvernement, mais celui-ci disposait de la radio pour exposer son propre point de vue officiel.

De Gaulle a démissionné en 1945 et n'a pas participé à la Quatrième République, mais la radio en France est restée un monopole de l'Etat français jusqu'en 1982. D'ailleurs, l'attitude très critique de la presse écrite envers les guerres coloniales, pendant les années 40 et 50, n'a fait que justifier ce monopole. A l'aide de Radio-France (et aussi de la télévision, un nouveau média qui s'est développé à cette époque-là), le Gouvernement avait une voix. Quand de Gaulle est revenu au pouvoir en 1958, il ne voyait aucune raison pour changer le monopole. Mais les auditeurs de la Cinquième République, dans les années 60 et 70, n'étaient pas obligés d'écouter Radio-France : aux frontières de la France, dans les pays voisins, il y avait des « radios périphériques » qui dirigeaient leurs émissions vers la France. Ces radios périphériques (ainsi nommées parce qu'elles se trouvaient à la périphérie de la France) existent toujours. Ce sont des postes privés et commerciaux qui diffusent en langue française. Il y en a quatre : (1) RTL (Radio-Télé Luxembourg), (2) Europe 1 (en Allemagne), (3) Radio Monte-Carlo (à Monaco, petite principauté près de Nice) et (4) Sud-Radio (en Andorre, petite principauté dans les Pyrénées). Ces radios ne partagent pas toute la géographie de la France. RTL, la plus populaire, est captée surtout dans le Nord et l'Est de la France (y compris Paris), Europe 1 dans l'Ouest, le Centre, et les régions parisienne et lyonnaise, Radio Monte-Carlo dans le Sud-Est, et Sud-Radio dans le Sud-Ouest. Bien que l'Etat soit propriétaire partiel de ces radios périphériques, elles sont plus indépendantes que Radio-France, et elles captent une bonne partie de l'écoute française (les radios qui sont sous le monopole de l'Etat n'en captent que 20%). Elles sont publicitaires, tandis que les réseaux de Radio-France ne le sont pas (il n'y a pas de réclames commerciales).

En 1981 il n'y avait toujours pas de radio privée dans l'Hexagone, mais les Socialistes avaient adopté une campagne pour des « radios libres » qui représenteraient les communautés locales. Après l'élection de François Mitterrand en 1981, les radios libres ont été autorisées. D'après une loi votée en 1982, « les citoyens ont droit à une communication audiovisuelle libre et pluraliste. » Au début ces radios libres n'avaient pas le droit de diffuser de la publicité : elles étaient financées uniquement par des associations locales. La publicité a été autorisée en 1984. Les radios libres ont eu beaucoup de succès, et aujourd'hui il y a environ 1.800 radios locales privées en France. Bien que les zones d'écoute soient en principe juridiquement limitées, certaines de ces radios libres sont devenues nationales. Elles se sont distinguées surtout par la spécialisation de la musique. Par exemple, NRJ (prononcé « énergie ») se spécialise dans la musique des jeunes, et a rapidement atteint la quatrième position parmi les radios en France; Nostalgie, radio basée à Lyon, passe de vieilles mélodies françaises; et Europe 2 se spécialise dans la musique rock classique. Ces radios libres font concurrence à Radio-France qui existe toujours et qui fait des émissions sur de nombreux réseaux:

France-Inter	Réseau le plus populaire, variétés, musique, informations.
France-Musique	Musique classique.
France-Culture	Discussions au sujet des événements culturels et de l'actualité.
France-Info	Première radio d'information continue en Europe (24 heures sur 24).
Radio-France Internationale	Service mondial d'informations par ondes courtes.

En plus de ces réseaux nationaux, Radio-France assure 47 radios locales dans les régions.

Aujourd'hui les auditeurs français ont le choix entre trois grands groupes de stations radiophoniques: les radios libres et locales, les radios périphériques et la radio d'Etat. Si l'on compare le taux d'écoute de la radio en France de nos jours, on voit qu'il y a une véritable concurrence entre les trois groupes. Voici le taux d'écoute des radios les plus écoutées:

RTL (périphérique)	19%
Europe 1 (périphérique)	11%
France-Inter (de l'Etat)	10%
NRJ (libre)	8%
Radio Monte-Carlo (périphérique)	5%
France-Info (de l'Etat)	5%

Si l'on compare le taux d'écoute de tous les grands groupes de radios en France, on voit que les radios locales en représentent 40%, les radios périphériques 36% et Radio-France 20% (le reste est représenté par des radios étrangères). La prolifération des radios correspond à la permanence de ce média dans la vie quotidienne des Français. Aujourd'hui tout le monde écoute la radio: dans la maison (les radioréveils), dans la voiture (les auto-radios) et même dans la rue (les baladeurs).

La télévision

L'Etat dépense annuellement des sommes énormes pour subventionner la culture en France: le théâtre, le cinéma, les concerts, l'opéra, les musées et les expositions d'art. Mais pour le Français moyen, la télévision—la « télé »—reste la plus grande influence culturelle. Aujourd'hui 95% des foyers ont la télévision. C'est aussi le premier loisir des Français, qui passent en moyenne plus de trois heures par jour devant le « petit écran ». Les téléspectateurs français ont actuellement le choix entre cinq chaînes entièrement françaises, mais grâce à la télévision par câble, ceux qui habitent dans les grandes villes peuvent également capter des chaînes étrangères, y compris CNN et Headline News. En ce moment la télévision par câble réalise de grands progrès.

L'histoire de la télévision en France a été dominée par le débat entre le monopole et la privatisation, c'est-à-dire entre la notion d'une télévision contrôlée par l'Etat et celle de la concurrence créée par la présence de chaînes privées. Selon certains, la télévision privée fournit une plus grande diversité de points de vue et de programmes, comme aux Etats-Unis. D'autres prétendent que la télévision privée est trop commerciale, comme aux Etats-Unis, et que le niveau culturel des programmes est très bas.

Le monopole de l'Etat remonte aux débuts de l'histoire du média télévisé. La première chaîne (Télévision Française, qui deviendra TF1) a commencé à diffuser des émissions, à partir de la Tour Eiffel, à la fin des années 1940, une époque où très peu de foyers en France avaient la télé. Nous avons vu que les guerres coloniales de la Quatrième République ont été très critiquées par la presse écrite, mais non par la télévision, qui soutenait toujours la politique du Gouvernement. Au début de la Cinquième République, le Président de Gaulle n'a pas voulu libérer un média si puissant, au moyen duquel la gauche pourrait critiquer sa politique, alors le monopole est resté en place. De Gaulle s'est souvent servi de ce média pour avoir un accès direct aux électeurs français. Pourtant, le développement de la télévision n'était pas une grande priorité du Gouvernement. Une deuxième chaîne, Antenne 2, a été créée en 1964, mais la France a pris du retard sur ses voisins pendant cette époque. Les deux chaînes étaient gérées par un établissement public, l'Office de la Radio-Télévision Française (l'ORTF), créé aussi en 1964. Elles étaient financées par une taxe annuelle, la *redevance*, payée par tous les foyers qui possédaient un poste de télévision. Les deux chaînes, TF1 et Antenne 2, dépendaient entièrement de l'Etat, et il y avait une censure des informations. Toute émission sur un sujet social ou économique devait être approuvée à l'avance par le Ministère concerné. Par exemple, quand les « événements de mai » ont éclaté en 1968, le Gouvernement a interdit à l'ORTF de téléviser les premières émeutes à Paris. L'ORTF a fait une grève de protestation, et pendant un mois il n'y a presque pas eu d'émissions télévisées en France. En revanche, le niveau culturel des émissions était assez élevé : comme il n'y avait pas de concurrence entre les deux chaînes, celles-ci ne devaient pas chercher à plaire au grand public. La qualité des émissions était peut-être le seul avantage du monopole. Mais beaucoup de téléjournalistes réclamaient une plus grande liberté d'expression.

Sous la Présidence de Georges Pompidou, deux événements ont quelque peu changé la situation de la télévision en France. D'abord, la télévision est devenue commerciale pour la première fois : en 1970 la publicité a été autorisée sur les deux chaînes, mais celle-ci était strictement limitée. Les ressources publicitaires allaient désormais s'ajouter à celles de la redevance. Ensuite, en 1973, une troisième chaîne a été créée. Cette nouvelle chaîne, qui s'appelait France-Régions 3 ou FR3, était différente des deux autres dans la mesure où ce n'était pas une chaîne nationale mais régionale. Elle diffusait des émissions qui avaient un intérêt régional, et notamment des informations régionales, qui étaient totalement absentes sur les deux autres chaînes. FR3 n'était pas une chaîne commerciale au début (la publicité sur cette chaîne n'a été autorisée qu'en 1983).

En 1974 le Président Valéry Giscard d'Estaing a annoncé une grande réforme. Il a aboli l'ORTF et il a remplacé celui-ci par des sociétés autonomes : TF1, Antenne 2, FR3 et Radio-France, ainsi que plusieurs sociétés consacrées à la production audiovisuelle et à la diffusion par satellite. Il ne s'agissait pas d'une privatisation : l'Etat a gardé le monopole de la radiodiffusion et de la télédiffusion, et les PDG (présidents-directeurs généraux) de ces sociétés étaient toujours nommés par le Président de la République. Mais cette réforme avait pour but une télévision plus autonome, plus indépendante du point de vue des informations. A partir de 1974, il y avait une véritable concurrence entre les trois chaînes et une rivalité commerciale entre les deux premières. En plus, il y avait plus d'équilibre dans les reportages journalistiques, et une voix était accordée à l'Opposition. Dans les années 70, on pouvait souvent voir François Mitterrand (chef du Parti Socialiste) et Georges Marchais (chef du Parti Communiste) à la télé en France.

Depuis l'arrivée au pouvoir du Président Mitterrand en 1981, la situation de la télévision en France a énormément changé. Les Socialistes voulaient libéraliser la télévision en la protégeant des pressions officielles, mais en même temps ils voulaient la préserver des pressions commerciales. Ils ont réussi le premier but mais pas le second. La télé a été libérée du contrôle de l'Etat, mais la qualité des émissions ne s'est pas améliorée. Le biais politique a complètement disparu, mais le contenu culturel a nettement diminué. Plus de 50% des émissions sont importées, surtout des Etats-Unis, et il y a beaucoup de répétitions (le feuilleton « Dallas », par exemple, est diffusé en France depuis 1981). En 1984 une quatrième chaîne, Canal Plus, a fait son apparition. Canal Plus est une chaîne privée (la première en France), codée et payante (il faut payer une somme mensuelle pour pouvoir décoder et capter les émissions). Cette chaîne de télé par câble passe surtout des films et des événements sportifs. Aujourd'hui, deux millions de foyers (15% des téléspectateurs) ont un «décodeur», qui coûte environ 150 francs par mois, pour capter Canal Plus. En 1986, deux nouvelles chaînes privées ont été autorisées : la Cinq, contenant beaucoup de feuilletons américains et beaucoup de publicité, et M6, une chaîne commerciale qui diffuse beaucoup de vidéoclips pour les jeunes (comme la MTV américaine). La Cinq a eu des difficultés financières et a cessé d'exister en 1992. En 1987, un nouveau réseau culturel, la SEPT (Société Européenne des Programmes de Télévision), a été lancé. Celui-ci est diffusé par satellite et contrôlé en partie par l'Etat.

En 1986 la droite est revenue au pouvoir (la «cohabitation»), et le Gouvernement de Jacques Chirac a décidé de privatiser la première chaîne, TF1. En 1987 celle-ci a été vendue à une entreprise privée. La privatisation de TF1 a été très controversée parce que cette chaîne, la plus ancienne de France, était considérée par certains comme une partie du patrimoine national. Certains journalistes demandaient ironiquement, «Pourquoi ne pas vendre aussi le château de Versailles?» TF1 reste toujours la chaîne la plus populaire.

Aujourd'hui les téléspectateurs français ont le choix entre plusieurs sortes de chaînes: il y a les chaînes privées et commerciales (TF1 et M6), il y a les chaînes publiques (Antenne 2 et FR3) qui sont commerciales mais qui sont financées en partie par la redevance (en 1989, 533 francs par an), et pour ceux qui s'y abonnent il y a la télé par câble (Canal Plus et les chaînes étrangères). On attend toujours le développement de la télévision locale, qui n'existe pas encore. En ce qui concerne le taux d'audience, TF1 vient toujours en tête, suivie des deux chaînes publiques.

La publicité est toujours réglée, même sur les chaînes privées, et en moyenne il y a six minutes de «spots» publicitaires par heure (moins sur les chaînes publiques). Sur Antenne 2 et FR3 la publicité n'interrompt jamais les émissions, de sorte qu'on peut regarder un film ou un match de football sans interruption. La publicité est interdite pour certains produits, comme le tabac et les boissons alcoolisées, mais aussi pour le cinéma. Selon un sondage récent, la majorité des Français trouvent qu'il y a quand même trop de publicité à la télévision.

Malgré ce qu'on dit de la pauvreté culturelle de la télévision en France, la télé a apporté la grande culture au Français moyen, en lui offrant la possibilité d'assister au théâtre, aux concerts, à l'opéra et aux expositions d'art.

« Qu'est-ce qu'il y a à la télé ce soir? »

En général les chaînes de télévision en France commencent à diffuser leurs émissions à six heures du matin. Les deux chaînes publiques terminent leurs émissions vers minuit, mais sur les chaînes privées le programme continue jusqu'à trois ou quatre heures du matin. Certains Français regardent la télé surtout pour les informations (c'est-à-dire les nouvelles, l'actualité). On peut voir les «infos» sur la plupart des chaînes aux heures des repas, à 13 heures (l'après-midi) et à 20 heures (le soir). Les informations régionales sont diffusées un peu plus tôt, à midi et à 19 heures, sur FR3. On peut même suivre l'actualité des Etats-Unis: depuis 1987, sur Canal Plus à sept

heures du matin, il y a une retransmission par satellite du journal télévisé
«CBS Evening News» avec Dan Rather, sous-titrée en français.

Pendant la journée le taux d'écoute n'est pas très élevé. Si vous aimez
la fiction télévisée en série d'épisodes, vous avez un choix de feuilletons dont
la plupart sont importés : par exemple, sur TF1 il y a «Hawaï Police d'Etat»,
«Falcon Crest» sur Antenne 2 et «La Petite Maison dans la Prairie» sur M6.
Les téléspectateurs français se passionnent, autant que les Américains, pour
les jeux télévisés. Un de ces jeux, «Les Chiffres et les Lettres» sur Antenne
2, est devenu une véritable institution, mais il y a aussi «La Roue de la
Fortune» et «Le Juste Prix» sur TF1. Vous pouvez faire du «télé-shopping»
sur TF1, ou bien regarder des informations sur la météo et sur les sports.
M6 attire les jeunes avec des vidéo-clips des «tubes top 50» (les chansons
les plus populaires de la semaine).

C'est à partir de 20 heures que la plupart des téléspectateurs s'assem-
blent devant le petit écran. Sur les chaînes privées il y a un choix de feuilletons
policiers, de films et de téléfilms français, britanniques, allemands, italiens
et surtout américains. Les deux chaînes publiques proposent un programme
d'un niveau culturel un peu plus élevé : sur Antenne 2 et sur FR3 vous
pouvez souvent regarder une pièce de théâtre, un documentaire suivi d'un
débat, des interviews et des reportages sérieux. Si vous aimez le sport, vous
allez surtout regarder la télé pendant le week-end, où les événements sportifs
ont une place prépondérante : selon la saison, vous pouvez voir en direct le
tiercé (les courses de chevaux), le championnat de tennis à Roland-Garros,
la Coupe de France (le football), le Tournoi des Cinq Nations (le rugby),
les Jeux Olympiques ou le Tour de France (la course cycliste). Le week-end
il y a aussi des programmes de dessins animés pour les enfants et de variétés
pour les adultes. Le dimanche il y a, sur Antenne 2, la messe catholique
traditionnelle, ainsi que des émissions musulmanes, israëlites et protestantes.

Si vous êtes fatigués des nombreux «spots» publicitaires qui interrom-
pent les émissions sur les chaînes privées, vous pouvez vous livrer à la nouvelle
habitude française du «zapping», c'est-à-dire le passage rapide d'une chaîne
à l'autre, à l'aide d'une télécommande. Et enfin, si rien de ce qu'on passe
ce soir sur les chaînes ne vous intéresse, vous pouvez toujours louer ou acheter
une cassette-vidéo et la regarder sur votre magnétoscope, dont plus de cinq
millions de foyers français sont actuellement équipés.

VOUS VERREZ

TF1	A2	FR3	la 5	M6	C+

SAMEDI 18 JANVIER

TF1	A2	FR3	la 5	M6	C+
20.45 SUCCÈS FOU Variétés proposées par Guy Lux **22.35 USHUAIA** magazine présenté par Nicolas Hulot	**20.45 LA NUIT DES HÉROS** présente par Laurent Cabrol **22.30 DOUBLE JEU**	**20.05 HISTOIRE PARALLÈLE** Émission réalisée par Didier Deleskiewicz Actualités allemandes et françaises **18 JANVIER 1942**	**20.50 PERRY MASON LES FEUILLES A SCANDALE** Téléfilm américain avec Raymond Burr, Barbara Hale	**20.40 L'ANGE GARDIEN DE SERVICE** Téléfilm américain de Éric Till avec Robert Carradine, Louis Del Grande	**20.30 GUNSMOKE, LE DERNIER APACHE** Téléfilm américain de Charles Correll avec James Arness, Richard Kiley, Michael Learned

DIMANCHE 19 JANVIER

TF1	A2	FR3	la 5	M6	C+
20.45 Ciné Dimanche FILM NON COMMUNIQUÉ **22.40 L'AMOUR PROPRE** Film de Martin Veyron	**20.50 CONDAMNÉ AU SILENCE** Téléfilm **22.30 BOUILLON DE CULTURE** par Bernard Pivot	**20.45 CIRQUE DU MONDE** De l'Europe au Japon **22.45 L'AVENTURIER** Film de Marcel L'Herbier avec Victor Francen	**20.45 PROGRAMME NON COMMUNIQUÉ** **22.35 REPORTERS** **23.30 TOP CHRONO**	**20.40 LES ENVOÛTÉS DE STEPFORD** Téléfilm américain de Robert Fuest avec Sharon Gless, Don Johnson	**20.30 ATTACHE-MOI** Film espagnol de Pedro Almodovar avec Victoria Abril, Antonio Banderas, Loles Leon, Francisco Rabal

LUNDI 20 JANVIER

TF1	A2	FR3	la 5	M6	C+
20.45 LA SOIRÉE DES ENFOIRÉS proposée et animée par Jean-Jacques Goldman avec Francis Cabrel, Patricia Kaas	**20.50 BONNE CHANCE FRENCHIE** Téléfilm français d'Alain Bonnot en trois parties (3) avec Patrick Bach, Daïl Sullivan	**20.45 PREDATOR** Film américain de John McTiernan avec Arnold Schwarzenegger, Carl Weathers, Elpidia Carrillo	**20.50 LES ABSENTS ONT TOUJOURS TORT** Magazine présenté par Guillaume Durand **23.30 DEUX FLICS A MIAMI**	**20.40 LE MAESTRO** Film français de Claude Vital avec Jean Lefebvre, Daniel Ceccaldi	**20.35 LE BEAU-PÈRE** Film américain de Joseph Ruben avec Terry O'Quinn, Jill Schoelen **22.05 LE JOURNAL DU CINÉMA**

MARDI 21 JANVIER

TF1	A2	FR3	la 5	M6	C+
20.50 Ciné Mardi FILM NON COMMUNIQUÉ **22.30 CIEL, MON MARDI !** par Ch. Dechavanne	**20.50 Film PROGRAMME NON COMMUNIQUÉ** **23.45 LA 25e HEURE** Magazine d'actualités	**20.45 LES AMANTS DU TAGE** Film français de David Delrieux avec Coralie Seyrig, Philippe Volter, Geoffrey Bateman	**20.45 PROGRAMME NON COMMUNIQUÉ** **23.25 L'ÉCOLE DES PRINCESSES** Film de Bruce Block avec Eva Gabor	**20.40 L'ENFANT AU TRAINEAU** Téléfilm américain de Harbey Hart avec Buddy Ebsen, Belinda Montgormery	**20.35 DANCING MACHINE** Film français de Gilles Béhat avec Robin Williams, **0.05 TENNIS: OPEN D'AUSTRALIE**

MERCREDI 22 JANVIER

TF1	A2	FR3	la 5	M6	C+
20.50 SACRÉE SOIRÉE Variétés proposées par Jean-Pierre Foucault Invités : Roch Voisine, Muriel Robin, Line Renaud	**20.50 FELIPE A LES YEUX BLEUS** Téléfilm en deux parties d'Albano Gianfranco (2) avec Claudio Amendola, Pascale Rocard	**20.45 LA MARCHE DU SIÈCLE** ALBERTVILLE: LE RÊVE OLYMPIQUE Magazine d'actualités proposé par Jean-Marie Cavada	**20.45 Histoire vraie DANGER: POINT LIMITE ZÉRO** Téléfilm américain avec Martin Sheen, Emilio Estevez	**20.40 LES CLANDESTINES** Téléfilm américain de Robert Collins avec Jaime Lee Curtis, Karen Valentine	**21.00 UNE SAISON BLANCHE ET SÈCHE** Film américain de Euzhan Palcy avec Donald Sutherland, Winston Ntshona, Jurgen Prochnow

JEUDI 23 JANVIER

TF1	A2	FR3	la 5	M6	C+
20.50 LE CHINOIS L'HÉRITAGE Série policière avec Gaby Dohm, Charles Aznavour, Francis Lemaire	**20.50 ENVOYÉ SPÉCIAL** **22.15 LE RAPACE** Film français de José Giovanni avec Lino Ventura	**20.55 LE MORS AUX DENTS** Film américain de Burt Kennedy avec Glenn Ford, Henry Fonda, Sue Ane Langdon	**20.45 LE DERNIER REMPART** Téléfilm américain avec Martin Sheen, Louis Gosset Jr	**20.40 LES ZOZOS** Film français de Pascal Thomas avec Frédéric Duru, Edmond Raillard	**20.35 MAUVAISE FILLE** Film franco-suisse de Régis Franc avec Daniel Gélin, Florence Pernel, Yvan Attal

VENDREDI 24 JANVIER

TF1	A2	FR3	la 5	M6	C+
20.45 TOUS A LA UNE Variétés animées par Patrick Sabatier **22.45 52 SUR LA UNE**	**20.50 JEUX SANS FRONTIÈRES** **23.10 JEUNE ET INNOCENT** Film d'Alfred Hitchcock avec Nova Pilbeam	**20.45 THALASSA LES BRAS DE BOMBAY** **21.40 CARACTÈRES** **23.10 MUSICALES** En direct de Bordeaux	**20.45 TERREUR SUR LA VILLE** Téléfilm américain avec Richard Crenna, Dennis Farina	**20.40 ALERTE ROUGE** Téléfilm américain de Gerald Isenberg avec William Devane, Michael Brandon	**20.05 FOOTBALL LE HAVRE-CAEN** Championnat de France **23.00 TANGO ET CASH** Film américain

CONTROLE CONTINU

I. Répondez aux questions suivantes :
1. Quel type de presse existait sous l'Ancien Régime ? Expliquez.
2. Quel était le statut de la presse jusqu'à la Troisième République ?
3. Pourquoi peut-on dire que la presse a commencé à influencer l'opinion publique sous la Troisième République ?
4. Quel était le statut de la presse sous l'occupation allemande ?
5. En quoi l'Etat contribue-t-il à l'existence de la presse ?
6. Quelles sont les différences entre la presse parisienne et la presse régionale ?
7. Quel est le statut des magazines hebdomadaires par rapport à celui des quotidiens parisiens ? Expliquez.
8. Quels types de magazines hebdomadaires peut-on acheter en France ? Lequel est le plus populaire ?
9. Quel était le nouveau statut de la radio après la Libération ?
10. Pourquoi ce statut est-il resté le même jusqu'en 1981 ?
11. Qu'est-ce qu'une radio périphérique ? Expliquez.
12. Qu'est-ce qu'une radio libre ? Expliquez.
13. Quel type de radio est le plus populaire en France ?
14. Par qui la première chaîne de télévision était-elle contrôlée ? Pourquoi ?
15. Pourquoi l'ORTF a-t-il fait grève pendant les événements de mai 1968 ?
16. Quels changements la télévision a-t-elle vus au début des années 70 sous le président Pompidou ?
17. Quelle réforme a été apportée à la télévision sous le président Giscard d'Estaing ?
18. Quels changements ont été apportés à la télévision par le Gouvernement socialiste ?
19. Quelle décision controversée a été prise vis-à-vis de la télévision pendant la « cohabitation » ?
20. Quelles sortes de chaînes de télévision y a-t-il maintenant en France ?

II. Etes-vous d'accord ? Sinon, expliquez pourquoi :
1. La presse d'opinion existe en France depuis la Révolution.
2. La Constitution de la Cinquième République a réaffirmé la liberté de la presse.
3. La presse écrite est en déclin.
4. *Le Monde* est un journal qui traite surtout des faits divers.

5. Les Français préfèrent lire les journaux régionaux.
6. Les radios périphériques sont des radios locales privées.
7. Les radios libres ont toujours eu le droit de diffuser de la publicité.
8. Pour regarder la télévision à la maison, il faut payer une redevance.
9. C'est le Président de la République qui nomme les PDG des sociétés de radiodiffusion ou télédiffusion telles que Radio-France et FR3.
10. Il y a actuellement plus d'émissions culturelles à la télévision qu'avant.
11. La télévision par câble n'existe pas encore en France.
12. Il y a moins de publicité à la télévision en France qu'aux Etats-Unis.

III. Identifiez brièvement les noms ou sigles suivants :
1. *Le Figaro.*
2. *L'Humanité.*
3. *Ouest-France.*
4. *Le Nouvel Observateur.*
5. *Le Canard Enchaîné.*
6. Radio-France.
7. RTL.
8. France-Inter.
9. TF1.
10. ORTF.
11. Canal Plus.
12. La Cinq et M6.

IV. Discussion
1. Discutez de la censure dans l'histoire des médias français.
2. Comment la presse écrite a-t-elle évolué au cours des siècles en France ? Illustrez avec des exemples.
3. Discutez des changements apportés à la radio en France.
4. Commentez le système de la télévision en France.
5. Comparez les médias français et américains.
6. Discutez du conflit entre la privatisation et le monopole de l'Etat dans les médias français.

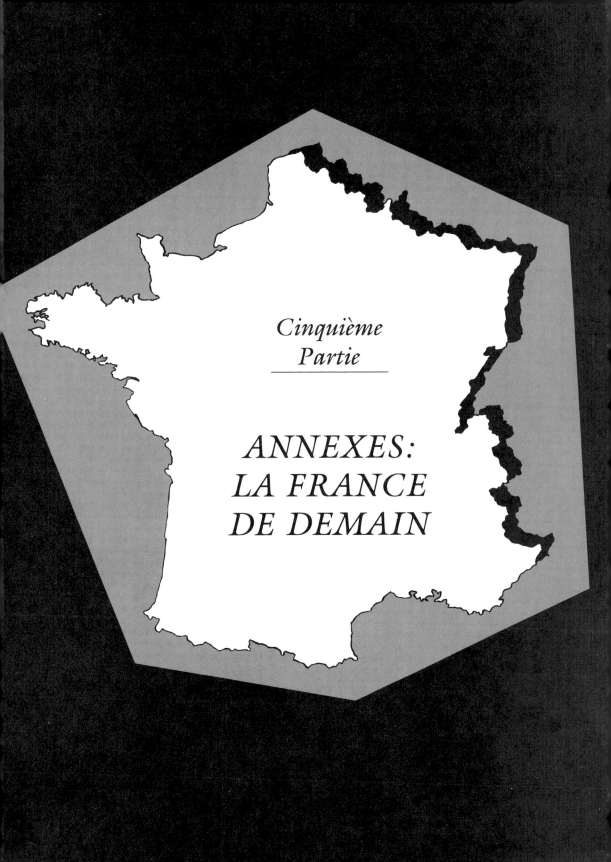

Cinquième
Partie

ANNEXES:
LA FRANCE
DE DEMAIN

Annexe

LA SCIENCE, LA MÉDECINE ET LA TECHNOLOGIE

Depuis le XIXe siècle, la France se distingue dans la recherche scientifique et médicale. Louis Pasteur (1822–1895) est considéré comme le fondateur de la microbiologie. Son étude de la fermentation l'a amené à découvrir un moyen de détruire les microbes nuisibles et dangereux. Sa méthode, appelée la « pasteurisation », s'applique aujourd'hui à la production du vin, de la bière et du lait. Pasteur a également réussi à isoler les microbes qui provoquaient plusieurs maladies infectieuses, ce qui lui a permis de développer des vaccins. L'Institut Pasteur a été fondé en 1887 pour faire des recherches sur les maladies infectieuses. Depuis 1900 ses chercheurs ont gagné huit prix Nobel.

Pierre Curie (1859–1906) et Marie Curie (1867–1934) se sont distingués dans la recherche sur la radioactivité, pour laquelle ils ont reçu le prix Nobel de physique en 1903. En 1911 Marie Curie a reçu le prix Nobel de chimie. Leur fille, Irène Joliot-Curie, et son mari, Frédéric Joliot, ont été les lauréats du prix Nobel de chimie en 1935 pour leurs études sur la structure de l'atome et leur découverte de la radioactivité artificielle. En 1965, trois chercheurs de l'Institut Pasteur, André Lwoff, Jacques Monod et François Jacob, ont reçu le prix Nobel de médecine pour leurs découvertes biologiques, notamment sur la transmission d'informations génétiques. Des prix Nobel ont été décernés à d'autres savants français plus récemment :

Année	Lauréat	Prix Nobel
1966	Alfred Kastler	physique
1970	Louis Néel	physique
1987	Jean-Marie Lehn	chimie
1988	Maurice Allais	sciences économiques
1991	Pierre-Gilles de Gennes	physique

La France est un des quatre pays (avec les Etats-Unis, le Royaume-Uni et

L'Institut Pasteur fait des recherches sur les maladies infectieuses.

l'Allemagne) à recevoir le plus grand nombre de prix Nobel : sept prix en chimie, six prix en médecine et neuf prix en physique. La France détient le quatrième rang dans chacune de ces catégories, et le premier rang en littérature (douze prix).

Dans les années 80, des chercheurs français à l'Institut Pasteur ont réussi à isoler le virus qui provoque le SIDA, contre lequel ils continuent à chercher un vaccin. Ils ont également mis au point des tests sanguins pour détecter cette maladie. D'autres savants ont fait des découvertes qui ont permis la transplantation d'organes. De nos jours, il y a des équipes de chercheurs français et américains qui collaborent pour produire un vaccin contre la leucémie. La France s'est aussi distinguée dans le domaine de l'aide médicale internationale, au moyen d'organisations telles que les « Médecins Sans Frontières », fondée en 1971. Composée de volontaires et financée surtout par des dons privés, « Médecins Sans Frontières » fournit de l'aide médicale bénévole à 28 pays du Tiers Monde.

L'Etat finance, dirige et effectue une grande partie des recherches en France. L'institution la plus prestigieuse à cet égard est le Centre National de la Recherche Scientifique (le CNRS), fondé en 1939, qui a pour mission de développer la recherche scientifique dans tous les domaines, y compris les lettres et les sciences humaines. Le CNRS, entièrement financé par l'Etat, a une réputation mondiale pour la recherche universitaire.

Ce n'est pas uniquement dans la science et la médecine que la France s'est fait reconnaître. La technologie française a fait de grandes avances dans d'autres domaines aussi, surtout depuis les années 60. Certains systèmes électroniques et technologiques, développés par des Français, ont été achetés par le Département de la Défense aux Etats-Unis : un langage de programmation informatique, un système téléphonique utilisé par l'armée et un système de radar pour guider les hélicoptères. Grâce à la télévision, beaucoup d'Américains connaissent les voyages d'exploration et les recherches sousmarines du commandant français Jacques Cousteau et de son équipe. Voici une liste partielle des plus grandes découvertes et inventions françaises depuis deux siècles :

date	savant/inventeur	découverte/invention
1820	André Ampère	le télégraphe électrique
1829	Louis Braille	l'alphabet pour les aveugles
1830	Barthélémy Thimonnier	la machine à coudre
1834	Jacques Daguerre	la photographie
1853	Charles Gerhardt	l'aspirine

1865	Louis Pasteur	la pasteurisation
1867	Aristide Bergès	l'énergie hydro-électrique
1876	Eugène Woillez	le poumon d'acier
1885	Louis Pasteur	un vaccin contre la rage
1889	André Chantemesse et Fernand Widal	un vaccin contre la typhoïde
1895	Auguste et Louis Lumière	le cinématographe
1896	Henri Becquerel	la radioactivité
1898	Pierre et Marie Curie	le radium
1910	Georges Claude	la lampe au néon
1916	Louis Damblanc	la fusée sol-air
1923	Albert Calmette et Camille Guérin	un vaccin contre la tuberculose
1934	Frédéric Joliot et Irène Joliot-Curie	la radioactivité artificielle
1957	Jean Bertin	l'aéroglisseur

Parmi les recherches des années plus récentes, on pourrait aussi mentionner de grandes réussites françaises dans les «secteurs de pointe» (l'industrie aérospatiale, les transports, les télécommunications, l'informatique, l'énergie nucléaire) qui vont contribuer à la France de demain. Toutes ces réussites technologiques constituent une grande source de fierté nationale chez les Français.

Annexe

LES COMMUNICATIONS

1. Le Minitel

Dans les premières décennies après la Deuxième Guerre mondiale, la France a pris du retard sur les autres pays européens dans le domaine du téléphone. Faute d'investissements importants, le réseau téléphonique français était vétuste, et les communications restaient difficiles, malgré un bon fonctionnement de la poste. Dans les années 70 le système de télécommunications en France a été entièrement reconstruit. Les communications ont été profondément transformées par le développement à cette époque de la télématique, une technologie qui associe les télécommunications à l'informatique. Dans un sens, la télématique est une sorte de mariage entre le téléphone et l'ordinateur, et ces deux appareils se trouvent dans un grand nombre de foyers français aujourd'hui.

En 1980 France-Télécom, une agence qui dépend du Ministère des Postes et Télécommunications, a lancé le programme du Minitel, un appareil qui permet de communiquer grâce au réseau téléphonique. Le Minitel est un terminal informatique avec un clavier, sur lequel on peut taper des informations, et un écran vidéo, sur lequel les informations sont affichées. Ce système est rattaché au réseau téléphonique. Au départ, le Minitel était destiné à remplacer l'annuaire téléphonique en papier par l'annuaire électronique, et l'on s'en servait uniquement dans les bureaux de poste. Pour avoir le numéro de téléphone d'une personne, il fallait taper son nom ainsi que la ville où elle habitait, et le numéro apparaissait sur l'écran. Mais en dix ans le Minitel a connu un développement spectaculaire et il est devenu un appareil qu'on trouve aujourd'hui chez beaucoup de Français, au même titre que le téléphone dans la maison. L'implantation en masse du Minitel a été favorisée par le monopole de France-Télécom : l'Etat a pris la décision de financer le plan « télématique pour tous ». France-Télécom a distribué le terminal gratuitement aux usagers du téléphone—voilà une des clés de son

En dix ans le Minitel a connu un succès spectaculaire.

succès. Aujourd'hui il y a plus de cinq millions de Minitels en service, et un foyer sur quatre en France en est équipé. L'annuaire électronique constitue le service le plus important et le plus consulté.

Depuis sa création, le Minitel a été commercialisé au cours des années 80, et aujourd'hui il y a plus de 12.000 services professionnels proposés par les entreprises. Un usager du Minitel peut s'en servir pour effectuer des services bancaires, faire des achats, les payer par carte de crédit et les faire livrer chez lui. Il peut réserver des places dans les transports publics, acheter des billets pour le théâtre et les concerts; il peut aussi faire une demande d'entrée à l'université, jouer à des jeux électroniques ou consulter son horoscope, et tout cela, à toute heure de la journée et sans quitter la maison. Tandis que l'annuaire électronique est gratuit, les services professionnels sont souvent payants. Les frais, qui varient entre sept francs et 60 francs de l'heure, paraissent sur la facture téléphonique. Les entreprises reçoivent un pourcentage des sommes payées à France-Télécom. C'est un marché qui ne cesse d'augmenter.

Le Minitel a également une fonction pédagogique et informative. On peut avoir accès à l'enseignement télématique au niveau primaire, secondaire et supérieur. Les services télématiques d'informations, maintenus par les grands journaux et par toutes les chaînes de télévision, comptent aussi parmi les services les plus fréquemment utilisés. On peut consulter le Minitel comme on consulte les médias, pour avoir accès aux informations sur les événements mondiaux, les petites annonces, les sports, la météo et la bourse. Cet aspect de la télématique a été d'abord opposé par la presse, surtout les journaux régionaux, qui craignaient la concurrence sur le marché de la publicité. Mais aujourd'hui la presse se sert, elle aussi, de la télématique pour offrir des informations aux abonnés.

Enfin, l'aspect le plus surprenant de la télématique est peut-être le grand succès des messageries particulières. Le Minitel permet à tous ses usagers de dialoguer entre eux. On peut envoyer et recevoir des messages, ce qui est plus rapide que la poste et plus pratique qu'un répondeur automatique. En outre, on peut «causer» avec des personnes que l'on ne connaît pas, en fonction de ses intérêts personnels. Aujourd'hui, la moitié du temps de consultation sur le Minitel est consacrée à la messagerie.

En résumé, le Minitel permet d'accéder :

(1)   à l'annuaire téléphonique (accès gratuit)

(2)   aux services professionnels et commerciaux

(3)   aux jeux et aux divertissements

(4)   aux informations médiatiques

(5)   aux messageries particulières

Dans le domaine des télécommunications, la France a certainement rattrapé son retard, grâce au Minitel, qui n'a pas d'équivalent dans le monde. Le réseau télématique français, dont le succès est envié par les autres pays, est le plus développé du monde. Le Minitel, un outil de communication social et professionnel, fait désormais partie de la culture et de la vie quotidienne des Français. France-Télécom a déjà étendu son marché à toute l'Europe, et même au Canada et aux Etats-Unis.

2. Ariane

La France est à la tête du programme spatial d'Europe, devant tous les participants européens. Ce programme, lancé par le président Charles de

Ariane est devenue un concurrent important de la navette américaine.

Gaulle dans les années 60, est surtout financé par la France. La fusée Ariane a donné à l'Europe son indépendance en matière de télécommunications par satellite. Le premier lancement de satellites par Ariane a eu lieu en Guyane en 1979. Aujourd'hui la France dirige la deuxième industrie spatiale du monde, après celle des Etats-Unis, et Ariane est devenue un concurrent important de la navette américaine. Les satellites lancés par Ariane se prêtent à toutes sortes d'applications technologiques : ils permettent des liaisons téléphoniques, la retransmission des programmes télévisés, la surveillance de l'aviation et de la navigation, et les prévisions météorologiques. Au moment des catastrophes (par exemple, lors de l'accident nucléaire de Tchernobyl, les tremblements de terre, etc.), ces satellites fournissent des informations importantes aux savants du monde entier.

Annexe

LES TRANSPORTS

1. L'industrie aérospatiale

La France est le troisième constructeur mondial d'avions (civils et militaires) et d'hélicoptères, après les Etats-Unis et le Royaume-Uni. Son industrie aérospatiale, dont la capitale est Toulouse, est contrôlée en grande partie par l'Etat. La société Airbus-Industrie a été fondée en 1970 : elle représente une collaboration européenne, mais les avions Airbus sont construits à Toulouse. Airbus-Industrie détient le deuxième rang mondial de construction aéronautique, après la société Boeing. Les avions Airbus ont été achetés par plus de 50 lignes aériennes dans le monde entier. Il y a eu également un grand nombre de ventes de l'avion militaire français, le Mirage, et du petit avion privé, le Falcon. L'industrie aérospatiale de Toulouse est aussi responsable de la construction des fusées Ariane.

La Compagnie Nationale Air France a été fondée en 1948. C'est la cinquième compagnie mondiale pour le transport international de passagers, et la première ligne aérienne d'Europe. Dans les années 60 Air France a collaboré avec la compagnie British Airways pour développer un avion supersonique, le Concorde, dont le premier vol a eu lieu en 1969. Le Concorde fait le parcours entre Paris et New York en trois heures 30 minutes (à cause du décalage horaire, le Concorde arrive à New York plus de deux heures avant son départ de Paris !). Le Concorde représente un triomphe pour l'aviation française, mais par contre c'est un échec commercial : aucune autre ligne aérienne ne l'a acheté, à cause de son prix et de son taux très élevé de consommation d'énergie. Air France possède seulement quatre Concorde, qui volent régulièrement entre Paris et New York. Le Président de la République le prend souvent pour effectuer ses voyages à l'étranger.

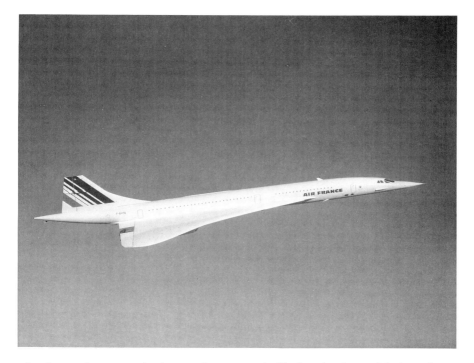

Le Concorde est une des images de marque de l'industrie aérospatiale française.

2. Le TGV

A l'intérieur du pays, le transport aérien n'est emprunté que par moins de dix pour cent des Français. La plupart de ceux-ci préfèrent prendre le train. La France bénéficie d'un des meilleurs services ferroviaires du monde. Grâce à la Société Nationale des Chemins de fer Français (la SNCF), créée en 1937, le train constitue un des éléments les plus importants de la vie sociale et économique de la France.

Dans les années 60 la SNCF a conçu l'idée ambitieuse de construire une voie entièrement nouvelle entre Paris et Lyon, la ligne qui représente 40% du trafic sur le réseau national. Cette nouvelle ligne devait servir au TGV (Train à Grande Vitesse). Les recherches ont commencé en 1967 et la construction de la voie a été entreprise en 1976. L'inauguration du service Paris-Lyon a eu lieu en 1981, année où le TGV a atteint le record mondial de vitesse sur rail. La vitesse commerciale du TGV est de 270 kilomètres à

En 1981 le TGV a atteint le record mondial de vitesse sur rail.

l'heure, tandis que la majorité des trains rapides roulent à 160 km./heure. A cette vitesse, on peut faire le voyage entre Paris et Lyon en deux heures. La ligne Sud-Est a été par la suite prolongée jusqu'à Marseille. Avec le TGV, la SNCF a réalisé une réussite technique et commerciale. Le succès spectaculaire du TGV a incité la SNCF à mettre en place le projet TGV-Atlantique. Celui-ci a deux branches : la ligne Ouest, qui relie Paris et le Mans et qui va se prolonger jusqu'à Nantes et Rennes; et la ligne Sud-Ouest, qui relie Paris et Tours et qui va se prolonger jusqu'à Bordeaux. Le TGV-Nord va relier Paris et Lille et (grâce à l'Eurotunnel sous la Manche) Londres. En ce moment la SNCF fait des négociations pour construire un TGV au Texas, qui est prévu pour 1998.

A la différence des transports aériens et routiers, le TGV ne dépend pas du pétrole, que la France doit importer. Les trains sont à traction électrique et dépendent donc des ressources énergétiques nationales. A l'économie d'énergie il faut ajouter un autre avantage pour l'environnement : il n'y a aucune pollution atmosphérique. Pour la France, le TGV représente le mode de transport de demain.

3. Le métro

Parmi les secteurs de pointe dans lesquels la France a effectué de grandes réussites, il faut mentionner celui des transports urbains. Paris a été une des premières villes du monde, après Londres, New York et Chicago, à bénéficier d'un chemin de fer métropolitain. La première ligne du «métro» parisien a été ouverte en 1900, et la première ligne du RER (Réseau Express Régional), reliant Paris avec sa banlieue sud-est, a été inaugurée en 1969. Aujourd'hui la ville de Paris et une grande partie de la Région d'Ile-de-France sont desservies par un système de transports urbains qui figurent parmi les plus développés et les plus modernes du monde. La France s'est distinguée dans la construction de ces systèmes, et elle a installé des métros dans 37 villes de 23 pays. Un métro totalement automatique (sans conducteur) est en opération à Lille depuis 1983, et ce système va être bientôt construit à Strasbourg, à Bordeaux, à Toulouse et aussi à Jacksonville en Floride.

Annexe

L'ENERGIE

1. Les sources d'énergie traditionnelles

En ce qui concerne les ressources énergétiques naturelles, la France est un pays pauvre. Son charbon est presque épuisé, et la plupart des mines de charbon, dans le Nord et en Lorraine, sont maintenant fermées. En 1951 un gisement important de gaz a été découvert à Lacq, dans les Pyrénées. Le gisement de Lacq fournit un tiers de la consommation nationale de gaz, mais le reste est importé, surtout d'Algérie et des Pays-Bas. La société Electricité de France (EDF), nationalisée en 1946, a construit beaucoup de barrages hydro-électriques sur les fleuves français, mais cette ressource naturelle est loin de produire suffisamment d'électricité pour satisfaire aux besoins nationaux.

La France n'a pas de gisements de pétrole. Dans les années 70 l'Etat a développé sa propre industrie de raffinerie pétrolière, mais toujours est-il que la France doit importer tout le pétrole qu'elle consomme, souvent à un prix exorbitant. En 1973 elle a dû, comme les autres pays occidentaux, faire face à la crise pétrolière, quand les pays producteurs de pétrole ont réduit la quantité de pétrole disponible sur le marché mondial. A ce moment-là, la France importait la plupart de ses besoins énergétiques. Elle a donc été très touchée par cette crise.

2. L'énergie nucléaire

La France a réagi à cette crise pétrolière de 1973 avec une grande détermination. Elle a mis en marche un programme d'indépendance énergétique, et dans ce but elle s'est tournée vers l'énergie nucléaire. Pauvre en charbon, en gaz et en pétrole, la France possède des gisements importants d'uranium. Le choix paraissait évident. La première centrale nucléaire en

264

France avait été inaugurée par le président Charles de Gaulle en 1958. Mais dans les années 70 l'Electricité de France s'est engagée dans un programme massif, destiné à construire suffisamment de centrales nucléaires pour satisfaire aux besoins nationaux en électricité. Pour le président Valéry Giscard d'Estaing, le développement de l'énergie nucléaire avait une priorité nationale. Les résultats sont impressionnants. La France a enregistré un progrès considérable en ce qui concerne l'indépendance énergétique. En 1973 elle produisait moins de 20% de l'énergie qu'elle consommait, mais dix ans plus tard elle en produisait 40%. L'énergie nucléaire ne fournissait qu'un pour cent de la consommation énergétique française en 1973, mais cette ressource avait atteint 65% en 1986. Aujourd'hui, une cinquantaine de réacteurs nucléaires en service fournissent les trois quarts de la production électrique totale du pays, ce qui représente la plus grande proportion du monde. En l'an 2000, les centrales nucléaires fourniront près de 90% de l'électricité consommée. Bref, la France a le programme nucléaire le plus avancé du monde. Une des premières puissances nucléaires, la France s'est embarquée dans un programme ambitieux pour construire des surrégénérateurs, qui produisent beaucoup d'énergie à partir de l'uranium, et même plus d'énergie que nécessaire. C'est l'EDF, la plus grande entreprise française, qui gère toutes les centrales nucléaires (un monopole de l'Etat). Les employés de ces centrales reçoivent tous la même formation à l'Ecole Polytechnique et peuvent travailler dans toutes les centrales, qui sont standardisées. La France a également développé des technologies pour traiter les déchets radioactifs, un service effectué par l'EDF pour les programmes nucléaires étrangers. Le programme nucléaire français est tellement efficace qu'il produit un surplus d'électricité, qui est exporté vers les pays voisins (dix pour cent de la production française).

Pendant les années 80, la consommation d'énergie en France s'est ralentie. Entre 1973 et 1989 la dépendance industrielle française en pétrole a baissé de 24 à 9 millions de tonnes (l'énergie nucléaire fournit actuellement la moitié des besoins industriels). Il y a 20 ans les Français consommaient l'équivalent de 120 millions de tonnes de pétrole, et aujourd'hui ils n'en utilisent plus que 71 millions (dont la moitié pour les transports routiers). A titre de comparaison, les Américains, qui représentent environ cinq pour cent de la population mondiale, consomment un tiers de l'énergie. La France, plus économe, consomme trois fois moins d'énergie par habitant que les Etats-Unis.

Il y a eu des protestations (parfois violentes) par les groupes écologistes, surtout après l'accident en 1979 de Three Mile Island en Pennsylvanie. Mais la résistance écologique est bien moins importante en France que dans d'autres pays. Peut-être à cause de la campagne publicitaire de l'EDF, la

La France a le programme nucléaire le plus avancé du monde.

majorité des Français acceptent l'idée que le programme nucléaire est une nécessité économique pour la France. « La France n'a pas de pétrole, disait la publicité, mais elle a des idées ». Même l'accident nucléaire de Tchernobyl (Union soviétique) en 1986 a provoqué peu de réaction en France: l'EDF a déclaré que la sécurité des centrales nucléaires françaises étaient telles qu'un accident pareil ne pourrait jamais se produire en France. La réussite du programme nucléaire est un bon exemple de l'efficacité du dirigisme et de la centralisation de l'Etat français qui a la possibilité de prendre des décisions et de les appliquer sans attendre le consentement des électeurs. C'est à l'Etat de décider ce qui sera bon pour une Région et pour la France. Ainsi, malgré des émeutes violentes, l'Etat a poursuivi ses projets. En plus, le Parti Communiste français et les syndicats, notamment la Confédération Générale du travail (CGT), ont toujours favorisé le programme nucléaire parce que celui-ci avait créé de nombreux emplois. De même, l'opinion publique lui est largement favorable, parce que les Français semblent être conscients de la prospérité qu'une centrale nucléaire apporte à leur commune ou à leur Région. Le programme a été poursuivi par la gauche, quand elle est venue au pouvoir en 1981, ainsi que par la droite pendant la « cohabitation » de 1986–88.

Cet enthousiasme pour l'énergie nucléaire ne s'exprime pas dans les autres pays européens, loin de là. A cause de la montée des pressions écologiques, ces pays ont abandonné la solution du nucléaire. L'Europe va se trouver en manque d'électricité au début du XXIe siècle, et certains pays, comme l'Allemagne et l'Angleterre, commencent à chercher des fournisseurs à l'extérieur. La France est un des rares pays à produire une surcapacité, c'est-à-dire plus d'électricité qu'elle ne consomme. Les Européens de demain seront les futurs clients de l'EDF.

Annexe

L'ENVIRONNEMENT

La croissance industrielle et le développement de nouvelles technologies contribuent à la pollution qui menace le monde dans lequel nous vivons. En France, comme dans les autres pays développés, l'environnement menacé est jugé comme un problème de plus en plus important, et la lutte pour la protection de l'environnement devient un sujet de débats politiques. Selon un sondage réalisé en 1990, l'environnement était la deuxième préoccupation des Français, après le chômage.

Le Ministère de l'Environnement a été créé par le président Georges Pompidou en 1971, mais c'est surtout dans les années 80 que l'écologie est devenue une grande préoccupation sociale et politique. Depuis une dizaine d'années il y a une prolifération d'associations écologistes en France, dont les membres (les « écolos ») militent pour toutes sortes de causes. Les « écolos » encouragent le recyclage des déchets ménagers, ils cherchent à protéger les animaux sauvages, ils décrient la pollution chimique, ce qui les entraîne souvent en conflit avec les industries et même avec l'Etat. Beaucoup d'« écolos » soutiennent le programme nucléaire, pourtant, parce que celui-ci, plus « propre », ne contribue pas à la pollution atmosphérique qui menace la couche d'ozone. Leurs campagnes publiques ont réussi à empêcher la construction d'une station de ski dans le Parc national des Alpes, à bloquer la construction d'une raffinerie de pétrole dans les vignobles de Bourgogne, à conserver une forêt en Alsace et à sauver certaines côtes de France de la pollution et du développement industriel. Dans la dernière décennie, l'opinion publique est donc devenue très sensible aux questions écologiques. Quelques exemples peuvent en témoigner.

Il y a actuellement un mouvement populaire pour protéger les ours bruns qui vivent aux alentours du Parc national des Pyrénées. Ces ours sont classés en tant qu'espèce en voie d'extinction, et comme la seule espèce en France qui n'ait pas de territoire protégé. Les ours sont menacés par la présence des chasseurs, des skieurs et des bûcherons. Le Ministère de l'Environnement a dû intervenir récemment pour faire accepter, par les élus locaux, le placement sous protection des zones périphériques du parc qui font partie de leur circonscription. En 1991, le Ministère a également empêché la construction de deux barrages sur la Loire qui auraient créé des lacs artificiels et inondé des refuges d'oiseaux.

Malgré ces interventions en faveur de l'environnement, l'Etat n'est pas toujours bien vu par les «écolos». En Bretagne, par exemple, le syndicat des ostréiculteurs (ceux qui cultivent les huîtres) a porté plainte contre les industries qui polluent les côtes bretonnes en y versant des substances toxiques. La protestation écologiste s'est ajoutée, dans ce cas, au ressentiment régionaliste breton : les «écolos» critiquent les industries polluantes, mais aussi l'Etat qu'ils jugent indifférent à ces types d'infractions dans leur région.

En 1990 en Provence, il y a eu des manifestations pour protester contre la construction d'une nouvelle voie pour le Train à Grande Vitesse (le TGV). La même année a vu des protestations contre la construction d'une autoroute qui longerait la côte en Provence afin de décongestionner l'agglomération niçoise. Cette nouvelle autoroute, ainsi que la voie TGV, auraient obligé la destruction de collines couvertes d'orangers et de vignobles. Dans les deux cas, l'opposition venait non seulement des écologistes mais aussi des agriculteurs et des viticulteurs, qui n'avaient pas été consultés par l'Etat, disaient-ils, avant que celui-ci ne prenne ces décisions. Certains manifestants ont porté des pancartes écrites en occitan. Comme on peut le constater, une cause écologiste se confond souvent avec une résistance régionaliste contre les pouvoirs à Paris.

Le mouvement écologiste a évolué en une force politique qui cherche à influencer les activités industrielles et économiques du pays. La préoccupation de l'environnement chez les Français a donné naissance, en 1984, à un nouveau parti politique : les Verts. La création des Verts reflète un désenchantement populaire vis-à-vis des vieux partis politiques et leurs idéologies. Les Verts s'opposent souvent aux projets de l'Etat, au nom de l'environnement. Ils prétendent que le Gouvernement donne la priorité à la croissance industrielle et économique, aux dépens de l'écologie.

Brice Lalonde, militant écologiste et partisan de «Greenpeace», s'était présenté aux élections présidentielles de 1981 où il avait obtenu près de quatre pour cent des voix au premier tour. En 1988, le président François Mitterrand a nommé Lalonde au poste de Ministre de l'Environnement. Antoine Waechter, conseiller régional d'Alsace et chef des Verts, s'est présenté aux élections présidentielles de 1988 où il a également gagné près de quatre pour cent des voix exprimées. Aux élections européennes de 1989, en tête de la liste des Verts, Waechter a été élu député européen, et les Verts ont gagné 10% des voix, un peu moins que le Front National mais plus que le Parti Communiste. Mitterrand a toujours essayé de s'attirer l'électorat écologiste; en effet, la plupart des Verts votent à gauche. Cette orientation

Manifestation écologiste contre le TGV à Avignon
(le panneau est écrit en occitan).

vers la gauche ne les empêche pas de critiquer la politique du Ministre de l'Environnement qui se trouve pourtant assez souvent en désaccord avec d'autres membres du Gouvernement, comme le Ministre de l'Industrie. Jusqu'à nos jours les Verts n'ont pas exercé beaucoup d'influence sur la politique nationale, mais depuis la décentralisation administrative ils ont la possibilité d'influencer les conseils municipaux et généraux, c'est-à-dire la politique locale. Regroupés dans le contexte européen avec d'autres partis écologistes, les Verts vont constituer une force politique importante dans la France de demain.

Parmi les pays membres de la Communauté européenne, la France occupe une place moyenne en ce qui concerne les préoccupations écologiques. Elle est en avance sur l'Espagne, l'Italie, le Portugal et la Grèce. En effet, la France a fondé, avant ses voisins européens, des agences pour protéger l'eau et l'air, pour surveiller le traitement des déchets ménagers, pour protéger les animaux à l'intérieur des parcs, et elle a imposé des taxes sur les activités polluantes. Mais elle a ensuite pris du retard sur d'autres pays vraiment écologistes comme les Pays-Bas et le Danemark. Pour rattraper ce retard, il faudra doubler les dépenses en faveur de la protection de l'environnement. En revanche, la France se révèle prête à coopérer avec le mouvement écologiste sur le plan international. Suivant les directives européennes, elle a adopté une mesure exigeant que toutes les voitures en Europe soient équipées d'appareils anti-polluants avant 1993, ce qui va réduire les émissions toxiques jugées responsables du réchauffement du climat terrestre. En 1987 la France a été parmi les 24 pays à signer le protocole de Montréal sur la protection de la couche d'ozone. En 1990 elle a ratifié la convention de Berne pour la protection des animaux menacés et de leurs habitats naturels. Comme ses partenaires dans la Communauté et dans le monde, la France a compris que la planète est menacée et que la pollution n'a pas de frontières.

Annexe

LA FRANCE COMMUNAUTAIRE

La Communauté européenne est une association de douze démocraties de l'Europe de l'Ouest qui cherchent à harmoniser leurs structures économiques et politiques, afin d'établir un règne de coopération internationale. Contrairement à toutes les tentatives historiques d'unification de l'Europe par la force militaire, la Communauté européenne vise à une union fondée sur le consentement et la collaboration des pays membres. La France est non seulement un des douze pays communautaires, mais elle a joué un rôle décisif dans l'histoire de la coopération européenne depuis la fin de la Deuxième Guerre mondiale.

L'idéal d'une Europe unifiée, dont la souveraineté nationale serait partagée par tous les pays, a été conçu par Jean Monnet (1888–1976), homme politique français, comme le seul moyen d'éviter une troisième guerre mondiale sur le territoire européen. En 1950 Monnet a proposé l'initiative de placer sous une autorité commune les productions françaises et allemandes de charbon et d'acier, afin de promouvoir le développement économique de ces deux pays appauvris par la guerre. Il s'agissait d'accords douaniers entre la France et l'Allemagne. En 1951 d'autres pays (l'Italie, la Belgique, les Pays-Bas et le Luxembourg) ont décidé d'adhérer à cette organisation. En 1957 le traité de Rome a été signé par les Six, et le « Marché commun » est né, celui-ci permettant d'éliminer peu à peu les tarifs douaniers entre les six pays membres. En 1973 le Royaume-Uni, l'Irlande et le Danemark ont signé le traité de Bruxelles qui a marqué leur entrée dans le Marché commun, appelé désormais la Communauté économique européenne (la CEE) ou l'Europe des Neuf. En 1981 la Grèce est devenue membre (les Dix), et en 1986 la CEE a accueilli deux nouveaux partenaires, l'Espagne et le Portugal (les Douze). De nos jours la coopération entre les Douze n'est plus limitée au domaine économique : on dit tout simplement la Communauté européenne, mais le sigle (CEE) est resté en usage.

La Communauté européenne a évolué de plus en plus vers le statut d'un état unifié avec ses propres institutions politiques. Parmi les institutions les plus importantes de la CEE, on peut mentionner les suivantes :

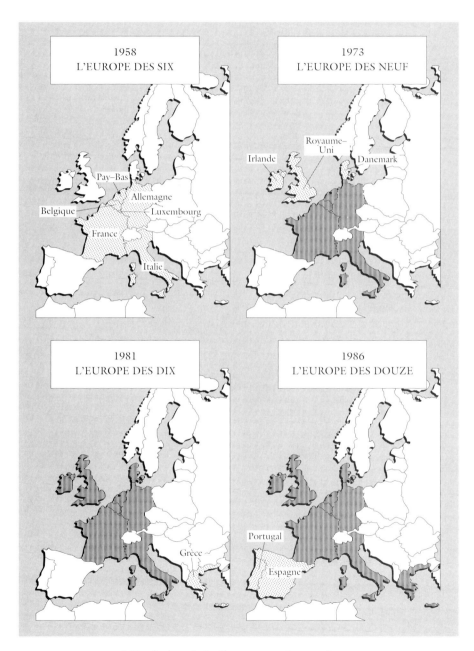

L'Evolution de la Communauté européenne

(1) La Commission européenne : c'est la branche exécutive des Douze. La Commission est un organe supranational qui représente la CEE dans ses relations avec les pays non-communautaires. Elle consiste en 17 commissaires, nommés par les pays membres pour quatre ans. Le président actuel est un Français, Jacques Delors. La Commission propose des lois, mais elle est soumise au Parlement européen. Son siège est à Bruxelles, en Belgique.

(2) Le Conseil des Ministres : c'est le Gouvernement de la CEE. Le Conseil des Ministres est un organe qui représente les gouvernements de tous les pays membres et qui siège également à Bruxelles. Chaque ministre assure la présidence du Conseil à tour de rôle pendant six mois. Le Conseil décide de la plus grande partie de la législation communautaire.

(3) Le Parlement européen : c'est une assemblée élue directement au suffrage universel (depuis 1979) par les électeurs des pays membres, en proportion de leur population, tous les cinq ans. Dans les élections européennes de 1979, les Européens ont exprimé le premier vote transnational organisé dans l'histoire de la démocratie. La première présidente du Parlement européen était une Française, Simone Veil (1979–1982). Le Parlement consiste en 518 « Eurodéputés », et ceux-ci sont élus par un mode de scrutin proportionnel, un mode qui favorise la participation des partis minoritaires comme les Verts et le Front National. Le Parlement adopte ou rejette le budget préparé par la Commission, mais il ne dispose pas encore du pouvoir législatif souverain : toutes ses décisions doivent être ratifiées par les douze parlements nationaux. Le Parlement représente le caractère démocratique de la CEE, et il siège au Palais de l'Europe, à Strasbourg.

Le but ultérieur de la CEE est de réaliser, entre les pays membres, une union douanière, monétaire et sociale (qui aurait des conséquences économiques), ainsi qu'une union politique (qui aurait des dimensions diplomatiques et militaires).

(1) L'union douanière a été réalisée le premier janvier 1993 : l'élimination des derniers obstacles douaniers est destinée à créer une « Europe sans frontières ». Cette suppression des barrières douanières a créé une zone de libre échange, permettant la libre circulation des produits, des services et des citoyens entre les pays membres. L'union douanière facilite le passage aux frontières des ressortissants de la Communauté, qui n'auront plus besoin de passeport pour passer d'un pays à l'autre. Un

tarif douanier commun a été fixé pour les importations venant d'autres pays non-communautaires. Le résultat de cette union est l'établissement d'un « marché unique » pour 340 millions d'Européens, un marché bien plus vaste que celui des Etats-Unis, pour favoriser la croissance économique de l'Europe.

(2) L'union monétaire a déjà été élaborée mais n'est pas encore réalisée. La création du Système monétaire européen (le SME) en 1979 avait pour but de réduire les fluctuations entre les cours des diverses monnaies des pays membres. Le sommet de Maastricht (Pays-Bas) en 1991 a prévu une monnaie unique pour toute la Communauté, l'ECU (European Currency Unit), qui remplacera les monnaies nationales avant l'an 2000. Ces accords sur une monnaie unique doivent pourtant être ratifiés par les parlements nationaux des Douze, et il y a une grande résistance à cette notion de la part du gouvernement britannique.

(3) Le but de l'union sociale est de rapprocher les politiques sociales des pays membres, de rendre uniformes les conditions de travail, les droits à la protection sociale, etc. L'idéal serait que les travailleurs belges, portugais ou allemands, par exemple, aient tous les mêmes conditions de travail, tandis que les mères de famille espagnoles, danoises ou italiennes auraient toutes droit aux mêmes allocations familiales, et ainsi de suite. La Communauté envisage aussi de mettre en place des mesures communes et uniformes pour la protection de l'environnement et une politique énergétique. A Maastricht, le Royaume-Uni a refusé d'adopter les mesures sur la politique sociale.

(4) L'union politique va peut-être poser les plus grands obstacles à la Communauté, parce que c'est celle qui remet en question la notion de la souveraineté nationale de chaque pays membre. L'union politique des Douze concernera les relations extérieures avec d'autres pays (une diplomatie commune) et le concept de la citoyenneté européenne. Bref, elle va exiger que les pays membres acceptent une sorte de gouvernement fédéral et supranational, et qu'ils sacrifient une partie de leur souveraineté. La Communauté a déjà conclu de nombreux accords avec d'autres pays, y compris les pays en voie de développement. Mais les Douze sont loin d'être d'accord lorsqu'il s'agit de construire une union militaire. Cette dernière question est compliquée par la présence de l'OTAN (l'Organisation du Traité de l'Atlantique Nord), à laquelle participent les Etats-Unis et le Canada. Un désaccord s'est déjà manifesté en 1991, quand l'Allemagne a refusé sa participation militaire

La France de demain aura sa place dans la Communauté européenne.

aux pays alliés lors de la guerre du Golfe persique. Les accords de Maastricht ont également prévu une juridiction européenne dans les domaines de l'environnement, des transports, des télécommunications, de l'énergie et de la recherche.

La France et l'Allemagne peuvent être considérées comme les locomotives de la Communauté européenne, tandis que le Royaume-Uni est souvent hostile aux directives de celle-ci, au nom de la souveraineté britannique. La France a compris que la construction européenne pouvait avoir de grandes conséquences avantageuses pour son économie, notamment dans le secteur agricole : la France est de loin la première puissance agricole de la Communauté. La réunification de l'Allemagne, l'échec des régimes communistes dans l'Europe de l'Est en 1989 et 1990, et la désintégration de l'Union Soviétique en 1991 ont introduit de nouvelles dimensions dans le programme des Douze. Malgré de nombreuses difficultés qui restent à surmonter, la Communauté européenne est désormais une réalité. Elle représente l'effort d'unification internationale le plus ambitieux, et elle constitue le plus grand marché unifié du monde. Son avenir va influencer celui de tous les pays membres. La France de demain sera la France communautaire.

LEXIQUE

abonnement *(m.)* subscription

abroger to repeal

Académie française *(f.)* institution founded in the 17th century to codify the French language

académie *(f.)* school district

Accords de Matignon *(m.)* agreements establishing a 40-hour work week and two weeks of paid vacation for every salaried employee (1936)

accouchement *(m.)* delivery (birth)

Action Française *(f.)* right-wing Catholic organization of the early 20th century

affluent *(m.)* tributary river

agglomération *(f.)* urban area

agrégation *(f.)* competitive examination for teaching

aide au retour *(f.)* repatriation grants

Alliance française *(f.)* private organization created for the promotion of the French language and culture in the world

allocation *(f.)* a monetary allowance

aménagement du territoire *(m.)* urban and regional planning

Ancien Régime *(m.)* period in French history before the Revolution

anticlérical(e) anti-Church, hostile to the Vatican

antisémitisme *(m.)* hostility toward Jewish people

arrondissement *(m.)* administrative divisions of a department

Assemblée nationale *(f.)* elected chamber of the French Parliament

avoir des enfants à charge to have financial responsibility for children

bachelier, -ère student who has passed the *baccalauréat*

banlieue *(f.)* suburbs

banlieusard *(m.)* resident of the suburbs

Beurs *(m.)* people of North African origin born in France

cadres *(m.)* management personnel

canton *(m.)* electoral district used to elect a member to the *Conseil général* of a *département*

capter to pick up, receive a radio station or TV channel

charges sociales *(f.)* employer's social contributions for each employee

chauvin(e) nationalistic, proud of one's country

chômage *(m.)* unemployment

citadin *(m.)* city-dweller

classe ouvrière *(f.)* working class

Code civil *(m.)*   civil laws first codified by Napoleon I

collège *(m.)*   middle school

communautaire   having to do with the European Community

Communauté européenne *(f.)*   association of 12 West European nations

commune *(f.)*   municipality : city, town, or village

concours *(m.)*   competitive examination

Concordat *(m.)*   agreement between Napoléon Bonaparte and the Vatican, re-establishing Catholicism as the official religion of France

concubins *(m.)*   unmarried couple

congés payés *(m.)*   paid vacation

conjoints *(m.)*   spouses

conseil de classes *(m.)*   staff meeting to discuss student progress

contrôle continu *(m.)*   series of tests in a course

Convention *(f.)*   legislative body of the First Republic (1792–95)

cotisation *(f.)*   contribution by payroll deduction

cour d'appel *(f.)*   appellate court

cour d'assises *(f.)*   criminal court

Cour de cassation *(f.)*   High Court of Appeals

cours magistral *(m.)*   lecture in a large amphitheater

creuset français *(m.)*   French "melting pot"

croissance *(f.)*   growth

crue *(f.)*   swelling of a river

culte *(m.)*   form of religious worship

cumul des mandats *(m.)*   accumulation of more than one elected position (e.g., *député-maire*)

déchets ménagers *(m.)*   household waste, garbage

déchets radioactifs *(m.)*   radioactive waste

démissioner   to resign

démographique   having to do with population

département *(m.)*   administrative division created during the Revolution

député *(m.)*   member of the *Assemblée nationale* (elected)

dialecte *(m.)*   regional variation of a language

diffuser   to circulate, broadcast, telecast

dirigistes *(m.)*   those who favor State intervention in the economy

douanier, -ère   having to do with customs at the border of a country

droits d'inscription *(m.)*   tuition

école confessionnelle *(f.)*   religious school

école libre *(f.)*   private school (free from state control)

école maternelle *(f.)*   nursery school, kindergarten

école mixte *(f.)*   co-educational school

écolos *(m.)* environmentalist groups

Edit de Nantes *(m.)* edict guaranteeing religious tolerance in France, issued by Henri IV (1598) and revoked by Louis XIV (1685)

émeute *(f.)* riot

émission *(f.)* broadcast

énarque *(m.)* graduate of the ENA (Ecole Nationale d'Administration)

énergétique having to do with energy

enjeu *(m.)* issue

épreuve *(f.)* examination

estivants *(m.)* summer vacationers

état-civil *(m.)* municipal register of marriages, births, deaths, etc.

exode rural *(m.)* movement of people from rural to urban areas

faire le pont to take a long weekend

faits divers *(m.)* local news stories, human interest stories

Félibrige *(m.)* 19th-century movement for the renaissance of Occitan as a literary language

feuilleton *(m.)* serial, "soap opera"

filière *(f.)* option, track

fonctionnaire *(m.)* civil service employee

formation *(f.)* training, education

Français de souche *(m.)* "mainstream" French people (non-immigrants)

Francophonie *(f.)* ensemble of world nations that share the French language

Front Populaire *(m.)* left-wing coalition government (1936–38)

gisement *(m.)* deposit (of coal, gas, oil, etc.)

grande couronne *(f.)* four departments of the outer suburbs of Paris

Grandes Ecoles *(f.)* specialized institutions of higher education

hebdomadaire weekly

hémicycle *(m.)* "half circle" of seats in the *Assemblée nationale*

Hexagone *(m.)* synonym for France

immigrés clandestins *(m.)* illegal immigrants

impôts *(m.)* taxes

intégristes *(m.)* fundamentalists, conservative religious groups

jacobin(e) having to do with centralization of power in Paris

Jacobins *(m.)* political, republican group that dominated the *Convention* between 1792 and 1794

jour férié *(m.)* legal holiday

laïcité *(f.)* separation of Church and State

laïque secular, non-religious

langue d'oc *(f.)* language spoken in southern France during the Middle Ages, ancestor of Occitan

langue d'oïl *(f.)* language spoken in northern France during the Middle Ages, ancestor of modern French

libéraux *(m.)* those who favor a free-market economy

livret de famille *(m.)* family record booklet

loi Debré *(f.)* law granting financial aid to private schools (1959)

loi Defferre *(f.)* law establishing administrative decentralization (1982)

loi Deixonne *(f.)* law permitting teaching of regional languages in public schools (1951)

loi Falloux *(f.)* law authorizing private schools and establishing public primary schools for girls (1850)

loi Faure *(f.)* law establishing a reorganization of universities (1968)

loi Guizot *(f.)* law establishing a public primary school for boys in every *commune* (1833)

loi Pasqua *(f.)* law authorizing the expulsion of foreigners whose presence in France was deemed threatening (1986)

loi Veil *(f.)* law legalizing abortion (1974)

lois Auroux *(f.)* series of laws establishing a 39-hour work week and five weeks of paid vacation to every salaried employee

lois Jules Ferry *(f.)* series of laws establishing that public education in France will be secular, free, and compulsory (1881–82)

lycée *(m.)* high school

Maghreb *(m.)* Northwest Africa, especially Algeria, Morocco, and Tunisia

magnétoscope *(m.)* videocassette recorder

main-d'œuvre *(f.)* manpower

maire *(m.)* mayor (elected)

mairie *(f.)* town hall

maître (maîtresse) auxiliaire non-permanent teacher

majeur(e) of adult age

mandat *(m.)* term of elected office

manœuvre *(m.)* manual worker

Marianne *(f.)* female symbol of the French Republic

médecin conventionné *(m.)* doctor having signed an agreement with the *Sécurité sociale*

médiatique having to do with the media

mensuel(le) monthly

Métropole *(f.)* European part of France, excluding overseas départements

mode de scrutin *(m.)* type of balloting used in an election

mouvement autonomiste *(m.)* movement whose members seek autonomy from the centralized government in Paris

natalité *(f.)* birth of children

naturalisation *(f.)* legal acquisition of citizenship

non-communautaire from outside the European Community

occitan *(m.)* Romance language spoken in the south of France

Paris *intra muros* Paris proper, the city "within the walls"

Parlement européen *(m.)* elected assembly of the European Community

patois *(m.)* condescending term for regional languages and dialects

pays en voie de développement *(m.)* developing country

petite couronne *(f.)* three departments surrounding Paris

petit écran *(m.)* television

petites annonces *(f.)* classified advertisements

plafond *(m.)* a "ceiling," an upper limit

politique familiale *(f.)* pro-family policy

population active *(f.)* work force

port fluvial *(m.)* river port

pote *(m.)* slang word for "buddy," "pal"

pratiquant(e) one who practices religious observances

préconiser to advocate

préfet *(m.)* head of a department (appointed)

prendre en charge to cover, to pay expenses

prestation *(f.)* a social protection payment

prime *(f.)* a special payment

procureur *(m.)* prosecutor

promulguer to publish, issue (a decree or law)

province *(f.)* (1) all of France outside of the Paris region; (2) cultural regions of France that were officially abolished during the Revolution

quotidien(ne) daily

radios libres *(f.)* private local radio stations

radios périphériques *(f.)* radio stations located outside French territory

recteur *(m.)* superintendant of schools in a district

redevance annuelle *(f.)* annual television fee or tax

redoubler to repeat a year in school

Région *(f.)* administrative division created in 1973, composed of several *départements*

rentrée *(f.)* return to work or to school after vacation

ressortissant *(m.)* foreign citizen

retraite *(f.)* retirement

salaire imposable *(m.)* taxable income

sans-papiers *(m.)* name for illegal immigrants without documents

scène médiatique *(f.)* headlines, front page, media scene

scolarisé(e)   enrolled in school
scrutin de liste *(m.)*   voting for a list of candidates
scrutin uninominal *(m.)*   voting for one candidate only
second tour *(m.)*   second round of voting in elections
secteur primaire *(m.)*   agriculture, fishing, forestry
secteur secondaire *(m.)*   industry
secteur tertiaire *(m.)*   service industries
Séparation *(f.)*   legal separation of Church and State (1905)
septennat *(m.)*   seven-year presidential term of office
smicard *(m.)*   person earning the minimum wage
société *(f.)*   corporation
sondage *(m.)*   opinion poll
SOS Racisme *(m.)*   organization for the integration of immigrants
spot publicitaire *(m.)*   television commercial
station balnéaire *(f.)*   seaside resort
station thermale *(f.)*   hot springs resort, spa
subventionné(e)   state-subsidized
suffrage universel *(m.)*   right to vote held by all adult citizens
superficie *(f.)*   surface area
syndicat *(m.)*   labor union
syndiqué(e)   belonging to a labor union
taux *(m.)*   rate
taux d'écoute *(m.)*   listening or watching ratings
téléspectateurs *(m.)*   television viewers
tentaculaire   having tentacles or appendages
terminale *(f.)*   final year of secondary school
tertiarisation *(f.)*   dominance of service industries in the economy
tiers payant *(m.)*   the "third paying party," i.e. direct payment to the
   medical provider from the *Sécurité sociale*
tirage *(m.)*   number of copies printed
tranche d'âge *(f.)*   age group
tribunal *(m.)*   magistrate court
troisième âge *(m.)*   senior citizens
variétés *(f.)*   variety show
Verts *(m.)*   ecological political movement
vidéo-clip *(m.)*   pop music video
ville-dortoir *(f.)*   suburban "bedroom" community
ville nouvelle *(f.)*   new urban centers recently built in suburban areas
ville portuaire *(f.)*   port city
voie fluviale *(f.)*   waterway, river used for transport

LISTE DES SIGLES

ANPE   Agence Nationale pour l'Emploi (unemployment agency)

BEP   Brevet d'Etudes Professionnelles (technical secondary school diploma)

BT   Brevet de Technicien (technical secondary school diploma)

BTn   Baccalauréat de Technicien (technical secondary school diploma)

CAP   Certificat d'Aptitude Professionnelle (technical secondary school diploma)

CAPES   Certificat d'Aptitude au Professorat de l'Enseignement du Second Degré (teaching qualification)

CDD   contrat à durée déterminée (fixed-term work contracts)

CEE   Communauté économique européenne (European Community)

CGT   Confédération Générale du Travail (federation of labor unions)

CHU   centre hospitalier et universitaire (medical university)

CNRS   Centre National de la Recherche Scientifique (research institute)

CRS   Compagnies Républicaines de Sécurité (riot police)

DEUG   Diplôme d'Etudes Universitaires Générales (university degree)

DOM   départements d'outre-mer (overseas departments)

EDF   Electricité de France (national electric company)

ENA   Ecole Nationale d'Administration (prepares careers in politics and diplomacy)

FEN   Fédération de l'Education Nationale (teachers' labor union)

FN   Front National (political party)

HLM   habitation à loyer modéré (subsidized housing)

IUT   Institut Universitaire de Technologie (technological institute)

IVG   interruption volontaire de grossesse (abortion)

LEP   lycée d'enseignement professionnel (technical secondary school)

MLF   Mouvement de Libération de la Femme (feminist organization)

NRJ   une radio libre (private radio station)

ONU   Organisation des Nations Unies (the UN)

ORTF   Office de la Radio-Télévision Française (former national authority over radio and television)

OS	ouvriers spécialisés (skilled workers)
OTAN	Organisation du Traité de l'Atlantique Nord (NATO)
PCF	Parti Communiste Français (political party)
PDG	président-directeur général (chief executive officer)
PIB	produit intérieur brut (gross domestic product)
PMU	pari mutuel urbain (betting on horse races)
PS	Parti Socialiste (political party)
RER	Réseau Express Régional (suburban subway in the Paris region)
RPR	Rassemblement pour la République (political party)
RTL	Radio-Télévision Luxembourg (private radio station in Luxembourg)
SIDA	Syndrôme Immunodéficitaire Acquis (AIDS)
SMIC	salaire minimum interprofessionnel de croissance (minimum wage)
SNCF	Société Nationale des Chemins de fer Français (train system)
TD	travaux dirigés (discussion groups in university courses)
TGV	train à grande vitesse (high speed train)
TOM	territoires d'outre-mer (overseas territories)
TUC	travail d'utilité collective (community service jobs)
UDF	Union pour la Démocratie Française (political party)
UFR	unité de formation et de recherche (university departments)
UV	unité de valeur (university credit)